体育のカリキュラム開発方法論

丸山真司

創文企画

まえがき

教科教育学において実践は理論の源泉であり、理論は実践の結晶である。30年以上前になるが、大学院時代に故佐藤裕先生（広島大学名誉教授）は教育現場と理論を繋ぐことの重要性を我々大学院生たちに常に問いかけ、実践と理論の往還の中で実践の理論化を目指す体育科教育学研究を開拓していく研究姿勢の必要性を説いた。体育科教育学に身を置く研究者のひとりとしてこの研究姿勢は貫かなければならないと自分自身に言い聞かせながら、これまで研究活動を展開してきたつもりである。本書は実践を基盤にした教師による体育のカリキュラム開発に着目し、その開発実践の「結晶化」を目指す途上のものだと思っている。

1958年の学習指導要領改訂以降、日本のカリキュラム研究が停滞し、それと連動して教師のカリキュラム開発意識が低下したことは多くの教育学者が指摘するところである。問題は、学校現場の多くの教師たちが学習指導要領やカリキュラムを改変する対象とは見なさずに聖域化し、その結果教師の自由と自立が狭められていったことである。一方で、1980年代以降に教師の教材研究や授業研究と結びついた実践的なカリキュラム研究が重要課題として位置づけられるようになった。またカリキュラム研究の国際動向においては、カリキュラム開発に教師が参加することの意味とその開発過程のダイナミズムを解明するスクール・ベースト・カリキュラム開発（School Based Curriculum Development，以下SBCDと略す）論が活発に展開されてきた。SBCDは先進国においても途上国においてもカリキュラム研究上重要かつ喫緊の課題になっている。さらに、学習指導要領上では1998年の改訂以降「各学校が創意工夫を生かし、特色ある教育、特色ある学校づくりを進めること」とされ、学校固有のカリキュラム開発が推進されるようになった。しかしながら、我が国の体育科教育学においてSBCD研究は未だに未開拓な状況にあるし、学校現場では実践主体である教師たちがどのようにそれぞれの学校で特色ある体育カリキュラムを創っていけばいいのか困惑している現状がある。このような動向の中で、教師のカリキュラム開発意識や主体性の低下という問題は、カリキュラム研究上も体育実践現場においても看過できない重要な問題になる。なぜならば、体育教師が自らカリキュラムを開発するという行為は体育の「目標―内容―方法―評価」の全局面を教師が自分自身の頭で考え実践する営みであり、そこにこそ体育教師としての専門性が凝縮されているからである。したがって、今日の学校体育における焦眉の課題は学校の自主性や自律性を重視し、それぞれの地域や学校に応じた実践的なカリキュラム開発を教師たちの手で進めることではないだろうか。その際には体育カリキュラム開発の方法論が問われることになり、実践を基盤にした教師による体育カリキュラム開発の方法を理論的かつ実践的に解明することが体育科教育学の喫緊の課題になると思われる。このような問題状況や問題意識が本研究の背景にあった。

本書は、私が広島大学大学院教育学研究科に博士学位請求論文として提出し受理された博士論文「体育科教育における実践を基盤にした教師によるカリキュラム開発の方法に関する研究」（2008年11月，博士（教育学）の学位取得）を、刊行に際して「体育のカリキュラム開発方法論」と表題を改め、論文全体に加筆・修正を行ってできあがったものである。学位論文が受理されてから6年が経つ。その間、現場の教師たちとともに体育実践研究やカリキュラム研究を続けてきたが、この学位論文を単著としてまとめるには少なからず躊躇があった。実践と理論の往還の中で研究するという姿勢にこだわり続けてきたつもりではあるが、学位論文に組み込まれた各論文や論考を読み返す作業の中で、また東日本大震災で壊滅状態になった学校や厳しい教育現場で生み出される豊かな体育実践に出会う度に、実践を研究対象にすることの深さや難しさにゆさぶられ、この研究が本当に体育実践や体育教師を励ます研究になっているのかと自問しながらなかなか筆が進まなかった。しかしながら、そのような厳しい教育現場で日々格闘し、体育実践を創り続けている全国の研究仲間との交流の中で、本書を世に問うことの意味をあらためて問い直すことができた。自分自身の研究活動の節目という自覚もあった。子どもの発達には節目がある。その節目を超えたとき子どもは驚くほどの発達の飛躍を遂げる。振り返れば人生にも研究活動にもいくつかの節目があった。まだまだ未完の研究であれ、ひとつの節目として、チャレンジとして、次のステップに向かいたいという思いが学位論文を提出し、単著としてまとめる決意につながった。宮沢賢治のことばを借りれば、“永遠の未完成　これ完成である”。本書が実践現場で体育の授業づくりやカリキュラム開発に取り組もうとする教師たちの一助になれば、さらに今後の体育のカリキュラム研究の発展に少しでも役立つのであれば幸甚である。また、今後研究をさらに深めていくためにも多くの読者からご批評をいただければと心より願っている。

2014年11月
丸山真司

体育のカリキュラム開発方法論
目　次

序章

第1節

問題の所在

—体育におけるカリキュラムおよびカリキュラム研究をめぐる問題—

近年、学校体育の存在意義が問われ、学校体育の存続や発展にとって厳しい時代を迎えている。そのような状況の中で体育のカリキュラム開発が焦眉の課題になるというのが体育科教育学関係者の国際的な共通認識である（日本スポーツ教育学会，2000)。日本の教育界においては、1998年に「教育課程の具体的な基準の設定にあたっては、地方や学校の裁量の幅を大きくして創意工夫を生かした教育課程を編成する観点から、基準の大綱化・弾力化を進めること」という中央教育審議会の中間答申（1998.3.27）が出された。それにしたがい、学習指導要領においては「総則」の「教育課程編成の一般方針」の中で「各学校において…（中略）…地域や学校の実態および児童の心身の発達段階や特性を十分考慮して適切な教育課程を編成するものとする」「各学校において、児童に生きる力をはぐくむことを目指し、創意工夫を生かした特色ある教育活動を展開する」（文部省，1998，p.1）という文言が記された。いわゆる「特色ある学校づくり」「教育課程の大綱化・弾力化」であり、それが1998年の学習指導要領改訂の特徴になっている。その背景には、90年代以降の日本経済界の危機意識を背景にした規制緩和・自由化政策があると考えられるが、他方でこれまでの日本固有の中央集権的、管理統制的な学習指導要領体制が今日の子どもや教育現場の多様で複雑な問題状況に対して行き詰まった結果であるとも考えられる。こうした動向は、「中央集権から地方分権へ、画一主義から個性主義へ、教育の量的拡大から質的充実へ、行政主導から学校のオートノミーの確立へ」（山口，2001，p.5）という近年の教育政策の変化の中で位置づけて捉えることができるが、一方で学校現場の現実を見れば、管理・統制はさらに強化され、学校裁量や教師の自由が発揮しにくい状況にあることも事実である。出原（2006）は、「国の教育課程である指導要領はこの『体制』＝中央レベルから地方レベルまでの執行システムによって具体化させる。認められ、奨励されるのはこの範囲内で『自由』に『積極的』に実践することである。そして、地方や学校レベルではこの路線での『忠誠競争』『先陣争い』のような『先取り競争』に巻き込まれているのが現状だ」（p.3）と述べ、「特色ある」とか「緩和」や「弾力化」という文言が記されても、それは学習指導要領の範囲内に限定され、これまでと同様、実質的にカリキュラムを編成・開発する自由が学校や教師には制限されている実状を指摘する。同様に、天野（2004）は我が国のカリキュラム研究の方法的特質について「各学校でのカリキュラム編成（改善）作業は、教室における授業改善と結びついて行われるのではなく、研究開発校での先導的試行の成果を、学習指導要領を介して上から下ろして普及を図るという方式で行われる（トップ・ダウン方式）。開発者と授業実践者とは全く乖離している」（p.23）と述べ、そのような体制の中で「教育課程を構成する目標や領域や内容が、法的拘束力を持つとされた学習指導要領によって詳細に規定され、学校教師の自由な判断に基づく教育課程創造の意欲が弱められてきた。…（中略）… 学習指導要領の改訂がなければ、教育課程の存在が意識されにくく、論議の対象にもならないところに、わが国の学校教育の大きな問題が潜んでいる」（天野，1993，p.15）と、学習指導要領（体制）と教師の自由・主体性の喪失の問題を指摘する。教師がカリキュラムの編成およびその研究に自由に携わる余地が狭まれば狭まるほど、授業は所与の内容の伝達あるいは注入の性格を強め、教育実践における教師の主体性や専門性の根拠は失われていく。1958 年に学習指導要領が法的拘束力を持って以来、このような日本のカリキュラムやカリキュラム研究をめぐる問題状況が広がり、それが昨今の教師のカリキュラム開発への意識の低下やカリキュラム研究の停滞状況に影響を与えてきたと思われる。それは多くの教育学研究者や実践研究を先進的に進める教師たちの共通認識である。この点に関わって長尾（1990）は、学習指導要領に対する教師へのアンケート調査を行い、上記のような問題を実証的に捉えた。このアンケートの結果によれば、「教育課程を編成したという経験（実感）を持っていますか」という問いに対して「ない」とするのがほとんどであり、「ある」としたのは「自主教材を使った時（教科書以外のものを使った時）」にほぼ限定されたと言う。そして「いま教師たちは、学習指導要領の改訂のなかで、教育課程を自らの手で編成していくということの重要性について、改めて大きな関心を示しつつあると言っていい。ところが教育課程編成の重要性はもちろん感じてはいても、実際、自分たちが教育課程を編成したという経験や実感は、それほど多く持っていない。」（長尾，p.144）と述べ、教育課程の編成について多くの教師たちはそれができないことにいらだち、悔しい思いを持ち、何をどのようにどこまでやれるかわからない中で教育課程の編成に関わる知識を切実に求めていると指摘している。以上、今日の教師のカリキュラム開発への意識や主体性が低下している状況や、教師自身がカリキュラムを編成・開発した経験をほとんど持っておらず、どのようにカリキュラムを編成したらよいかわかっていないという事実は、カリキュラム開発の研究を進める上で看過できない重要な問題となる。こうした教師のカリキュラム開発意識・主体性の低下という問題が第1の問題点である。

現実に多くの「体育嫌い」が存在する。上記の問題は、この「体育嫌い」を生み出す原因は何かということに対する教師の問題意識にも反映される。例えば、筆者の大学において教師を目指す学生に体育嫌いになる原因と体育嫌いを救う方法についての調査を行ったところ、体育嫌いを生む原因やその対処法に対してカリキュラムという視点で捉える学生が非常に少なく、多くの学生が「たのしい・おもしろい授業づくり、教材づくりや指導法の工夫」という視点からこの問題を捉えていたことが明らかにされた（丸山，1999）。この事実は、体育嫌いをなくしたいと切に思っていても彼らの意識の中にはその解決法としてカリキュラム（づくり）という視点がきわめて希薄であることを示している。それは現場教師も同様であると思われる。カリキュラムの視点を持つということは、体育嫌いという問題に対してその場の「方法」のみを問題にするのではなく、「人間像・目的・目標の分析と設定、発達の現状把握、教材の選択・組織、授業目標、授業時数、構成の手順・方法、評価の観点と方法、教育課程の基準、教育課程管理、教育課程法制、構成の主体と組織など」（天野，1993，p.15）という諸側面を関係づけ､構造的に把握する視点を持つということである。こうしたカリキュラム(づくり）という視点を意識しなければ体育嫌いを根本的に救うことができないということを教師は十分に自覚する必要がある。にも関わらず、これまで日本の多くの教師の意識の中にはカリキュラム（教育課程）というものは変わらぬもの、変えてはいけないものという観念が知らず知らずのうちに作られてきたように思われてならない。そうであればカリキュラムは硬直せざるをえない。こうした状況の中で、教師の力量形成が押さえられ、教師の自立と自由は制限されてきたと言えるし、そのことが結果として体育嫌いを生み出してきたと言っても過言ではないだろう。

以上のような教師のカリキュラム開発意識・主体性の低下と連動する問題として、カリキュラム研究の停滞という問題がとりわけ1958年以降に生じた。これが第2の問題点である。安彦（1999）は日本のカリキュラム史を概観する中で、「昭和30年代に入ると、文部省が学習指導要領の国家基準性を強めたため、教師や研究者はアメリカの研究を知りながらも、カリキュラムよりも授業の研究の方に目を移し、昭和40年頃までは日本のカリキュラム研究にはほとんど動きがなかった」（p.22）と指摘する。そして80年代に入り、日本においても英米のカリキュラム社会学の影響を受けてカリキュラムのあり方を外から客観的に問う研究があらわれ、1990 年に日本初のカリキュラム学会が発足する。以降、多様なカリキュラム研究が少しずつ展開されるようになってきた。しかしながら、教師による組織的で具体的なカリキュラム開発の研究はほとんど見られない。ただその中でも教師と授業研究を基軸とした、佐藤学によるカリキュラム研究の視点は注目される。佐藤（1999）によれば、70 年代～ 80 年代にかけて行動科学・技術合理主義に基づくカリキュラム研究が積極的に展開されたが、80 年代に入るとこの種のカリキュラム研究から教師研究へのパラダイム・シフトがあった。前者は主としてカリキュラム開発の「研究・開発・普及モデル」（中央の機関において各分野の専門的研究者と教育関係者が、学問・文化の基礎的内容と教育目標を社会的要請に基づいて決定し、教材パッケージを開発して教室に普及する様式）を支える研究であり、それに対して、教師研究と関わって子どもの学習を援助する教師の実践過程を基礎とする「実践・批評・開発モデル」が教師を主体とするカリキュラム開発として提起された（佐藤，1996）。しかしながら、そこでは教科教育の研究と教材プログラムの研究が停滞していると指摘されている（佐藤，1999，p.160）。したがって、佐藤の指摘を踏まえれば、今日の教科教育としての体育のカリキュラム開発においては、教師による教材や教科内容の研究、授業研究と結びついたカリキュラムの「実践・批評・開発」研究が重要な課題となろう。

さらに、日本教育学会（第 57 回大会，1998）のシンポジウム（テーマ：「教育課程の基準と構成」）においても教育課程基準の大綱化・弾力化を積極的に捉え、それを各地域や学校でどのように生かし展開していくかが焦眉の教育課題になるということが共通に確認されている。そのシンポジウムのまとめにおいて田中（1998）は、「カリキュラム研究と授業研究はもとより一方に解消されることのない固有の課題を持ちつつも、言わば教育実践をするための両輪の役割を担っているということ、したがって学校や個々の教師においてもこの 2 つの力量を形成すること、とりわけ今日において学校を基礎にしたスキームを創り出す力量形成が求められている」（p.64）と述べ、授業づくりとカリキュラムづくりを結びつけて捉えるという視点から教師の力量を形成することが今日的な重要課題であると指摘する。

以上、教師のカリキュラム開発意識や主体性の低下とカリキュラム研究の停滞という問題は、主として「誰がどのようなカリキュラムを創っていくのか」というカリキュラム（教育課程）の編成・開発主体をめぐる問題であると捉えることができる。それは、カリキュラム研究と実践の間に見られる矛盾や弱点を克服するという問題であり、教育政策上も、体育の国際動向や教育学の動向においても優れて現代的な課題になっている。したがって、今日の学校体育における焦眉の課題は、それぞれの地域や学校に応じた実践的な「カリキュラム開発」であり、「学校の自主性・自律性」こそが教育実践の重要なテーマとなる。そこでは教師は単なるカリキュラムの実施や運営者ではなく、カリキュラムの開発主体として期待される。このような動向にしたがえば、学校現場から多様なカリキュラム・モデルを創出し蓄積することが必要だと思われるが、それは未だに不十分であり、同時に学校の教育実践を基盤とした自主的・自律的なカリキュラム編成の方法論も十分に明らかにされているとは言えない状況にある（山口，2001，pp.11-12）。体育の場合もそのような問題傾向が顕著である。つまり、これまで学校の体育実践がカリキュラムを開発・創造する過程とはみなされず、体育実践の中で生じるカリキュラムの自己創出過程が十分に解明されてこなかった。実践主体による自主的・自律的なカリキュラム開発においては、体育実践の改善とカリキュラムの開発を結びつける回路が重要である。この回路の中で実践主体である教師たちがどのようにそれぞれの学校固有の特色ある体育カリキュラムを創っていけばよいのか、現場で教師たちは困惑し、その方法を手探りしているのが現状であると言ってよい。実践を基盤にした教師たちによる体育カリキュラム開発の理論的・実践的方法の解明が今求められている。

第2節
先行研究の検討

戦後の我が国における体育カリキュラム開発の先行研究としてまず挙げられるのは、終戦直後のGHQの指導下にある体育の学習指導要領作成過程で、当時文部省にいた竹之下休蔵がアメリカの体育カリキュラム・モデルを参考にして著した『体育のカリキュラム』(1949)であろう。本書のほぼ半分は「ロスアンゼルス郡学習指導要領」「ミズリー州体育カリキュラム」「バージニア州学習指導要領」の紹介である。残る半分もアメリカの体育カリキュラム学者であるオルセン(Olsen)、ロジャーズ(Rogers, J.E)、ウィリアムス(Willams, B)、シャーマン(Sharman, T.R)、ラポート(LaPORTE, WM.R)の論を引用した体育カリキュラムの構成論になっており、我が国の体育計画(年間計画)については附属資料として4例挙げられているに過ぎない。この書で竹之下は、アメリカの経験主義教育観に基づくコア・カリキュラム論[注1)]を拠り所として、カリキュラムの形態と構成方法、体育の性格･目標、発達問題、学習内容と教材の評価、時間配当の基準、年間計画—単元計画、実態調査等を柱としたカリキュラム構成の基本的な考え方を示した。また、同年、前川峯雄・丹下保夫も「生活体育」の立場から、教師が現場で具体的に体育カリキュラムや体育計画を立案する際に役立つカリキュラム構成の基本的方向を示そうとして『体育カリキュラム(上巻・下巻)』(1949)を著した。ここで丹下は、「生活体育」を「生活の母体や基盤を常に尊重し、この生活基盤から出発し、再びこの基盤にもどる教育である。それは抽象的普遍妥当性ではなくして、具体的現実的である。しかもそれは、自己の生活基盤を一度否定し、そして再び自己の生活基盤を活かす体育である」(同上上巻, p.83)と規定した。丹下の「生活体育」の立場とは「子ども」=「生活」ではなく、「生活の母体」あるいは「生活基盤」の社会性を重視することを意味していた。それが竹之下の「生活体育」の立場と異なる点であった。そして、その中で丹下は「生活体育カリキュラム」構成の5つの根本的態度(構成原理)を提起した。それは、①「生活体育」の立場に立つこと、②地域性を重視し「生活基盤」の社会性に立脚すること、③「児童性」の尊重、④「総合的態度」を特徴とすること、⑤「科学的態度」と「体育行事」の重視である。また、この「生活体育カリキュラム」

構成原理の中で、丹下は国家が体育カリキュラムを構成し、これを実施することの問題を以下のように述べている。少し長いが引用してみよう。

> 戦前の体育は「一応生活体育のカリキュラムの構想をもっていたし、生活体育に沿ったカリキュラムであったとしても、これを文部省が作成し、その実行を強制し、他にカリキュラムの構成を許さなかったが故に生活体育が阻害されたのだ。…（中略）…一般の体育指導者は、国家カリキュラムの唯実行者であった為に、児童の研究や社会の要求を研究し、目的目標を決定する才能を発展するが如きことは望むべくもなかった。体育指導者は唯よき実行者であったが故に、自主的体育計画を立て、実施してゆく積極性を失っている。そこでカリキュラムの改革を自らやるというのではなく、ひたすら国家で規定してくれることを望んでいたのである。ところが、生活体育を実行する為には、文部省にこのことを要求し、これに依存するが如き態度は根本的に改められなければならない。生活体育は、児童の立場と児童の属する生活環境とを基盤とするが故に、これを抽象化、普遍化したカリキュラムではその目的は達成することは出来ない。従って、生活体育カリキュラムは、その児童の地域性、その社会集団性というものと、そこに住む児童の特性に基づくカリキュラムを作らなければならない。これは、各学校、各地域に於て、カリキュラムを構成することを、必然的に要求して来ることになる。こうなると、例え文部省がカリキュラムを構成しても、これを唯一のものとして、これに忠実であるのではなくて、各学校、各地域に基盤をおいたカリキュラム構成を企つべきであって､文部省のいわば標準的カリキュラムといえども、それは結局参考とすべきものにすぎないということになる。生活体育は、先づ上に述べたような根本的態度より出発する。」（pp.87-88）

このように丹下は、国家によるカリキュラム構成・実施を批判し、カリキュラムの自主編成権の教師への付与と教育実践の自由を主張した。それはまさに体育カリキュラムの自主編成論の先駆であった。さらに、丹下のこの「生活体育カリキュラム」構想において注目すべき点は、戦後の生活困窮期の中で文化あるいは文化的価値に着目し､『体育カリキュラム』（上巻, 1949）において「遊び･スポーツの社会的考察」という章（第 3 章）を設け、レクリエーション・スポーツの文化的､教育的（体育的）価値の考察を展開している点である。この考察が後の「運動文化論」[注2] の発想へと繋がっている。

1940年代後半から50年代にかけて、竹之下も丹下もコア・カリキュラム論の影響を受け、コア・カリキュラム運動と連動して体育カリキュラムの構想や開発に邁進した。そして、両者の体育カリキュラム構想は、体育現場と結びついて展開されていく。竹之下は神奈川県大田小学校で「大田小プラン」（1951-1956）を作り実践する。この「大田小プラン」が1953年の小学校学習指導要領体育編に示された単元や学習指導の考え方の基になっていると評価されている（前川，1972)。「大田小プラン」の実践は、大きく前期（1951-1953）と後期（1954-1956）に分けられる。前期はグループ学習に関する構造論や方法の芽生え、輪郭ができた時期であり、後期は実験的実践によって学習指導全体の問題を再検討しなければグループ学習も具体的にならないと考えた時期である。前期のこのプランの特徴は、子どもたちの運動生活全体をより望ましい人間関係、民主的な人間関係づくりの場とし、そのための単元を構成することに力点が置かれていたことであり、生活体育論の主張に沿いながらも、より望ましい人間関係を目指す遊びの組織的生活化を目標としたプランであった。後期のプランは、主に単元レベルにおけるグループ学習の可能性を学習指導の問題として探求し、また学習内容を明確化することで教科単元としての独自性を追求しようとしたところに特徴があったと考えられる（菊，1997)。この「大田小プラン」では、体育カリキュラム構成の柱として以下の4点を挙げている。①「児童の問題点」＝実態分析（児童の社会性、情緒面の欠乏、男女非協力、遊びが個人的で未組織であること、体力が全国平均よりやや劣り、表現力、科学的能力が劣ること等)。②「カリキュラム構成の基本方針」(基礎的運動能力の向上、年齢に応じて遊びを発展させる、手伝いと遊びと学習を調和させることができる、健康生活に対する関心を高める等)。③「教材配列上の留意点」(行事を中心に3年以上は生活単元、個人的種目・集団的種目の調和、どの学年も同じ時期に同じ系統のものを中心教材とする等)。④「指導上、強調した教材」(体力向上を目指したボール運動・鉄棒、自由時と正課時の体育を密にするための鬼遊び等)。菊（1997）は「このプランが、前・後期の流れの中で次第に生活体育論の目指すところから離れ、カリキュラム論から単元論へ推移し、グループ学習の位置づけやあり方を問題とする基礎的方向づけを実践面から与えた点は看過されるべきではない」(p.120）と評価し、「戦後学校体育の教科としての位置づけをめぐって、経験カリキュラム、コア・カリキュラムに基づく体育の従属的性格に対する批判的検討から、その独自性を生活単元と教科単元の融合（行事単元）に求めながら、しかもそれを何よりも教師中心から児童中心の方法原理に基づいて構築する方向を模索した」(p.110）ものだったと指摘する。しかし一方で、子どもの生活基盤の社会科学的分析や学習内容論の理論的根拠、さらに「プラン」の開発主体が主として研究者だった等の問題が存在していたように思われる。

一方丹下は、1949 年より「生活単元」の可能性を実践的に追求するために茨城県常陸太田小学校で実践研究を試みている。常陸太田小学校のカリキュラムで強調された点は、「体育行事と、体育の正課として行ってきた授業の持つ系統的な組織だった基礎学習と、児童の興味の活動であり要求である授業時間以外における自由な遊びという 3 つの面を整理し、組織立てすっきりした学校体育生活の経験を与えようとした」（丹下，1950，p.169）ところにあった。また、この太田小の体育研究の基本的態度に関わって丹下（1950）は、コア・カリキュラムの新教育理論にひかれつつも、その体育の考え方には批判的であった。まず体育を周辺学習、基礎学習とする位置づけに対しては、主知主義的であり体育の本質を十分に理解しているとは考えられないものがあると考えた。また、体育の学習指導要領(1949)に対しても批判的であった。それは、あまりにも児童中心主義であり、放任主義になるのではないかということであった。そこで生活体育をめざし、「校内競技会」とか「運動会」といういわゆる生活単元方式のカリキュラムを作って実践をはじめたのである。その際丹下は、そこでの教材選択原理を、子どもの発達や興味、5 つのスコープ（子どもに与えるべき生活経験内容領域＝「身体」「精神」「社会性」「余暇活用」「安全」）、民主的人間形成への対応という視点で選択することと考え、この原理に基づいて運動会や校内競技会などの体育行事を単元（年間 9 単元）にまとめ、教科学習と教科外活動を繋ぐ年間計画を構成した。この太田小実践によって、教科の枠を越えて学習活動を組織化しようとする「生活体育カリキュラム」モデルが実現し、アメリカ的体育の翻訳紹介の段階から実践的検討の段階に入っていったとされる（高橋，1997）。竹之下と丹下の生活体育論は、1953 年の小学校学習指導要領に反映され、生活単元が一部取り入れられた。この学習指導要領は、生活体育の立場を反映したものであったが、一方ですでに生活単元により実践研究を試みていた丹下らはこの学習指導要領の問題点をいち早く指摘し、生活単元による統一的な体育カリキュラムを強く求めるようになっていった。ここに生活体育カリキュラムを前進させるための理論的基礎と実践的検証が必要とされ、常陸太田小学校の実践研究を発展させて「浦和市の体育研究」がスタートすることになる。

「浦和市の体育研究」(1954-1959)は、浦和市教育委員会と小・中学校の現場教師、丹下を中心とする東京教育大学の研究者らが共同して展開した、6 年に及ぶ体育カリキュラム開発のプロジェクト研究である。丹下･浅海（1960）によれば、「浦和市の体育研究」は「現実の生活と学校体育の自主的学習の結びつきと、何を自主的に学習させるのかという内容の再吟味が問題にされ、より現実の生活と直結した体育的内容、指導計画、指導法の研究が中心問題であった」（p.1）点に大きな特徴がある。そこでは単元を教材単元、興味単元、生活単元に分類して、それぞれの特徴を捉えて実践が展開され、とりわけ生活単元の展開に注目し、教科ではグループ学習で計画的に研究的な学習が進められ、その学習成果として生活単元の有効性が確認されている（田中，2007，p.54）。とりわけ、表序 -1 に示されるような仲町小学校の体育カリキュラム（1955）は、丹下が構想した生活単元の理論モデルに沿って実践化されたものであり、それがその後の「浦和市体育カリキュラム」の基本モデルになったと言われる。また、「浦和市の体育研究」の当初の計画は以下の通りであった。① 1 年目：自由時・クラブ活動・行事・生徒会 HR・正課の各場面における問題点、② 2 年目：正課の実態、正課の指導計画（単元）づくり、③ 3 年目：クラブ活動、行事の実態と指導計画づくり、④ 4 年目：正課・クラブ活動・行事・自由時の有機的統一を進める（体育と他の教育活動（他教科と保健等）との連関)、⑤ 5 年目：体育におけるガイダンス計画（生徒会、HR の指導およびガイダンス・センターの活動）の研究、これまでのカリキュラムの評価、⑥ 6 年目：カリキュラム改正の基本問題の検討である。しかしながら、こうした積み上げ方式の研究や個別領域に分けられた研究は、現場側の要請と一致せず、初年度から教科指導と教科外活動を含めた総合的なカリキュラム開発実践として研究計画が変更された。この変更を可能たらしめたことこそが「浦和市の体育研究」体制の特徴を示す事実であり、カリキュラム開発の体制として重要な点である。それは「浦和市の体育研究」が先述したように教育委員会―現場教師―大学研究者の三位一体のプロジェクト研究であった点であり、とりわけ現場が直面している問題を第一に取り上げて研究者はその解決に科学的裏づけを提供する役に徹し、現場第一主義を貫こうとした点である。「浦和市の体育研究」は、このように教育委員会や研究者のサポートを得ながら、現場の教師たちが主体となって自らの手で実践を基盤にしたカリキュラム開発を展開した先駆であり、「生活体育論」に立脚し、行事づくりというテーマを軸に教科学習と教科を超えた活動が縦横に仕組まれて子どもの学びを組織している点は今日に至っても優れた点であると評価できる。確かにこのように「浦和市の体育研究」自体は体育カリキュラム開発の方法的な革新をもたらしたものの、一方で体育の目的・内容編成に関しては、従来のものを継承したままであった。またこの研究は、生活体育の理念

表序 -1　体育の教育課程─自主性を生かす体育指導（仲町小学校，1955）

1　生活体育として体育カリキュラムを作る立場

従来、体育科として独立した体育カリキュラムを持ち指導してきたのを特別活動との融合統一のもとに歴史的社会的生活課題に取り組ませ、民主的人間形成の実をあげようとした。

①自主的な計画運営を助成するためにホームルーム、学級・学校指導会、体育委員会との関連を考えた。

②生活とのつながりを考慮─自由時（学校、地域社会）の実態を重視した。

③学校の体育行事（身体検査、体力テスト、校内大会、運動会）を中心に考えた。

2　単元構成の手続き

①目標設定は指導要領を参考とした。

②現状分析から問題点、単元の一般目標を考え、単元全体の流れを示し、全体計画とした。

③教材の系統的発展を分析研究した。

④体育的行事の反省分析して単元の持つ問題点を明らかにし、性格や目標を決定した。

⑤単元の展開にあたっては、仕事、児童の活動、指導に分け、児童の活動は児童会、正課時、自由時との関連が明確になるよう記載した。

⑥単元の数は、行事、季節、単元の持つ性格や目標を考慮し、年間 9 単元とした。

⑦単元の時間割り当ても同様な立場に立ち、運動のバランスがとれるように考慮した。

3　指導上の配慮

①自由時は各個人の各種の要求が満たされる時で、自由な気楽さを失われず、各種の活動ができ、生活を豊かにするように考えた。

②体育的行事については次の点に配慮した。

・全員参加を建前とする。

・計画運営は児童を主体とする。

・適切な役割を見つけさせる。

・各部面との連関を考えて、円滑にいくようにする。

③ホームルームは問題解決の場であり、民主的生活をしていく原動力を育成する場となるようにした。

④正課時の活動については次の諸点に留意した。

・基礎技術の獲得

・基礎的知識の理解

・基礎的生活態度の育成

・基礎的運動生活に対する自覚と創造力の育成

⑤プロジェクト全体の教育的意味を高めるためにプランニングを重視した。

⑥社会的経験を得させるためにグループ活動を重視した。

4　評価

①児童の立場

ホームルーム、児童会、各委員会（役割）で、ねらい、計画にてらして自己評価・相互評価をする。

②教師の立場

単元目標から単元全体を通して評価する。ホームルーム、児童会、各種委員会の反省を通して評価する。

を持ちつつも、カリキュラム編成の方法に関わっては「教育目標→教育内容の選択→教育経験の組織→教育結果の評価」という手順を踏む行動科学主義的な「タイラーの原理」を適用し、教師・研究者側主導のものになっている。時代的制約性は考慮しつつも、田中（2007）が指摘するように「グループ、集団、学校全体で行事を創るという未完のシナリオ（カリキュラム）に沿って、教師と子どもが教材の価値と意味を発見し合い交流しあいながら、さらに創造的な教育経験に組織していくカリキュラム、成長のプロセスがあったかどうかが問われる」（p.60）べきであるが、残念ながら「浦和市の体育研究」ではそのようなカリキュラムの動的な側面の記述は見られなかったとされる。しかしながら、「浦和市の体育研究」が残した成果と課題は、日本の体育カリキュラム開発研究においてきわめて重要な意義を提起している。

このように50年代には、神奈川県「大田小プラン」（1951-1956）や「常陸太田小実践研究」、「浦和市の体育研究」（1954-1959）など、学校名や地域名が付いた実践的な「生活体育カリキュラム」研究が華やかに展開された。これらが実践を基盤にした体育カリキュラム開発研究の先駆けである。しかしながら、1958年を機に体育でもカリキュラム研究が停滞していく。その後、体育実践に視座を置いた、教師たちが関わった総合的な体育カリキュラムの研究として挙げられるのは、1976年に日本教職員組合中央教育課程検討委員会が提案した『教育課程改革試案』と本論文の研究対象となった学校体育研究同志会教育課程自主編成プロジェクトによる『教師と子どもが創る体育・健康教育の教育課程試案』（2000、2003）にすぎない。

ここで『教育課程改革試案』（日本教職員組合中央教育課程検討委員会）の「保健・体育」について少し触れておこう。

70年代以降の文部省による一連の制度改革構想に対峙して、日本教職員組合中央教育課程検討委員会によって『教育課程改革試案』（1976）が提起された。この『教育課程改革試案』の意義は、行政指導の指導要領体制に対して、民間教育研究諸団体の成果に基づき、子どもの学習権保証の立場から、教育課程に関する包括的な提案を集大成した点にある（梅原，1995，p.43）。この『教育課程改革試案』は、「教育課程はなによりも国民が共通に必要とする教養を土台に据えながら、子どもの個性と実生活に対する興味と関心に応じた教養を調和させて構成しなければならない」（1976, p.16）とし、言い換えれば「教養の統一化と個性化」の原理に基づいてカリキュラム開発が行われた点が特徴である。こうした原理に依りながら、「保健・体育」では、地域社会の環境や生活の破壊による子どもの体力・運動能力の低下、成人病的傾向、運動不足、“文明病”の生起、運動施設の不足、体育嫌いをつくる鍛錬的な体力づくり、運動の諸文化を身につけさせることの軽視、小学校保健における「しつけ的」指導、災害・公害の原因を教えない中学校保健、学校教育全体で人間の身体についての学習の決定的欠落等という現状認識に基づいて、以下のような保健・体育のあり方が提起された。

①保健・体育における国民的教養の基礎の保障、②人類が長年かかってつくりあげた、死や疾病・障害からの解放と身体的発達をめざす文化・科学の基本を発達に応じて学習させ、基礎的な運動の能力を一定の水準に到達させること、自分の身体を管理し、運動能力と健康についての自治能力を高めること、また施設・用具の管理能力やスポーツ大会などの組織・運営能力を身につけさせることとした目標設定、③学校での身体発達に必要な運動や栄養の保障、④保健・体育を生活と関連させて取り組む教育課程、⑤日常生活の中にスポーツなどを取り入れて生活を豊かにするとともに、健康や体力を維持・向上させる基礎を身につけさせるという社会的要請の受容、⑥体育理論と保健分野の学習を総合した学習の展開、⑦運動能力の多面的な発達をねらい、多様な運動文化の中で個人の特性にあったものが発見できるように個人運動・対人運動・集団運動をそれぞれ含んで編成する、⑧男女共学（少なくとも第4階梯の1学年までは)、⑨他教科との合同学習（総合学習）の重視である。階梯の捉え方として、第1階梯＝小学校1～2年、第2階梯＝小学校3年～6年、第3階梯＝中学校、第4階梯＝高校という区分も特徴的である。こうした保健・体育のあり方に基づいて、各階梯のカリキュラムは編成されていった。しかしながら、その歴史的被制約性を認めつつも、カリキュラム開発としての問題点も浮き彫りにされる。第1に、体育の目的論が「健康・体力」「身体能力」の側面から強調され、「総論」のようなトータルな視点が欠落している点である。このため結果として形成すべき体育の学力が体力論や運動能力論に傾倒し、「運動文化の主体者形成」という側面が不十分であったように思われる。第2に自治的活動を実現する集団形成を重視しつつも、教科と教科外活動の関連性が希薄である。第3に内容論の検討が不十分である。つまり体育分野では体操・器械運動・舞踊・水泳・陸上・ボール運動と6領域で編成されているが、これらの教材で何を教えるのか、また「わかる」と「できる」の関係で内容をどのように構想するのかといった整理や検討が不十分である。これらの問題の背景には、目標や内容を方向づけ決定する体育教科としての理論的基礎が十分に構築されていなかった点があるように思われる。したがって体育カリキュラムの問題が、現場では具体的な教材（種目）の問題に特化されるという形で展開したのではない

か、その帰結として授業がカリキュラム開発に結びつかず束ねられなかったのではないかと思われる。しかしながら、このような問題を抱えつつも、当時現場教師と体育研究者が協同で教育課程を創り上げた事実は、日本の体育カリキュラム開発研究史において間違いなく重要な布石を残したと言えよう。

その後、2000年に学校体育研究同志会教育課程自主編成プロジェクトによって『教師と子どもが創る体育・健康教育の教育課程試案』(中間報告)が提起されるまで、教師自身が関わった体育教科全体を包括したカリキュラム開発の組織的な実践・研究はほとんど見当たらない。教師による体育カリキュラム開発が停滞している事実は、戦後日本の体育論議をリードしてきた専門誌『体育科教育』(大修館書店)や『学校体育』(日本体育社)において掲載された体育カリキュラムに関わる論考掲載数をみても明らかである(表序-2)。これらの体育カリキュラムに関わる論考は、大きくは「学習指導要領に関わる論考」「各教材(種目)カリキュラムに関わる論考」「年間指導計画に関わる論考」「その他カリキュラム論等に関わる論考」に分類することができる。

表序-2に示されるように、1977年以降、圧倒的に多い論考は「学習指導要領に関わる論考」である。この種の論

表序-2　専門雑誌にみられる体育カリキュラム論考掲載数(1977-1999)

年	学習指導要領に関わる論考	教材(種目)カリキュラムに関わる論考	年間指導計画に関わる論考	その他(カリキュラム論他)
1977	2			
1978	3		3	
1979				
1980			1	
1981				
1982	5			
1983				
1984				
1985				
1986				
1987	16			2
1988				
1989				
1990	12			1
1991		[10]		[6]
1992				[6]
1993			7	3
1994	1			
1995	2			
1996	6			
1997		[2]		[3]
1998	16			
1999	9			
計	72	[12]	11	6 [15]

* 数字は『体育科教育』誌への掲載数
*[ ] は『学校体育』誌への掲載数

考は、特に学習指導要領改訂年の前後に集中的に掲載され、改訂学習指導要領の解説的なものが多い。「学習指導要領に関わる論考」以外では、90年代以降に増加傾向はみられるが、その中身は教材カリキュラム、年間指導計画、諸外国のカリキュラム論の紹介等に関わるものに限られ、掲載数も多くはない。80年代は日本のカリキュラム研究がとりわけ停滞したと多くのカリキュラム研究者が指摘しているように、体育においても同様な傾向にあったことがうかがわれる。1977年から1999年まで教科論レベルでの教師による体育カリキュラム開発に関わる論考はほとんど見あたらない。

以上、日本の体育カリキュラム研究は、学習指導要領を中心に、個別教材カリキュラムや年間指導計画が細々と展開されてきたにすぎず、カリキュラム研究の停滞状況は一目瞭然であり、30年間近くも「実践を基盤にした教師による体育カリキュラム開発」の研究はほとんど手をつけられていない状態であったと考えられる。

しかしながら、1998年の学習指導要領改訂時に「教育課程の大綱化・弾力化」が文科省より提起されて以降、また国際的な体育カリキュラム研究の動向においても体育の多様なカリキュラム研究が展開されてきている。とりわけ最近のカリキュラムをめぐる教育政策や研究の動向の中で、学習指導要領改訂（1998）の研究協力者の一人である八代（2001）は、「今回の改訂の最も重要なポイントを指摘するならば個々の学校にカリキュラムマネジメントが求められるようになったということである。…（中略）…すなわち、学校が自校の児童生徒をはじめ、学校の環境・地域の環境等を考慮したカリキュラムを作成し・運営し、結果を評価し、さらに優れたカリキュラムを編成していくという、いわゆるカリキュラムマネジメントが学校の主体性において行われるようにしていくということである。長年にわたって学校現場が求めてきた教育課程の自主的な編成が今、学校に求められているのである」（p.44）と述べている。また岡出（2001）は、国際的な学校体育カリキュラム改革の動向をまとめる中で、「信頼できるカリキュラムの提唱は、行政レベルの法的拘束力の強化という方向に集約されているわけではなく、少数の例外があるとはいえ、むしろ個々の学校レベルでのカリキュラム裁量を保障する方向に向かっていると言える。実質的にカリキュラムを機能させるのは、やはり個々の学校や教師であるとの認識が、ここでは明確に読みとれる」（p.237）と指摘している。これらの言明は、まさに教育現場や教師にカリキュラム編成の権限を委ねていく傾向が今日の国際的動向でもあり、教師による体育カリキュラム開発研究が体育科教育学の今日的な重要課題になっていることを示している。

第3節

研究の目的と方法

本研究は、今日の体育における教師のカリキュラム開発意識・主体性の低下とカリキュラム研究の停滞という状況の中で、制度レベル―学校レベル―教科論レベルのカリキュラム開発とその相互連関という観点から、実践を基盤にした教師による体育カリキュラム開発の方法に関わる原則を明らかにすることを目的とする。

この目的を達成するために、以下のような課題を設けて研究を進める。

(1) 学校に基礎を置くカリキュラム開発（School Based Curriculum Development, 以下 SBCD と略す）では、学校レベルの意志決定が必然的に学校外のカリキュラム（地方および国レベルのカリキュラム）に影響を与え、同時にその機関からも影響を受けるという相互作用を重視すると言われる。SBCD の方法として、「授業を基盤とするカリキュラム開発」「状況分析を基盤とするカリキュラム開発」「カリキュラム開発の支援システム」があるが、特に「状況分析を基盤とするカリキュラム開発」においては、学校内外に存在するカリキュラムの資源、とりわけ実践を規制する国や地域のカリキュラムの分析・検討がまず必要とされる（鄭, 2005）。そこで第 1 に、国レベルの学習指導要領と学校レベルのカリキュラムや授業実践との相互作用という視点から、現場の実践を規制するナショナル・カリキュラムである学習指導要領を体育教授学的に検討する。特に、内容領域編成論、教材論および教科内容論の視点から学習指導要領（体育）の内実をより具体的かつ実践的に考察する。

(2) 国および地域レベルのカリキュラム開発のあり方やその開発に現場の教師たちがどのようにコミットしていくことができるのか、その手続きのあり方について考察する。特に、制度的な弾力性・柔軟性・開放性・民主性を備えたカリキュラム改革を推進しているドイツのスポーツ指導要領の開発プロセスの特徴を探る中から、スポーツ指導要領開発の内実とその手続きを明らかにする。

(3) 国および地域レベルのカリキュラムの内実やその開発のあり方について検討したのち、カリキュラムの自己創出性という観点から、現実の体育実践に基づく教師による体育カリキュラム開発の実現過程を考察する。そして、「体育の授

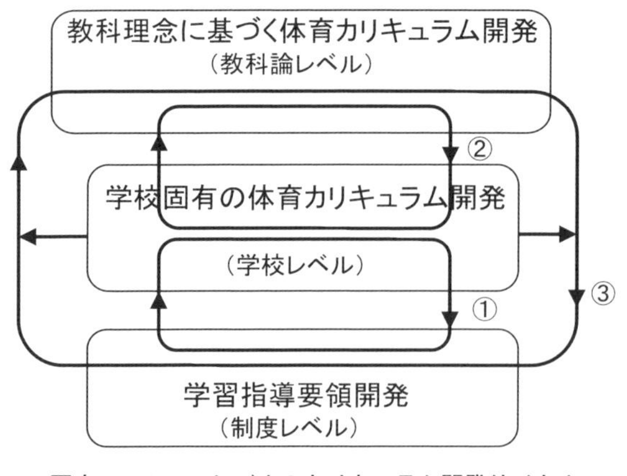

図序 -1　3 つのレベルのカリキュラム開発サイクル

業計画―単元計画―年間計画―学校体育カリキュラム―学習指導要領」というカリキュラムの階層構造の中で、国や地域レベル（制度レベル）で作られるカリキュラムに対峙する教科論レベルの教師による体育カリキュラム・モデルの創出プロセスとそれが学校レベルの体育実践・体育カリキュラムづくりにいかなる影響を与え得るのかを明らかにする。

以上、本論文では図序 -1 に示すように、研究方法を規定する研究対象を 3 つのレベルのカリキュラム開発とその相互連関に置き、この 3 つのレベルのカリキュラム開発サイクルの中で、学校現場で活きて働く教師による体育カリキュラム開発の方法に関わる原則を明らかにしようとするものである。

そして、本論文では、以下のような研究方法（研究アプローチ）を重視する。

まず、本研究における研究方法の第 1 の特徴は、図序 -1 に示されるような 3 つのカリキュラム開発サイクル（①制度レベルのカリキュラム開発と学校レベルのカリキュラム開発のサイクル、②学校レベルのカリキュラム開発と教科論レベルのカリキュラム開発のサイクル、③ 3 つのレベルのカリキュラム開発を繋ぐ手続き上のサイクル）のプロセスに着目した点である。この研究アプローチは、カリキュラムを実践主体である教師が開発・創造するダイナミックな階層構造をもつ過程として捉える視点を要求する。柴田（2000）は、教育課程（カリキュラム）の編成を論じる場合には、①国家的または政治的・経済的・社会的要求によって定められる教育課程（国レベル:学習指導要領、地域レベル:地域カリキュラム)、②学校で編成される教育課程（学校レベル)、③個々の教師が計画し、実施する教育課程（教室レベル：年間計画―単元計画―授業計画を含む）の 3 つの階層を区別し、それぞれに固有の問題を追求するとともに、それらの相互関係を明らかにすることが必要であると指摘する。教師によるカリキュラム開発の研究をする場合、カリキュラムの階層構造の中で、各レベルのカリキュラムの対象や機能の相互連関を視野に入れて、どのレベルのカリキュラムの内実や方法を問題としているのかが問われる。同様な視点で、森（2007）は、「開発・創造」段階（学校レベル）—「設計・編成」段階（年間計画レベル）における組織的協働とカリキュラムの実施・運営に関わる「調整・評価」段階（実践レベル）における協働のマネジメントを、様々なレベルで営むのが自律的なカリキュラムマネジメントであると述べている。つまり、本論文における研究方法論上の特徴の一つは、体育の授業計画—単元計画—年間計画—学校体育カリキュラム—教科論レベルでのカリキュラム—学習指導要領というカリキュラムの階層構造の中で、カリキュラムの自己創出性という観点から、教師による体育カリキュラム開発の方法を理論的・実践的に明らかにしようとする点である。

第2の特徴は、SBCDの視点から体育カリキュラム開発の方法を引き出そうとするものである。1970年代にOECDによってSBCDが提唱され、その後欧州を中心にSBCD研究は広く普及し多くの研究成果を上げている。OECD-CERI（1979）によれば、「SBCDは学校発の活動ないしカリキュラムに関し、学校が持つ諸要望に基づき、中央および地方の教育当局間において、権限、責任、および統制の再配分を引き起こすあらゆる過程を指し示すために用いられる。その際、各学校における法令上ならびに行政上の自律性の獲得と、各学校が自らの開発過程を運営可能とする専門職的権限とを必要とする」（p.13）。SBCDは「だれが、どのようにカリキュラムを決定するか」という問いを基礎に置き、カリキュラム開発の場を学校、そして教師を開発の主体として位置づけ、学校現実に応じたカリキュラムを開発しようとする発想を重視する。SBCDの焦点は、各学校の実際的状況に対応するイメージを構成し、それを様々な理論的概念に結びつけ、教室で使用するカリキュラムへと翻案することであり、学校の具体的、特殊的な文脈をカリキュラムに反映させ、理論と実践とを結びつけた実践的原理に応じる、という意図が含まれているとされる（鄭，1999）。有本ら（2007）によれば、SBCDによる利点や原則は以下のようにまとめられる。①カリキュラムの使用者が開発者となる。②カリキュラム使用者である教師が開発者になることによって、即時的なフィードバックが可能となる。③学校の現実に応じた具体的なカリキュラムを開発するため、カリキュラムの実践的特性が活かされる。④教師は生徒の特性やニーズを最もよく把握しているため、それらを考慮に入れたカリキュラム開発が可能となる。⑤教師が使用するカリキュラムを直接自分が開発するため、カリキュラムに対する所有者意識を形成できる。⑥ SBCDによる教師のカリキュラム開発は学校外の人々とのパートナーシップを持って行われる。⑦ School makes difference ＝学校（学校体育）が個性を持ち、違いをもたらし、影響し合い、効果を生み、変わる、というものである（有本，2007；鄭，1999）。

SBCDというカリキュラム開発のパラダイム転換は、カリキュラム開発への教師参加を中心に、その開発過程および構成要素間の相互作用によるダイナミズムを解明する道を開き（有本，2007）、実践（学校現場）を基盤にした教師によるカリキュラム開発の方法論への視座を提供してくれた。本論では、以上のようなSBCDの視点や視座を重視し、体育カリキュラム開発の方法を解明しようとした。Skilbeck, M.（1998）によれば、SBCDは大きく5つのステップ（1. 状況分析、2. 目標形成、3. プログラム樹立、4. 解釈と遂行、5. モニター・フィードバック）があるとされる。これを理論的支柱にTayler, P.（2000）がベトナムの山村部の農林教育のためのカリキュラム開発を手がけ、教師たちが関わる「参加型カリキュラム開発（participatory curriculum development）」の方法を開発して実践を展開した（有本，2007，p.36）。筆者はこの方法を土台にして図序-2に示されるような「参加型カリキュラム開発モデル」を構想し、それにしたがって、とりわけ学校レベルの体育カリキュラム開発にアプローチしようと考えた。

第3の特徴は、カリキュラムおよびカリキュラム開発への体育教授学的アプ

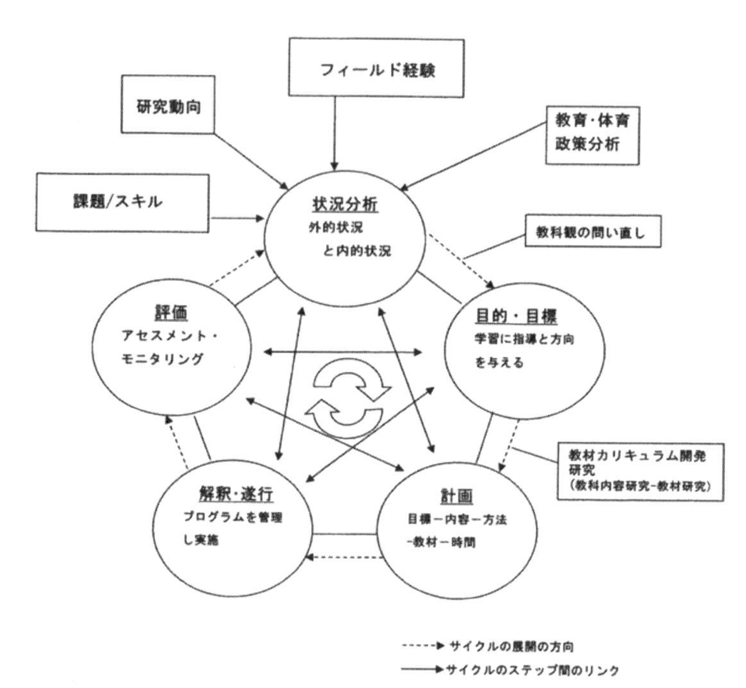

図序-2　参加型カリキュラム開発モデル（Tayler, P. のモデルを丸山が一部改変）

ローチである。それは、カリキュラムおよびカリキュラム開発を教育学から教授学の対象へとシフトすることを強調している。これまで一般的にカリキュラムは、主として教育学や教育社会学の研究対象として考察される場合が多かったように思われる。例えば、日本カリキュラム学会が編集した『現代カリキュラム事典』(2005) においては、カリキュラム編成の基本問題は、①カリキュラムの思想と理論、②カリキュラムの編成原理、③カリキュラムの社会的基礎、④子どもの発達とカリキュラム、⑤教育目的・目標とカリキュラム、⑥カリキュラムと学力、⑦教育課程行政の役割、として記述されている。言い換えれば、これは日本カリキュラム学会が考えるカリキュラム研究の対象領域であるとも言える。この教育学の対象としてのカリキュラム研究自体は意味を持つものだと考えるが、一方でこれまでのカリキュラム研究が現場で働く教師や授業実践に十分に反映されなかったようにも思われる。また先の事典では「カリキュラム開発の実践的課題」として、①学校におけるカリキュラム開発、②カリキュラムと教育方法、③カリキュラムの経営と評価が挙げられ、カリキュラム開発研究の対象を実践と結びつけることが意識されるようになった。近年の SBCD の展開はこの傾向を端的に示しているし、その方法論上の意義は大きい。確かにカリキュラム研究における SBCD 研究では教育実践を考察の対象にはしているが、しかしながら教科のカリキュラム実践の実現化を目指すという視点は希薄であるように思われてならない。山住（1998）は、教授理論（教授学）は「教授—学習の現実化を調整し変革しようとするモデル」(p.2) であり、それは教育現実の理論的構成化＝「教育学的構成化」(教育現実の教育学的構成）を介して教授—学習の実践的活動に調整的に作用するものであると規定する。そして、教科の教授—学習過程の「教育学的構成化」においては、計画・設計された「デザインとしての教授—学習」と教材と関係する行為者（教師と子どもたち）による行為の交換の交差過程である「実現過程としての教授—学習」があり、従来の学校教科の教授—学習の研究は「デザインとしての教授—学習」の考察に偏し、後者の「実現過程としての教授—学習」についての考察が不十分であったと指摘する（山住，1998，pp.1-5)。この山住の論を援用し、本論では「デザインとしてのカリキュラム」と「実現過程としてのカリキュラム」の両方を視野に入れつつも、とりわけ「実現過程としてのカリキュラム」の視点を重視する。

また、ドイツではすでに教授学を陶冶内容ないしは教科課程の理論と同義と考える立場があり、教育課程編成の問題を教授学の重要課題として提起している（吉本，1981，p.12；小林，1999，p.15)。ドイツ教授学の代表者の一人である Klafki,

W.（1991, s.251）は、教授学をカリキュラム論や教授―学習論を含む概念として捉えている。さらに、ドイツのスポーツ教育界においても近年多様なスポーツ教授学的コンセプト（Größing, S.2001, ss.11-52）に基づいて多様なスポーツカリキュラム開発が展開され、実践と結びつくスポーツカリキュラム開発がスポーツ教授学研究の主たる対象となっている。

同様な視点で佐藤（1999）は、これまでのカリキュラム研究から教師研究へのパラダイム・シフトを主張している。佐藤（1999）によれば、「『カリキュラム』から『教師』へのパラダイム転換は、カリキュラムと授業を教育実践の主体である教師の側から捉え直し、教室の実践を内側から対象化する視点への転換でもあった。この視点から『意思決定者』としての教師の役割が問い直され、授業において機能させている『教師の知識』の内容と性格が問われ、『反省的実践』としての授業実践のあり方が探究されたのである」（p.170）。そして、教師を基軸としてパラダイムを変換させる中で、教師の実践的思考を中軸とするカリキュラム研究を進めようとする。それは、中央機関において専門家が研究し開発した特権化したカリキュラムを学校と教室に普及する「研究・開発・普及モデル」から、教師が主体となってカリキュラムを改造する様式としての「実践・批評・開発モデル」へのシフトであり、「教師は、授業の準備と実践と反省のすべての過程をとおして、教材と対話し、子どもたちや同僚と対話し、自分自身と対話しながら、教室における学びの創造に挑戦し続けている。その絶え間ない『デザイン』の軌跡が、カリキュラムを創造するのである」（pp.175-176）と指摘する。

以上、カリキュラムおよびカリキュラム開発を教授学の対象にするというパラダイム・シフトは、一貫して教師の授業実践やカリキュラムづくり実践を重視し、それを研究の中心軸に据え、実践を豊かに変革していくという研究の立場に立つということである。実践のリアリティに目を向け、そこから実践と理論の往復運動の中で授業やカリキュラムを創る教師の主体性や専門的力量の形成をねらっている。簡潔に述べれば、このパラダイム・シフトは、教師の実践を中心に据え大切にするということである。実践は普遍性という価値を持つだけでなく、直接的な現実性という価値をもっており、まさに実践は理論の源泉であり理論は実践の結晶である。今日、体育科教育学は、実践と理論の関係を重視した「実践創造の学」へのパラダイム・シフトが強く求められている。その転換には、その中心的な研究課題として体育実践それ自体の中から実践の理論化、あるいは実践の創造にとって有益で意味ある情報を生み出さす関係や論理（自己創出性）を解明することが必要である。カリキュラムを実践の中で複雑な自己創出性を持つシステムとする視点を持つことによって、カリキュラム開発方法の研究は学校現場に有効に働く「実践創造の学」となり得る。本研究の特徴はこうした「実践創造の学」へのパラダイム・シフトに先駆的に応えようとする点にある。

このカリキュラムの自己創出性という観点は、1950 年代以降に民間教育研究運動を中心に謳われた「教育課程の自主編成」概念を先駆とする。当時の「教育課程の自主的、民主的編成」（川合，1976，pp.3-23）は、国民の学習権・発達権を保障する学校に必然的に要請される教師の教育に関する自主的権限であり、教育課程の内実の構築においても、編成手続きにおいても、教育課程の民主的統制の原則を貫こうとしたものであった（水内，1976，pp.27-80）。それは、子どもたちの可能な限りの発達を目指す教職員や教職員集団の教育的力量形成と実践づくりに収斂される自主的な研究活動と結びつく、言わばカリキュラム開発をめぐる学校・教師の自律性と手続きの民主性を含む概念であったと思われる。しかしながら、教育行政上の影響もさることながら、「教育課程の自主編成」の方法論や具体的方法の解明が不十分で、それが学校現場や教師に浸透されていかなかった。カリキュラムの自己創出性という観点の導入は、この問題を乗り越えようとするものである。森ら（2007）は、体育におけるカリキュラムマネジメントについて、授業実践におけるカリキュラムの自己創出性という観点から論究している。森らは、カリキュラムマネジメントの対象を「目的・目標」「教科内容と教材」「教授—学習活動」に設定し、さらにカリキュラムマネジメントの基本的機能を「開発・創造」—「設計・編成」—「調整・評価」として、これらの 3 つの対象領域と 3 つの機能的サイクルの関連をトータルに省察する中で、自律的なカリキュラムマネジメント概念を描いている。そして、その視点から、教授—学習の相互関係、カリキュラム実施過程とカリキュラムの設計・編成との相互関係、カリキュラムの設計・編成とカリキュラム開発の相互関係の中で、カリキュラムマネジメントサイクルが連動して機能し、相互に調整し合うことで自律的なカリキュラムマネジメントが実現すると述べ、体育の教授—学習過程における自己創出的（自律的）なカリキュラムマネジメントモデル（図序 -3）を提起した。本論文では、森らのアプローチと同様、カリキュラムの全体構造を、実践やカリキュラム内外の条件によってカリキュラム自体と教育実践自体が相互に影響し合って豊かに変わっていく「自己創出するシステム」と見なし、その視点から体育のカリキュラム開発の方法を描き出していこうと考えている。そして、単に体育実践の自己創出性の論理を解明する理論的なアプローチだけではなく、それを実際の体育実践や学校条件を生かしてカリキュラムを創り上げていくという実践的なアプローチ

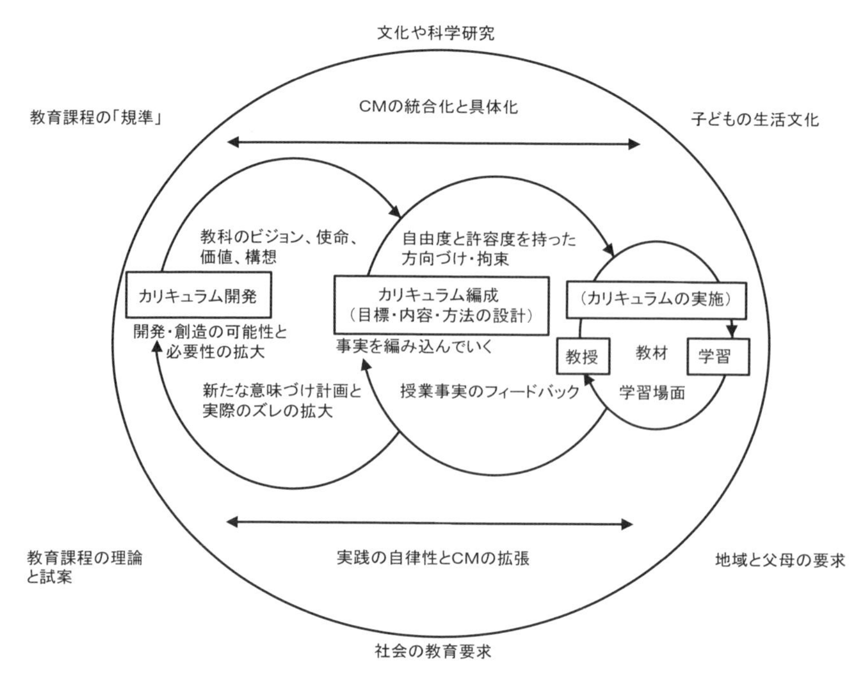

図序 -3　教授―学習過程における自律的なカリキュラムマネジメントサイクル（森，2007）

に接続し、両者を一体化してカリキュラム開発の方法を現実に活きて働くものとして解明していこうとするところに本研究の独自性があると考えている。

最後に、本論文における用語使用の問題に触れておく。一つは、「カリキュラム」と「教育課程」という用語である。カリキュラムと教育課程は、原語と訳語の関係で、その意味は明確に区別されずに用いられる場合が多かったが、1970 年代後半から意識的に使い分けられるようになった。しかし依然としてカリキュラム（curriculum）の概念やその訳語として使用されてきた「教育課程」という用語の意味は、実践の場でも教育方法学の領域でもきわめて多義であるとされる。天野（2004）は、カリキュラムと教育課程の違いを以下のように説明する。

①「教育課程」には、いわゆる「隠れたカリキュラム」（hidden curriculum）の意味が含まれない。つまり非計画的で、無意図的な教育内容としての学校文化、校風、伝統といった「かくれた」ものは含めない。

②「教育課程」は教える側から見た計画や、枠づけ、つまり「何を教える（た）か」という視点が優先する。これに対して「カリキュラム」は子どもの側からみて、学習して身につける（た）ものという観点から捉える。「子どもは何を学習したか」、

「学びの履歴」といった意味を強く含意して用いられる。

③「教育課程」は、一般に、教育内容についての国家的基準によるプラン、しかも立案（構成）レベルのものを表す用語であり（教育行政用語)、その展開過程は含まれていない。「カリキュラム」には目標、内容・教材の他、教授・学習活動、評価の活動なども含んだ広い概念として把握されている(天野, 2004, p.18)。

天野が指摘したように、本論文においてカリキュラムという用語は、行政用語としての狭い意味での教育課程のイメージから脱却し、教育課程という概念をも包括し、さらに子どもの「学びの履歴」を含み、また行政がつくる学習指導要領レベルから学校現場でつくる体育の全体計画―年間計画―単元計画の展開過程をも含む広い概念、つまり多層的でダイナミックな実践的概念という意味合いを込めて使用する。そして、1970年代後半以降、従来の「構成」や「編成」という用語に代わって「開発（development)」が用いられるようになった。そこには､「カリキュラムは実践に内在する点検・評価を自覚的に機能させ、絶えずつくり変えられていくものであり、それによって児童生徒の経験がより豊かなものに変化していくという意味合いが込められている」(天野, 2004, p.12)。また、「カリキュラム開発」に対して「カリキュラムづくり」といった場合、これもあまり明確な区別はされないが、Jackson, P.（1992）は『カリキュラム研究ハンドブック』の中で､「開発（development)」に代えて「形づくり（shaping)」という用語を使い、shapingの方が教師のアイディアを形にして表現した意味を示すことができると指摘する。本論においては「カリキュラムづくり」は学校の体育カリキュラム、年間計画や教材のレベルにおいて教師のアイディアを具体的な形にしていくプロセスを重視する概念として考えている。

【注】

1）コア・カリキュラムは1930年代にアメリカで提唱され、コアになる課程とそれを支える周辺課程が同心円的に編成されたカリキュラムである。とりわけ子どもの生活上の問題解決場面がコアとなる経験主義のカリキュラム構造を持つものとされ、実生活の問題解決に向けた内容や活動を関連づけながら展開する。こうしたコア・カリキュラム論は、敗戦直後の日本にアメリカから取り入れられ､「生活教育」運動を支えた。コア・カリキュラム論とその実践の展開は、1948年に設立されたコア・カリキュラム連盟が指導的な役割を果たした。(参照：日本カリキュラム学会編（2005）『現代カリキュラム事典』, ぎょうせい, pp.20-21)

2）運動文化論は「生活基盤の社会性」を基軸に子ども・学校・地域を統一的に捉えようとする生活体育論を土台にしながら成立し、国民がスポーツの権利を保有するという立場から「国民運動文化の創造」という課題に向かう「体制基盤」(組織・体制）の建設とそれを支える国民を育成する学校体育・教科体育の役割を明らかにしようとした理論として丹下保夫によって提起された（高津，2004，pp.45-70）。出原（2002）は、運動文化論は「論」として次のような特徴を持っていると指摘する。①社会と文化の変革主体の形成を目指している理論であること、②社会の民主主義的発展や歴史の進歩との関連の中で運動文化や教育を把握し使用とする総合的で全体的な視野を持った理論であること、③教育実践、授業実践の研究に埋もれることなく、つねに「校門」や「窓」を開き、国民・市民と連帯しながら、社会進歩に貢献しようとする理論であること、④教育労働者としての専門的な力量に加えて、このような生き方・思想・観を教師に求め、これを高めていくという強烈な教師論を内に含む理論であること、⑤「研究室の理論」ではなく、民間教育研究運動として、社会変革の movement の一部となり、運動と実践の中で検証され、創造されていく理論であること。

第１章

カリキュラムとしての
学習指導要領の
体育教授学的検討

教師がカリキュラム開発に着手しようとする際には「学校に基礎を置くカリキュラム開発（SBCD）」論が指摘するように、まず現場の実践を規定する制度としてのカリキュラム＝学習指導要領を検討することから出発する必要がある。それは、図序-1で示された「①制度レベルのカリキュラム開発と学校レベルのカリキュラム開発のサイクル」を検討することになる。その際、学習指導要領の目標や内容をただ理念や政策の問題として捉えるだけではなくて、学校現場で展開されている授業実践やカリキュラムの内実との関係の中で問い直す作業が必要となる。それは学習指導要領の目標・内容が学校現場の授業実践やカリキュラムに具体的にどのように反映し、また逆に実践の側から学習指導要領の目標・内容の妥当性や問題点が何であるのかについて具体的に検討していく作業となる。

そこで第1章では、学校現場における体育実践を規定するカリキュラムとしての学習指導要領（体育）を体育教授学的アプローチから検討する。体育教授学的アプローチとは「教授―学習の現実化を調整し変革しようとする」（山住，1998, p.2）視点から体育の現実を捉えようとするものである。学習指導要領の目標・内容は具体的な教材や教科内容を介して現実の授業実践（教授―学習活動）に反映される。だからこそ、とくに目標と内容を繋ぐ理論的基礎となる内容編成論や、さらに具体的な教材、教科内容の視点から学習指導要領の内実を考察する。そのことが教師がカリキュラム開発に向かう際に必要な学習指導要領の体育教授学的検討になるものと思われる。

授業では目標が内容化され、その内容が具体的な教材を介して教授―学習が展開される。目標と内容を繋ぎ、目標を内容化する際のひとつの重要な理論的基礎となるものが内容編成論である。まずはじめに学習指導要領における内容編成をめぐる論議とその原理的な問題について検討してみたい。

第１節

学習指導要領に見られる内容編成論の検討

１．戦後の学習指導要領に見られる運動（内容）領域の変遷

表 1-1 は、戦後の学習指導要領における運動（内容）領域編成の変遷を示したものである。この表からは、戦後の学習指導要領の運動（内容）領域編成においてはいくつかの領域編成原理が存在したことを読み取ることができる。例えば、戦後初期（1947～）の内容領域の編成は、「鬼遊び」、「ボール遊び」という領域名が用いられたように「子どもの遊びや生活との関連性を基準として素材を分類する分類論」に基づいていたと考えられる。1950 年代にはラポート（LaPORTE, WM.R）の教材価値論やコア・カリキュラム論の影響を受け「目標や指導方法を基準とした分類論」に基づいた領域編成が展開された。そこでは、身体、知・情緒、社会、安全、レクの 5 つの指標からの教材評価によって発達への適合性と教育目標実現への寄与を目指す運動の分類論が試行された。その後 1960 年代には「体力づくり体育」論の影響により、体力づくりを担う領域として体操領域が独立し、一方で技術的運動領域を器械運動／陸上運動／水泳／ボール運動／ダンスに分類する「素材の技術構造を基準とする分類論」が展開される。そして 60 年代後半以降には「欲求に基づく分類論」によって内容（領域）が編成され、それがそれ以降今日までの学習指導要領の内容編成に強く影響を与えることになったと思われる。とりわけ 70 年代以降から今日までの内容（領域）編成の変化は、所謂「運動の特性論」によって生み出され、それは「構造的特性論」（運動の効果や仕組みに注目）から「機能的特性論」（運動が内包している機能に注目）への移行として特徴づけることができよう。

また、文部省の『小学校の体育指導書（体育編）』（1989）における「第 2 節 体育科の内容」には、「体育科の内容は、運動領域、保健領域に大別されるが、運動領域が内容の大部分を占め、…」（p.12）と記され、運動領域の内容は基本の運動、ゲーム、体操、器械運動、陸上運動、水泳、ボール運動、表現運動で編成されている。この内容編成は、表 1-1 に示されるように、1958 年以降「リズ

表 1-1　戦後日本の学習指導要領にみられる運動（内容）領域構成の変遷（岡出 ,1977）

学校／年	小学校 低学年	小学校 中学年	小学校 高学年	中学校	高等学校
1947 指導要綱	体操（徒手、器械） 遊戯（遊戯、球技、水泳、ダンス）	体操（徒手、器械） 遊戯（遊戯、球技、水泳、ダンス）	体操（徒手、器械） 遊戯（遊戯、球技、水泳、ダンス）	体操（徒手、器械） スポーツ（陸上競技、球技、水泳）ダンス理論	体操（徒手、器械） スポーツ（陸上競技、球技、水泳）ダンス理論
1949（小） 体育編試案	鬼遊び、リレー、リズム遊び、模倣物語遊び、器械遊び、ボール遊び、水遊び、雪遊び	鬼遊び、リレー、ボール遊び、リズム遊び、器械遊び、模倣物語遊び、水遊び、スキー遊び	ボール運動、陸上運動、徒手体操、器械体操、リズム運動、水泳、スキー		
1953（小） 体育科編試案	固定施設を使って遊ぶ。力試しの運動をする。ボール遊びをする。リズムや身振りの遊びをする。鬼遊びをする。水遊びや雪遊びをする	力試しの運動をする。リレーをする。ボール運動をする。リズムや身振りの遊びをする。鬼遊びをする。水泳、スキー・スケートをする	力試しの運動をする。徒手体操をする。リレーをする。ボール運動をする。リズム運動をする。鬼遊びをする。水泳、スキー・スケートをする		
1955（高） 保健体育科編					個人種目［徒手体操、巧技、陸上競技、すもう（男）、柔道（男）、剣道またはしない競技（男）］ 団体種目［バレーボール、バスケットボール、ハンドボール、サッカー（男）、ラグビー（男）］ レクリエーション的種目［水泳、スキー、スケート、テニス、卓球、バドミントン、ソフトボールまたは軟式野球、ダンス（女）］ 体育理論
1958（小） 1958（中） 1960（高）	徒手体操、器械運動、陸上運動、ボール運動、リズム運動、その他の運動、体育や保健に関する知識	徒手体操、器械運動、陸上運動、ボール運動、リズム運動、その他の運動、体育や保健に関する知識	徒手体操、器械運動、陸上運動、ボール運動、リズム運動、その他の運動、体育や保健に関する知識	徒手体操、器械運動、陸上競技、格技（男）、球技、水泳、ダンス（女）、体育に関する知識	徒手体操、器械運動、陸上競技、格技（男）、球技、水泳、ダンス、理論
1968（小） 1969（中） 1970（高）	体操、器械運動、陸上運動、水泳、ボール運動、ダンス	体操、器械運動、陸上運動、水泳、ボール運動、ダンス	体操、器械運動、陸上運動、水泳、ボール運動、ダンス、保健	体操、器械運動、陸上競技、水泳、格技（男）、球技、ダンス（女）、体育に関する知識	体操、器械運動、陸上競技、水泳、格技、球技、ダンス、体育理論
1977（小） 1977（中） 1978（高）	基本の運動、ゲーム	基本の運動、ゲーム、器械運動（4 年）、表現運動	体操、器械運動、陸上運動、水泳、ボール運動、表現運動、保健	体操、 個人的スポーツ［陸上競技、器械運動、水泳］ 集団的スポーツ［バスケットボール、バレーボール、サッカー］ 格技(男)、ダンス(女)、体育に関する知識	体操、 個人的スポーツ［陸上競技、器械運動、水泳］ 集団的スポーツ［バスケットボール、バレーボール、サッカー］ 格技（主に男）、ダンス主に（女）、体育理論
1989（小） 1989（中） 1989（高）	基本の運動、ゲーム	基本の運動、ゲーム、器械運動（4 年）、水泳（4 年）、表現運動	体操、器械運動、陸上運動、水泳、ボール運動、表現運動、保健	体操、器械運動、陸上運動、水泳、球技、武道、ダンス、体育に関する知識	体操、器械運動、陸上競技、水泳、球技、武道、ダンス、体育理論

ム運動」や「体育や保健に関する知識」が削除されたこと、低学年が「基本の運動」と「ゲーム」になったこと（1977 年以降）以外はほとんど変っていない。領域編成の基本的な考え方は継承されていると見なすことができる。この基本的な考え方の背景には、1953 年の学習指導要領における学習内容という概念の提起があるよう思われる。この学習指導要領（1953）では「これまで教材と呼ばれていた各種運動種目を学習内容の重要な部分として取り上げることにした」と記され、佐伯（1995）もこの学習指導要領では「運動（種目および技能）的内容は学習内容であると同時に教材である」（p.115）と述べている。それは、教師や教授中心の体育観から脱して、子どもを中心に子どもの側から教材や内容を捉えようとしたものであったと考えられる。1958 年の学習指導要領からは学習内容という用語は使用されず、ただ内容という用語として提示されることになるが、学習内容概念と意味するところは同じである。その結果、この考え方によって、学習内容＝教材＝運動というシェーマ（図式）が生まれ、その中で表 1-1 に示されるような運動領域の内容が編成されることになった。このように運動（種目）が内容となり、そして教材にもなり、はたまた目的にもなるという思考の枠組みが、学習指導要領を特徴づける運動の「機能的特性論」や「運動目的・内容論」という内容編成の原理に繋がることになるものと考えられる。しかしながら、いくら子どもを重視したとしても、教科内容と教材は峻別されるものであり、教材は教科内容を教える手段の体系であるとする教授学の原則から見れば、学習内容＝教材＝運動（目的）というシェーマに基づいて内容を編成することは大きな問題を孕んでいる。

2．小学校学習指導要領（1998）における運動領域および内容編成の特徴

小学校学習指導要領（1989，1998）における運動（内容）領域の編成は、表 1-2 の通りである。表 1-2 に示されるように、1989 年と 1998 年の学習指導要領における運動（内容）領域の編成にはほとんど変化はない。それは、学習指導要領の内容編成論の理論的基礎となってきたプレイ論、機能的特性論に基づく内容領域の編成を継承していると考えることができる。

また、小学校学習指導要領の『解説（体育編）』（文部省，1998）を検討すると、学習指導要領（1998）における運動領域の内容特性は以下のように特徴づけられる。下線部分は 1989 年の学習指導要領から変わった点である。

表 1-2　小学校学習指導要領（運動領域）の内容比較（池田，1999）

	領域	改訂された学習指導要領	従前の学習指導要領
第1・第2学年	A　基本の運動	1　走・跳の運動　遊び 2　力試しの運動　遊び 3　器械・器具を使っての運動　遊び 4　用具を操作する運動　遊び 5　水遊び 6　表現リズム遊び （加えて歌や運動を伴う伝達遊び、自然の中での運動遊び及び簡単なフォークダンス）	1　走・跳の運動 2　力試しの運動 3　器械・器具を使っての運動 4　用具を操作する運動 5　水遊び 6　模倣の運動 （加えて歌や運動を伴う運動遊びや簡単なフォークダンス）
	B　ゲーム	1　ボールゲーム 2　鬼遊び	1　ボールゲーム 2　鬼遊び
第3・第4学年	A　基本の運動	1　走・跳の運動　遊び 2　力試しの運動 3　器械・器具を使っての運動（第3学年） 4　用具を操作する運動 5　浮く・泳ぐ運動（第3学年）	1　走・跳の運動 2　力試しの運動 3　器械・器具を使っての運動（第3学年） 4　用具を操作する運動 5　浮く・泳ぐ運動（第3学年）
	B　ゲーム	1　バスケットボール型ゲーム 2　サッカー型ゲーム 3　ベースボール型ゲーム （加えてバレーボール型ゲームなどその他の運動）	1　ポートボール 2　ラインサッカー 3　ハンドベースボール
	C　器械運動	（第4学年） 1　マット運動 2　鉄棒運動 3　跳び箱運動	（第4学年） 1　マット運動 2　鉄棒運動 3　跳び箱運動
	D　水泳	（第4学年） 1　クロール 2　平泳ぎ	（第4学年） 1　クロール 2　平泳ぎ
	E　表現運動	1　表現 2　リズムダンス（加えてフォークダンス）	1　表現 2　フォークダンス
第5・6学年	A　体つくり運動	1　体ほぐしの運動 2　体力を高める運動 ・体の柔らかさ及び巧みな動きを高めるための運動 ・力強い動き及び動きを持続する能力を高めるための運動	1　体の柔らかさ及び巧みな動きを高めるための運動 2　力強い動き及び動きを持続する能力を高めるための運動
	B　器械運動	1　マット運動 2　鉄棒運動 3　跳び箱運動	1　マット運動 2　鉄棒運動 3　跳び箱運動
	C　陸上運動	1　短距離走・リレー及びハードル走 2　走り幅跳び及び走り高跳び	1　リレー・短距離走及び障害走 2　走り幅跳び及び走り高跳び
	D　水泳	1　クロール 2　平泳ぎ（加わえて背泳ぎ）	1　クロール 2　平泳ぎ
	E　ボール運動	1　バスケットボール 2　サッカー 3　ソフトボールまたはソフトバレーボール （加えてハンドボールその他のボール運動）	1　バスケットボール 2　サッカー （加えてソフトボール）
	F　表現運動	1　表現 2　フォークダンス （加えてリズムダンス）	1　表現 2　フォークダンス

その他	自然とのかかわりの深い活動	・雪遊び ・氷上遊び ・スキー ・スケート ・水辺活動	・雪遊び ・氷上遊び ・スキー ・スケート

（ア）基本の運動

・低学年および中学年の児童が各種の易しい運動について仲間との競争やいろいろな課題に取り組むことによって、運動をしたいという欲求を充足し、その楽しさや喜びを味わい運動好きにすることができる運動（遊び）であり、各種の運動の基礎を培うための重要な運動（遊び）である。

・基本の運動の内容は主として個人で成立する運動（遊び）に着目して構成。楽しい―「運動遊び」としての基本の運動は、手軽で律動的な活動で構成されることから、「体ほぐしの運動」の趣旨も含まれる。

・低学年の「運動遊び」は、易しい運動に出会い、伸び伸びと体を動かす楽しさや心地よさを味わう遊びであることの強調。

…〈運動欲求の充足（楽しさ）を全面的に押し出さず〉

（イ）ゲーム

・ゲームは、運動したいという欲求から成立した「運動遊び」である。基本の運動とは異なる―「ゲーム」としての特性は、集団対集団で競い合い、仲間と力を合わせることにある。

・集団で勝敗を競うゲームの楽しみ方には、規則を工夫したり、作戦を工夫したりすることと、技能を身につけることがある。

・ゲームの内容として、低学年ではボールゲームおよび鬼遊び。従来の基本の運動の中のボール遊びは学習の効果という観点からボールゲームの一部として取り扱うことにした。

・児童の実態に応じて弾力的な扱いができるように、従来の特定種目の内容の示し方から―○○型ゲーム」に変えた。

（ウ）体つくり運動

・体つくり運動は、身体の調子を整えるなど体ほぐしをしたり体力を高めたりするために行われる運動。

・体つくり運動の内容は、心と体をより一体として捉える観点から、従前の体操領域の内容である「体力を高める運動」に、新たに「体ほぐしの運動」を加えた。

・「体ほぐしの運動」は、いろいろな手軽な運動や律動的な運動を行い、体を動かす楽しさや心地よさを味わうことによって、自分や仲間の体の状態に気づき、体の調子を整えたり、仲間と交流したりする運動である。

（エ）器械運動

・器械運動は、マット、鉄棒、跳び箱等の器械・器具を使った「技」に取り組んだり、それを達成したときに楽しさや喜びを味わうことのできる運動である。

・より困難な条件の下でできるようになったり、より雄大で美しい動きができるようになったりする楽しさや喜び。

・器械運動は、自己の能力に適した技に取り組んだり、その技がある程度できるようにしたりするとともに、同じ技を繰り返したり、技を組み合わせたり、跳び箱運動では安定した動作で跳び越したりすること、加えてそれぞれの運動に集団で取り組み、一人一人ができる技を組み合わせ、調子を合わせて演技するような活動に発展させることもできる。

…〈「技」への挑戦とか「技」の達成を目指すという表現が消える。…“取り組み”という表現になる〉

（オ）陸上運動

・陸上運動は、走る、跳ぶなどの運動で、体を巧みに操作しながら、合理的で心地よい動きを身につけるとともに、仲間と速さや高さ・距離を競い合ったり、自己の目指す記録を達成したりすることの楽しさや喜びを味わうことができる運動である。

・合理的な運動の行い方を大切にしながら競争や記録の達成を目指す学習活動が中心であるが、勝敗の結果をめぐって正しい態度がとれること。

・記録を達成する学習活動では、自己の能力に適した課題を持ち、適切な運動の行い方を知って記録を高めることができること。

（カ）水泳

・水泳は、いろいろな泳ぎ方を身につけ、心地よく泳いだり泳ぐ距離を伸ばしたりする楽しさや喜びを味わうことのできる運動である。

・泳法として、クロール、平泳ぎ＋背泳ぎ。

・技能面では、呼吸の仕方を身につけること、手・足・呼吸の調和のとれた泳ぎ方を身につけることが重要。

・水泳の楽しさを広げる観点から、集団でのリズム水泳なども加えることができる。

…〈「速さ」が削除される〉

（キ）ボール運動

・ボール運動は、自分のチームの特徴に応じた作戦を立ててゲームを行い、得点を競い合う集団的な運動である。
・ゴール型のゲーム、ベースボール型のゲーム、ネット型ゲームの説明
・ボール運動では、協力し役割分担して計画的に練習し、技能を身につけゲームしたり、ルールや場を工夫したり、勝敗に対して正しい態度がとれることや、仲間とゲームの楽しさや喜びを共有することが大切。

（ク）表現運動

・表現運動は、自己の心身を解き放して、リズムやイメージの世界に没入してなりきって踊ることが楽しい運動であり、互いの違いやよさを生かしあって仲間と交流して踊る楽しさや喜びを味わうことができる運動である。
・内容として、表したいイメージや思いを自由に表現して踊るのが楽しい「表現」、軽快なリズムに乗って自由に友達と関わって踊るのが楽しい「リズムダンス」（ex. 軽快なロック、サンバなど）、伝承された踊りを身につけてみんなで一緒に踊るのが楽しい「フォークダンス」（日本の民謡を含む）。

（ケ）集団行動

・各教科、特別活動等の教育活動および日常の緊急時において、集団が一つの単位になって秩序正しく、能率的に、安全に行動することができるような行動様式を身につけておくこと。

以上をみれば、1998 年の小学校学習指導要領における運動領域や内容はこれまでの基本的な考え方を継承しつつ、同時にいくつか特徴ある改訂がなされたと考えられる。まず第 1 に、「心と体を一体として捉える」観点を重視し、「体操」領域が「体つくり運動」領域（体ほぐし）に変わったことである。第 2 に、基本の運動における「〜運動」が「〜遊び」に、「模倣の運動」が「表現リズム遊び」になり、楽しさや遊び的要素が一層強調された点である。第 3 に、運動の取り上げ方が各学年で指導することから、2 年括り（1・2 年、3・4 年、5・6 年）で指導できるように弾力化されたことである。第4に、自ら学び考える力（課題解決力）や「生きる力」を育成するために従来の「技能の内容」「態度の内容」に加えて「学び方の内容」が設定され、「運動の学び方」が重視されたことである。これは全国体育学習研究会（以下、全体研と略す）[注1] が主張した「めあて学習」の推

進と連動することになる。第5に、小学校中学年のゲーム領域が「バスケットボール型」ゲーム「サッカー型ゲーム」「ベースボール型ゲーム」という類型で示され、高学年では、従来のバスケットボールとサッカー（攻守入り乱れ型）の他にソフトボール（攻守交代型）やソフトバレーボール（攻守分離型）、ハンドボールが追加されたことである。このことによって従来の完全な種目主義から戦術的特性にしたがって分類する試みが出てきたが、しかしながら種目主義からは完全には脱していないと思われる。以上のような改訂が領域編成や体育授業における内容、教材に影響を与えることになる。

3．学習指導要領における内容編成原理としてのプレイ論と運動特性論

さて、これまでの学習指導要領の目標、内容に関わる特徴は、1977年の学習指導要領にその基盤を求めることができよう。1977年の学習指導要領においては「運動の楽しさ」が目標としてはじめて位置づけられ、いわゆる「楽しい体育論」が登場した。体操領域とそれ以外の領域（技術的領域）の2分法領域区分は1968年の学習指導要領と同じであるが、しかし領域編成の分類基準は全く異なる。技術に代わり「欲求」が分類基準になり、ここに欲求を基準にした内容編成論、所謂「機能的特性論」が登場することとなる。こうした内容編成論の背景には、学習指導要領を理論的に支えていた全体研における学習内容の構造化と領域編成の展開、言い換えればプレイ論と運動特性論に基づく内容（領域）編成の展開があったと考えられる。

（1）プレイ論の体育への導入とその問題点

1967年の全体研大会において竹之下休蔵は、これまでの体育では学習者と教材（運動）との関係を身体への運動刺激と学習内容という2つの視点から考えていたのに対して、その他にプレイの要素を加える必要性を説き、プレイ論の体育への導入を提起した。しかしながら、この段階ではプレイ論の導入は学習指導の範囲内の問題として考えていた。翌年の戸隠合宿研究会では、体育における手段的運動と目的的運動の区別への関心から、とくに目的的運動としてのスポーツについてホイジンガの『ホモルーデンス』に依拠したプレイ論の体育への導入を力説し、スポーツを自由な活動、レジャー活動、ルール（決まり）のある活動と捉え、そのようなスポーツを教えるのが体育であると説く。この時点で学習指導法

から目的･内容に関心がシフトし､ここにプレイ論に基づく学習内容の構造化（内容編成）の萌芽がみられる。その後、1974 年の神奈川大会において、戦後の体育の目的を方向づけてきた「運動手段論」からの脱皮が訴えられた。永嶋（1991）によれば、この大会で、運動経験を手がかりにした民主的な人間形成という目標を授業で達成するための方法論としての「グループ学習」から発想していては、現代つまり脱工業化社会おける体育をめぐる社会的状況に対応できないと総括し、かつての民主的人間形成を目指す「グループ学習」からの決別が宣言されたと言う。つまり、1975 年以降、竹之下は運動の特性論を進めていく中で、自ら生み育てた「グループ学習」へのこだわりを捨て、プレイ論に基づく運動の特性論から学習指導を変えていく方向へ転換するのである。彼は、産業社会が生み出した運動不足・健康の危機とレジャー産業の増大、生活水準の上昇という社会的状況が新しい運動（仕事の対極としての遊び）の必要性と可能性を生み出し、そこにプレイ論が台頭したと捉えた。そして､全体研ではカイヨワの遊びの分類(アゴン､アレア､ミミクリ､イリンクス）や P. マッキントッシュのスポーツ分類（競争的、闘技的、克服的という 3 つのカテゴリー）に基づく学習内容の構造化が試みられていくことになる。

本来プレイ論は､「束縛からの解放としての自由観を持ち、その束縛とは近代そのものに求められ、危機の克服はこの否定的近代からの解放として捉えられていた｣(山下, 1986, p.89)。プレイ論が貫く基本的基軸は近代との対峙というモチーフ＝近代合理主義の敵対視と危機の克服の志向を遊びの中に投射する点にあったと山下（1986）は指摘する。このようにプレイ論は近代を一面的に否定視する側面を持っていたため、その解放の途を「近代の超克」へと錯誤させるという危険をはらんでいたと考えられる。またプレイ論は、現状の社会経済構造を容認した上で余暇と労働を「逆ベクトルの関係」で位置づけるという枠組みの中で「人間疎外の回復･克服」の契機を余暇の中に求めるというモチーフをもっていたため、現状批判の理論として危機を照射していく可能性を秘めながらも、危機の根源的認識を回避することで現状肯定型の理論としての性格をも併せ持つという両義的性格を有していたと考えられる（山下，1986)。そのためプレイの私事性が強調され、それが「楽しい体育論」の基礎となる欲求論、「機能的特性論」、「楽しさの内在化論」に繋がっていくことになったと思われる。杉本（1997，p.183）は、近代社会・近代文化を批判することに目的を置いていたプレイ論を近代の制度化されたものとしての体育に導入することは本来のプレイ論とは自己矛盾をおこすとし､したがってそれをベースとする｢楽しい体育論｣ではその論議の矛先を目的･

手段論へと方向転換することになったと指摘する。そこにプレイを目的とすることによって手段を内包し、そのプレイを学ぶとはそこに内在化する「楽しさ」を学習するということになるという「楽しさの内在化論」が登場することになるのであるが、一方でそこに楽しさの物象化、楽しさの画一化に陥る落とし穴があったと思われる。

（2）運動の「機能的特性論」に基づく学習内容の構造化

1968 年の全体研秋田大会において、運動技術の効率的な学習に強い関心が寄せられ学習指導が形骸化したとして「構造的特性論」の問題点が提起され、そこで松田岩男はこれまでの運動の特性の再検討として「学習者の自発性の原理」を提起した。とりわけ動機との関連で運動の特性を捉えるべきであると主張し、ここに内容編成（学習内容の構造化）の基礎となる「機能的特性論」の萌芽がみられる。こうした運動特性論の見直しの契機は、プレイ論の萌芽と同時発生的であった。したがって、全体研および学習指導要領の内容編成論は、竹之下によるプレイ論の導入と松田による動機論をその萌芽とし、その後それをベースにして学習内容の構造化が展開されたと考えられる。所謂「機能的特性論」に基づく学習内容の構造化が進められることになる。岡出（1997, p.50）は、社会の運動需要を反映して、内容（運動）論と欲求の必要論を中心とした学習指導へ転換するという竹之下らによる提起は、運動の機能的特性と子どもからみた特性（運動の楽しさ）から学習の目標、内容、過程を導く提案であったと指摘する。

「機能的特性論」は、運動が子どものどのような欲求もしくは必要を充足する機能を有しているかに着目して運動を分類し、その視点から欲求を充足するために工夫されその機能を持つ運動＝スポーツとダンス、身体的必要を充足するために工夫されその機能を持つ運動＝体操に運動を大別する。そして、スポーツは挑戦、競争の欲求を充足する運動であり、ダンスは模倣・変身の欲求充足の運動であると捉える。さらにスポーツは、記録などに挑戦する達成スポーツと自然環境や物的障害に挑戦する克服スポーツに分類され、ダンスは模倣・変身の欲求充足を楽しむ手掛かりの違いによってリズム型、創作型、バレエ型、社交型に分類される。体操は、身体のどのような必要を充足するかによって向上目的型、維持目的型、矯正目的型に分類される。そして、運動の機能的特性は、運動と主体との関係において活動としての運動に内在するものであり、したがって体育では子どもから見た運動の特性が重要な意味を持ち、子どもが機能的特性を享受するように運動の構造を柔軟に再構成して内容を編成することが重要であると指摘される

（佐伯，1995，pp.117-122）。

この運動の「機能的特性論」がその後の学習指導要領を特徴づける「楽しい体育論」につながる。全体研においてプレイ論や運動の「機能的特性論」に基づいて「楽しい体育論」が創出する過程で構成された内容（領域）は表 1-3 のように示された。菊（1997，p.200）によれば、1980 年の全体研京都大会で佐伯が提案した「楽しい体育論」は、その基礎となる学習内容を、プレイ論を中核としながら授業論として明確に構造化し、それを運動の機能的特性運動分類という形で示した点に特徴がある。この時点で佐伯（1980，p.10）は、「楽しい体育」では目標＝運動の特性であり、特性というのは運動種目に内在するものであるので特性を持つ種目自体を学習しなければ目標を達成することはできないとし、したがって特性を持つ種目＝学習の目標＝内容になるとして「運動目的・内容論」を提起

表 1-3　全体研におけるプレイ論・運動の機能特性論に基づく内容（領域）編成の展開

Ⅰ　欲求の充足を求めて行われる運動
1．挑戦の欲求に基づくもの――――スポーツ
（1）他人へ挑戦し、勝ち負けが楽しい運動…競争型
　ア．個人対個人
　イ．個人対集団
（2）自然や人工的につくられた障害に挑戦し、それを克服することが楽しい運動…克服型
（3）記録やフォーム等の観念的に定めた基準に挑戦し、それを達成することが楽しい運動…達成型
2．模倣・変身の欲求に基づくもの――――表現・ダンス
（1）リズムを動きで模倣したり、リズミカルな動きで変身することが楽しい運動…リズム型
（2）具体的な対象を模倣したり、それに変身することが楽しい運動…模倣遊び型
（3）形式を持つリズミカルな動きを模倣したりそれを表す対象に変身することが楽しい運動…フォークダンス型
（4）特定の対象を動きによって模倣したり、それに変身したりして表現することが楽しい運動…創作ダンス型
Ⅱ　必要の充足を求めて行われるもの――――体操
からだの必要の種類に応じて分類される。

〈修正〉↓

Ⅰ　欲求の充足するために工夫されている運動
1. スポーツ：競争型・克服型・達成型
2. ダンス：リズム型・創作型・バレー型・社交型
Ⅱ　必要を充足するために工夫されている運動
3．体操：向上目的型・維持目的型・矯正目的型

した。

（3）運動の「機能的特性論」に基づく「運動目的・内容論」＝「楽しい体育論」の問題点

佐伯（1995）は、欲求論や機能的特性論による運動領域の分類の特徴を以下のようにまとめている。第1に、この特性は運動が主体のどの欲求もしくは必要を充足する機能を有しているかに注目して運動を分類する。この視点から、運動はまず欲求を充足する、身体的必要を充足する機能を持ち、そのために工夫され、それぞれが充足する欲求もしくは必要の種類によって類型化される。第2に、欲求もしくは必要充足の視点から運動を捉え分類することは、それぞれの運動の主体的経験の充実に注目するものである。第3に、運動の機能的特性は、対象としての運動に実体化・固定化されず、運動と主体との関係、つまり活動における意味生成であり、その意味で活動としての運動に内在するものである。したがって「楽しい体育」では、学習する児童からみた運動の特性が重要な意味を持つことになるのであり、児童生徒が機能的特性を教授するように運動の構造を柔軟に再構成して取り上げることになる（佐伯，1995，pp.120-122）。

しかしながら、欲求や機能的特性に主軸を置く分類論は、欲求・必要という分類基準（第1基準）と技術・ルール・マナーという分類基準（第2基準）が切り離されており、運動分類論における機能と構造の関係が無視されていると思われる。そこでは機能がとりわけ強調されるため、先述したように目標＝運動の特性＝運動種目に内在する内容というシェーマで示される「運動目的・内容論」が内容編成論として展開されることになる。小林（1995）は、体育教授学的観点からこの「運動目的・内容論」の問題点を以下のように指摘する。第1に、運動が生活内容になるという前提からプレイとしての運動の楽しさを学ばせることが体育の役目とする考え方は事柄の一面を不当に拡大し、いわばレジャー産業を肥大化させるのに有効に作用する「バブル体育理論」になってしまう。第2に、楽しいとは主観の問題であり、当然の帰結として個別化へ向かい、子どもの限りない欲求の拡大につながる。第3に、子どもの自由な選択余地を拡大するためには教師は教えることよりも場づくりに専念すべきという指導の軽視（教授否定論）につながる。第4に、内容がすなわち目標とすれば、今何か活動していることが即目標となって、中身の質よりも活動自体に夢中になっていることが評価されることになる。第5に、教授学的な論理にしたがえば、目標はある事柄の社会的関係のそれ自体の変化・発展に方向性を与え、内容はその事柄の内包する固有の論理に従って自己運動を展開するという目標と内容の間の一定の緊張関係がみられない。また岡出（1997，pp.52-53）は、「機能的特性論」や「運動目的・内容論」においてはスポーツの多様な意味付与の可能性を閉ざしてしまい、スポーツの意味をステレオタイプ化して捉える子どもを育てる危険性があると述べ、領域編成論の課題として①発達段階や教科内容の質によって内容領域編成が異なることを承認した領域論の展開、②複数の領域内の選択を可能にする論理の解明、③技術的課題や認識の対象といった教科内容を基準にして設定される領域構成論の展開、④教科内容の構造と機能を関係づける理論の解明を提起している。

「運動目的・内容論」は、今日の学習指導要領を特徴づける「楽しい体育論」に収斂されていく。「楽しい体育論」は、生涯スポーツ志向という流れと一般的な教育目的の手段論としての体育観への批判として登場し、「楽しさ」は手段ではなく目的・内容であることを強調した。すなわち目的・内容としての「楽しさ」を中心に位置づけ、運動の「機能的特性論」によって内容を編成する原理をもっている。また、「楽しい体育」の授業構成原理は、①課題の妥当性が個人の能力との関係で決定される個別化・個性化の促進、②機能的特性によって運動種目を取り上げる単元構成、③楽しさを追求する授業を保障するための「めあて学習」の展開、④教師の指導を後退させ、間接的指導と場づくりの重視であると岡出（1995，p.70）は述べている。このような「楽しい体育論」を標榜する学習指導要領の内容編成に関わって、とりわけ「内容」の領域のみならずその中で「めあて学習」や「選択学習」という「方法」までを強いるように方向づける学習指導要領の構造に対して、出原（2004，p.26-30）は以下のように批判する。第1に学習指導要領は一貫して「能力に応じて」や「自分に適した課題をもって」という文言を使用し、「内容」を示してきた点である。このことによって能力別、習熟度別の授業方法が方向づけられることになる。第2に「学習内容」のほとんどが「～ができるようにする」という項目で構成され、「わかる」（認識）は皆無であるという点である。つまり「態度」に関する項目以外は技能習熟に関するものばかりで、技能習熟と規範的態度による内容編成になっている。第3に「内容」配列が習熟度別・能力別指導を求めるような構成になっている点である。1998年小学校指導要領改訂では「運動の取り上げ方の弾力化」を「内容の改善」の1番目に挙げ、これまで以上に能力に応じて内容を変えることを教育課程の仕組みの上で保障することになっている点は、共通内容を学習させることの放棄に繋がり、すべての子どもが共通に学ぶべき「内容」を学習させるべき公教育の理念から外れていると考えざるを得ない。子どもの欲求から目標や内容を構成しようとする「楽しい体育論」は、その欲求自体が社会的・文化的につくられるものであると考えれば、社会や文化の側から目標や内容を考察する必要がある。したがって体育における学習の主対象である文化としてのスポーツ構造それ自体やそれを担う主体者形成に必要な能力、知識、技能といった観点から目標や内容を編成し、すべての子どもが学ぶべき共通内容を検討し、その上で楽しい体育を構築していくことが求められよう。

4．まとめ

以上、戦後の学習指導要領における内容（領域）編成論を検討した結果、以下の点が明らかにされた。

第1に、とりわけ1977年の学習指導要領以降の内容（領域）は、基本の運動、ゲーム、体操、器械運動、陸上運動、水泳、ボール運動、表現運動、保健という領域で編成され、基本的に変わらずに継承されてきたことである。ただし1998年の学習指導要領においては体操領域が「体つくり運動」領域に変わった。

第2に、プレイ論と運動の「機能的特性論」が内容（領域）の編成原理として継承されてきたことである。プレイ論の一面を学校体育に導入（例えば、カイヨワのアゴン（競争）、ミミクリ（模倣）だけを取り上げる）し、その上でP. マッキントッシュの分類（競争型、克服型、達成型等）をミックスして、さらに欲求論（楽しさの内在化論）に基づく運動の機能的特性を拠り所として内容（領域）を編成している点が大きな特徴である。

第3に、その結果として、学習指導要領では特性の持つ種目（教材）＝学習の目標＝内容というシェーマが生まれ、内容（領域）編成は、種目型編成と活動主義＝主観的楽しさを重視するものとなっている。

第4に、これまでの学習指導要領においては一貫して「～ができること」（技能習熟）を中心に内容が編成され、「わかること」（認識）が軽視されてきた。1989年の学習指導要領では内容が「技能」「態度」「学び方」で区分され、とりわけ1998年の学習指導要領では「生きる力」―「めあて学習」―主観的楽しさを繋ぐ教育活動を推進するために「学び方」の内容が重視された点が特徴的である。このことは、学習指導要領では内容編成の中に学習方法までもが組み込まれることを意味し、学習指導要領における内容―方法の画一化傾向がさらに進むことが危惧される。

第5に、1998年の学習指導要領においてはこれまでのプレイ論に基づく挑戦、競争、克服、達成などの表現が後退し、その代わりに“取り組む”という表現に変わった。プレイ論の基本的な考え方は継承しつつも、楽しさがことさら強調され「楽しい体育論」が展開される。そこでは楽しいという心情的な態度を重視する「取り組み方」が重要視され、その結果、授業において子どもたちが学習課題に積極的に挑み、目標指向的な学びの活動を展開して学習成果を創り出し蓄積していくという教授学の原理やすべての子どもに共通の内容を等しく学ばせるという公教育の理念が働かなくなる危険性があるように思われる。

第６に、楽しい（欲求）という機能を強調する傾向が強く、内容（領域）編成において運動（スポーツ文化）の構造と機能の関係が不鮮明でありかつ軽視されていると考えられる。したがって、学習指導要領における内容（領域）編成論の検討から引き出される今後の課題として、スポーツの持つ文化的特性構造から内容（領域）を編成すること、言い換えればその構造から教科内容を抽出し、構成していくことが必要かつ重要になろう。

文部省（文科省）やそれを支える教育研究団体が学習指導要領における内容（領域）をどのような理論的基礎や原理によって編成してきたかについてを検討してきたが、教師たち自身の体育活動や教師たちが作り出した実践がこれまでの学習指導要領の内容（領域）編成にどのように関わり、どのような手続きでそれが展開されてきたのかについてはここでは明らかにすることができなかった。この問題も学習指導要領（カリキュラム）開発にとっては重要な研究課題である。

第2節

学習指導要領（体育）における目標および内容の教材史論的検討

—「跳び箱」教材を例にして—

1．「跳び箱」は何を教える教材かへの問い

「先生、どうして跳び箱が跳べなければいけないのですか？」という子どもの問いに対して、教師としてどのように答えることができるだろうか。「人間努力してできることが大事」とか「学習指導要領にあるから」と答えたところで、説明責任を果たしたことにはならない。この子どもの素朴な疑問に答えられなければ、本来教師は無責任と言わざるを得ないが、現実には十分な答えを持っていなくても何もためらわずに「跳び箱」の授業を行っている教師がどれだけ多いことだろうか。この答えの探究こそ今日の体育教師に課せられた重要な課題であり、それはとりもなおさず体育という教科は何を教える教科なのかを明らかにすることである。この問題意識が教材研究や教科内容研究、そしてカリキュラム開発の研究につながっている。

「跳び箱」は、大正2年（1913）の学校體操教授要目発布以降100年間以上も学校体育の中の主要教材の一つとして行われてきた。この長い歴史において、戦前から戦後への移行も含め、時代や社会はめまぐるしく変化し、価値観も大きく変化した。そのような変化の中にあって「跳び箱」が消えもせず、またその内容をあまり変えないで100年間以上も学校体育の中で脈々と受け継がれ行われてきたのはなぜだろうか。それは「跳び箱」の教材価値が「公」に認められてきたからに他ならない。「学習指導要領」(小学校)と呼ばれるべきものは、大正2年(1913)の学校體操教授要目に始まり、戦前2回（1926, 1936)、戦後は計8回の改訂（1947, 1953, 1958, 1968, 1977, 1989, 1998, 2008）がなされた。

これらの改訂の背景には、その時代の教育に対する要請があり、とりわけ政府・文部省・経済界等の意向が色濃く反映されてきたと言われる。その中で「跳び箱」は何らかの教材価値が認められ、100年間以上も生き延びてきたものと考えられる。その教材価値とは一体何であったのか、そこにどのような教材観があったのかを明らかにすることは、「跳び箱」で何を教えようとしてきたのか、「跳び箱」

は一体何を教えるのに相応しい教材かを明らかにすることであり、それは教科内容研究にとって、また目標の教授学的考察にとって重要な作業になる。中内(1990)は、「教材・教具の研究は、単に教育的価値論の応用学であり、与えられた目標を実現するための現場教師の下請け仕事という地位から抜け出て、逆に教育的価値の世界を明らかにし、目標の誤りを是正するための提言を行うこともできる独立の科学になりうる」（p.12）と述べている。

そこで、本節では学校体育現場に最も影響力を持つ学習指導要領に焦点を当て、とりわけ体育や「跳び箱」教材にとって特徴的かつ重要だと思われる、大正２年（1913）学校體操教授要目、昭和22年（1947）学校体育指導要綱、昭和33年（1958）小学校学習指導要領、昭和52年（1977）小学校学習指導要領、平成１年（1989）小学校学習指導要領を取り上げて、そこで扱われている「跳び箱」教材の特徴的内容、位置づけ（教材観）について検討してみたい。

２.『学校體操教授要目』（大正２年（1913））における「跳び箱」教材

（１）学習指導要領（体育）事始め

日本における「普通體操」の源は、明治11～13年に米国人リーラントが「體操練習所」で行ったアメリカ経由のドイツ体操であり、その原点はシュピース流のドイツ体操であった。そしてその後、明治期の後期に川瀬元九朗、井口あぐりによってアメリカ経由のスウェーデン体操が日本に紹介され導入された。

明治期末、スウェーデンをはじめとする欧米諸国の体操視察から帰国した永井道明が、アメリカのスウェーデン体操は女子の体操として位置づけられ普及しているが、本来スウェーデン本国の体操は軍人の体操であるとし、明治以来の「普通體操」を批判して、大正２年（1913）に『学校體操要義』（永井，1913a）を著した。同年それが文部省の『学校體操教授要目』（文部省, 1913）として公布され、そのことによって初めて全国の学校に統一的な体育の教育内容が示された。同一の教育内容を全国津々浦々の学校にまで、つまり一般の国民教育にまで浸透させたという意味はきわめて大きい。この『学校體操教授要目』が今日の文部省学習指導要領（体育）の原点であると言われる所以である（井上，1970，pp.75-92）。

（２）『学校體操教授要目』における体操観

当時世界の体操界には、主として解剖学視点から身体を鍛え精神を鍛錬する手段として体操を捉えるスウェーデン体操と、今日のスポーツとしての体操競技への道を拓くドイツ体操という2大潮流があった。

永井は「ドイツにおけるヤーン、スピース流は、無理やりに器械の種類を多くしたのである。之はもともと、あらゆる筋肉を働かし練習して人間の保有している能力を、出来るだけ発達させようという趣旨であったが、後には技術のために器械を使用するようになって、あたかも軽業師であるかのようになったのである。之に反して、スウェーデン式では身體の矯正鍛錬のために、器械を用いるのであって、器械に合する技術のために、之を課するのではない。…（中略）…従来の器械體操の目的の内、第一の技術のために課するのは無論不可である。第二の身體のために課することは、誰も異存はないけれども、さらに第三の精神鍛錬と結びつくことによって益々価値がある。」（永井，1913b，pp.92-93）とスポーツとしての体操競技へと道を拓くドイツ体操を批判し、スウェーデン体操の徹底した体力主義・精神鍛錬主義的な考え方を絶賛した。その背景には、「我が国民は列強（欧米）との競争上まず體力に於いて劣敗者たらざるなきか。誠に寒心に堪へざるなり」（永井，1913a，p.6）という永井の認識があり、したがって欧米列強との軍事的対抗において国民の体力増強を強調する富国強兵思想がある。その結果、永井は「體育（Physical Education）を即ち身體練習（Physical Training）」として捉え、以下のような體操科教授のねらいを設定した。

これに基づいて「體操」教材構成の主眼点として、(1) 解剖学的主眼点（解剖学的主眼点は胸部にあり）、(2) 生理的主眼点（生理的主眼点は呼吸にあり）、(3) 心理的主眼点（心理的主眼点は意志にあり）を挙げている。

以上のように、『学校體操教授要目』における体操観は、スウェーデン体操の思想に基づく徹底した体力主義・精神主義的体操観であり、したがって「器械運動」の主要な目的は体力向上、精神鍛錬のために器械を使ってできるだけ多様な運動形態をやらせることであった。「跳び箱」の教材価値もこの中に位置づけられる。こうした考えが文部省から全国の学校に浸透した意味は計り知れなく大きく、今日に至るまでの「跳び箱」教材観にその影響は少なからず尾を引いているものと考えられる。

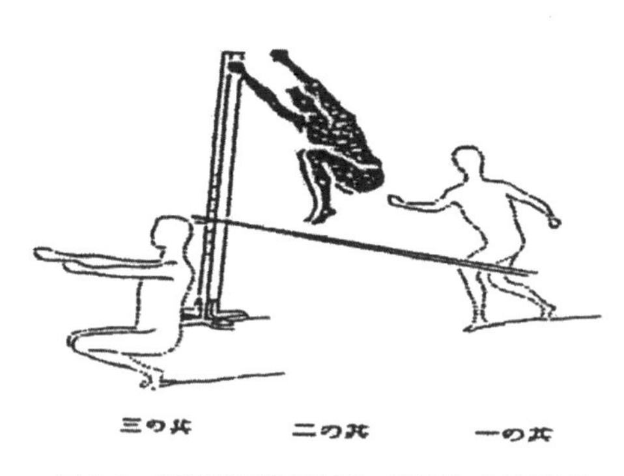

図1-1　学校體操教授要目（1913）における跳び箱の位置づけ（その1）

（3）「跳び箱」教材の位置づけ

以上のような体操観に基づいて、『学校體操教授要目』においては「跳び箱」は「走高跳」（図 1-1）や「走幅跳」と同じ教材価値を持つ跳躍運動の一種として位置づけられた。その跳躍運動の目的は、「全身の筋骨を強健にし、呼吸および循環等の働きを旺盛ならしめ、能く意志を修練して臨機応変に、跳躍の間に全身を支配せしめ、且つその心身の勢力を用ふること、緩急宣しきを得しめ、珠に懸垂運動と同じく、自信・勇敢・果断・沈着・剛毅等の諸特性を養ふにあり」（永井，1913a，pp.383-384）とされた。

そこでの「跳び箱」においては、例えば「水平とびでは、踏み切った後手を着くまでに空中で身体が正確に水平となり、しかも胸を張ったりっぱな姿勢をとることが最も重要なこととされていた」（稲垣，1991，p.89）と言われ、とりわけ跳躍時における空中での厳しい姿勢規定が課せられていた。この姿勢規定は「姿勢の善美」と言われ、優雅さや技術的視点からではなく、まさにスウェーデン体操の考え方に基づく解剖学的・精神論的視点からの規定であり、「跳び箱」にはこの規定が強く要求された。つまり「跳び箱」は、空間における身体支配と姿勢訓練、および精神の修養がその目的とされたのであり、そこでは「跳び箱」の技そのものの質は問題にされなかったと考えられる。今日のスポーツとしての「跳馬」の特質の一つは、“支持跳躍運動”（跳馬に手を着き腕で体を支持して跳び越える）であるが、当時の「跳び箱」は姿勢規定が重要であって、その特質を備えていなくてもよかったのである。したがって、今日のスポーツとしての「跳び箱（跳馬）」の特質を備えていない、姿勢規定に従って跳び箱に跳び上がり“気をつけ”をして跳び降りるというような運動（図 1-2）も「跳び箱」として位置

図 1-2　学校體操教授要目（1913）における跳び箱の位置づけ（その 2）

図 1-3　学校體操教授要目（1913）における跳び箱の位置づけ（その 3）

づけられていた。

また「開閉脚跳び」は、この当時からすでに「跳び箱」の中心として位置づけられ、そこでは“規定された姿勢”を崩さずにより高い跳び箱を跳ぶことにその価値が見いだされていたのである（図1-3）。

以上、当時の「跳び箱」は表現技術を追求するスポーツとしての「跳び箱」ではなく、跳躍運動の一種として、まさに体力づくりや精神鍛錬および身体・精神の鋳型化機能をもつ教材として存在していたと言えよう。この『学校體操教授要目』は、大正15年（1926）と昭和11年（1936）に改訂されたが、「跳び箱」についての基本的な考えはそのまま継承され、ますます軍事色を強め利用されていったと考えられる。

3．戦後の学習指導要領における「跳び箱」教材

（1）『学校体育指導要綱』（1947）における「跳び箱」教材

(a)『学校体育指導要綱』の特徴

第2次世界大戦の終戦後間もなくして、日本国憲法、そして教育基本法体制が成立したことは日本の教育にとって重大かつ決定的な意味を持つものであった。この成立過程において極東委員会が「日本教育制度に関する政策」（1947年3月）の第10項で、（1）体育非軍事化（ex. 教練、学校柔道・剣道の禁止）、（2）スポーツ・レクリエーションの奨励、（3）元軍人の教員適格審査を挙げた。『学校体育指導要綱』成立の背景には、こうした体育の非軍事化路線、教育基本法路線が存在している（草深，1988，p.465）。

この『学校体育指導要綱』の特徴を挙げれば、まず第1に、戦前の体育観を払拭し、「運動と衛生の実践を通しての人間性の発展」という体育の目的を設定したことである。第2に、「身体活動を通しての教育」観に基づいて、スポーツが重視されたことである。スポーツをすることで比較的容易に民主主義の精神が体得されるという楽観的・皮相的な把握ではあるが、スポーツの持つ文化性・教育性への注視には意味があったと思われる。第3に、衛生問題と民主的人間形成を中心にしながら体育の「生活化」が提起されたことである。そこには当時の生活教育論の影響がみられる。第4に、この要綱が6・3・3・4制の全学校体系にわたる「指導者のよるべき基本方針」にとどまり、つまり「試案」として学校の実情や住民自治の原則に基づくカリキュラムの自主研究を醸成しようとした点は注目すべき優れた点である。

(b)「跳び箱」教材の内容と位置づけ

ここでは、『学校体育指導要綱』の中で「跳び箱」教材がどのように位置づけられたのかについてその内容を含めて簡潔に述べてみたい。

まず、この要綱においては、小学校における運動教材は「体操」と「遊戯」に類別され、中学校・高校・大学では「体操」・「スポーツ」・「ダンス」・「体育理論」に類別されている。したがって、体操（器械）は遊戯やスポーツとしては位置づけられていない。その体操は形式的には「徒手体操」と「器械体操」に区別され、「跳び箱」運動は「器械体操」の中に位置づけられた。しかも、「跳び箱」運動は跳躍運動として位置づけられている。ちなみに鉄棒運動は懸垂運動として位置づけられている。このことは、「跳び箱」や「鉄棒」がスポーツや遊戯としてではなく、まだ体力づくりの手段として位置づけられている証であり、その意味ではそれは大正２年（1913）の『学校體操教授要目』における「跳び箱」の位置づけとほとんど変わりなく、その“連続性”として捉えることができよう。戦後すぐ米国教育使節団の指導のもと、体育の非軍事化が目指されたはずであるが、戦前の軍事的目的（体力づくりおよび身体・精神の鋳型化）に利用されてきた「体操」、したがって「跳び箱」がなぜ戦後の体育に位置づけられたのだろうか。その背景には、当時アメリカの体育カリキュラム開発をリードし、1947年の体育の『学習指導要綱』作成の際にモデルとなったと言われるラポートの報告（LaPORTE, WM.R.1951, ed.5. p.12）があったと推察される。つまり彼の報告の中で、総合的な教材評価は高くないにしろ（30教材中26番目）、「跳び箱」を含む器械体操が体育において価値ある教材として明確に位置づけられていた。そうした動向の中で、米国教育使節団の指導のもとにおいても、戦前の軍事的色彩の強かった器械体操教材、したがって「跳び箱」教材がその内容にはほとんど手を付けられずに『学習指導要綱』の中に位置づけられたのではないかと考えられる。

また、「跳び箱」教材の内容は、小学校（3年～6年）では「跳び上がり下り」と「跳び越し」であり、中学校以上でそれに「腕立て跳び越し」が加わるものとなっている。「跳び越し」→「腕立て跳び越し」は内容的には「開閉脚跳び」である。戦後になって子どもの発達面は多少考慮されているが、「体操」や「跳び箱」の内容においては体力づくりと開閉脚跳びが中心で、それは『学校體操教授要目』の時代とあまり変わっておらず、まさに内容の“連続性”がうかがわれる。

さらに、「器械体操」という名称は、昭和24年（1949）の『学習指導要領小学校体育編（試案)』では、第３・４学年で「器械遊び」（「跳び箱」の内容は跳び上がり下り、跳び越し）となり、第5・6学年で「器械運動」(「跳び箱」の内容は跳び上がり下り､腕立て開（閉）脚跳び）となる。そして､昭和28年（1953）『小学校学習指導要領体育科編（試案)』では、「器械運動」という名称に統一され今日に至っている。とりわけ、昭和22年（1947）の『学校体育指導要綱』から昭和24年､28年への改訂において､体操領域においては「徒手体操」と「器械体操」がはっきりと区別されて扱われるようになったのが特徴的なことである。

（2）昭和33年（1958）『小学校学習指導要領』における「跳び箱」教材

(a) 昭和33年（1958）学習指導要領の特徴

昭和33年（1958）学習指導要領の決定的特徴は、これまで「試案」として扱われていた学習指導要領が、官報に告示され法的拘束力を持った点である。そこでは､国家的基準性と法的基準性が強調され､その結果教師と学校から教育課程・教育内容の自主編成権が剥奪され、国家が決めた教育内容が学校教師に強要されていったと言ってよい。さらに「道徳」が特設され、それは真理・真実を目指す科学的精神育成に対する“保険としての道徳”（水内，1985，p.118）という性格を有するもので、学校教育において科学的精神や自主・自治・連帯の育成が後退していった契機がここにあるものと考えられる。

体育では、運動中心の身体的目標を第一義とする学校体育観が現場に徹底させられ、同時にこれまであった民主的態度育成の目標が後退させられた。運動中心主義の体育がここから法的拘束力を持って学校現場に浸透していくのである。さらに､中学校に「格技」が登場し、この学習指導要領から意図的な体育の徳育化、能力主義化が推進し始められたと考えられる。その背景には日本経済がまさに高度成長期に突入したという日本社会の時代的背景がある。

(b)「跳び箱」教材の内容と位置づけ

さて、それではこの学習指導要領の中で「跳び箱」教材はどのように位置づけられていたのだろうか。内容については高学年で「腕立て開・閉脚跳び越し」が中心で､これまでの学習指導要領とあまり変わらず､その意味では大正時代の『学校體操教授要目』とほとんど変わっていないように思われる。ただ、大正2年から「跳び箱」に位置づいていた「跳び上がり下り（跳上下)」がなくなった点に変化は見られる。この学習指導要領で最も興味深いことは、跳び箱の「高さ」が明確に規定され（30㎝→70㎝の10㎝刻み)、学年にしたがって高くなること（3年→6年：30㎝→70㎝）が内容として明記されたことである。

この「高さ」の内容化は、昭和27年（1952）に文部省運動用具規格委員会によって図1-4のように跳び箱の規格が決められたことで可能となったわけである。こうした背景には、「跳び箱」運動はより高い跳び箱を跳んだ方が価値があるという発想がある。つまり、高い“障害物”を跳び越せるほど優秀だとする発想である。これは、スウェーデン体操の系譜を引き継ぎ第1次世界大戦後にオーストリア自然体育改革運動の中で取り上げられた、体力向上をねらいとしてより高い障害物を克服する体操としての「跳び箱」観に通じる。同時に10cm刻みで高さを規定したということは、センチメートルという客観的な尺度で子どもの能力を評価し序列化するのに好都合となる手立てを設けたということであり、そのことによって能力主義的な評価が容易になったということである。これらの点が、この学習指導要領における「跳び箱」教材の位置づけの際だった特徴であると言えよう。

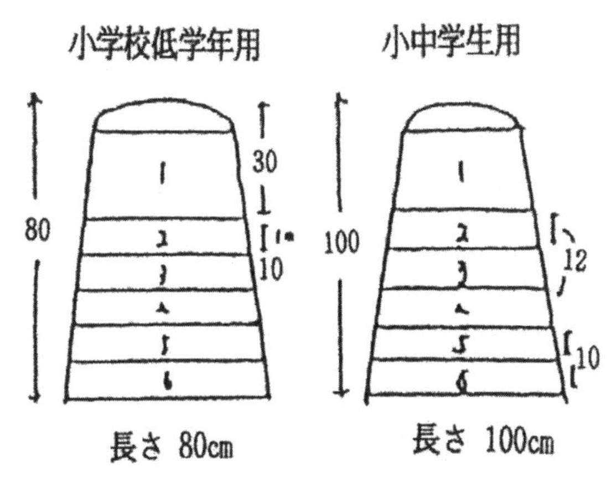

図1-4　跳び箱の規格
（昭和27年文部省運動用具企画委員会）

また、これまでの学習指導要領がそうであったのと同様、この学習指導要領の「跳び箱」教材観においても、スポーツとしての体操競技の本質である「身体表現」という視点は欠如していると言わざるを得ないが、ただ跳馬競技の技術規定である「腕の支持」が必要であるという表現が意識的に取り入れられた点は、スポーツとしての器械運動への道を進む可能性が生まれたという意味で変化が見られたように思われる。

（３）昭和52年（1977）学習指導要領における「跳び箱」教材

(a) 昭和43年（1968）・52年（1977）学習指導要領の特徴

昭和43年（1968）学習指導要領は、基本的には昭和33年（1958）学習指導要領の考えを踏襲しつつ、「中教審」路線や東京オリンピックの影響もあって体育の目的・目標が「体力づくり」に焦点化し、「業間体育」（総則第3体育）の実施にもみられるように「体力づくり」路線が取られた。その中で内容領域において「徒手体操」が「体操」と名称変更し、「体操」は“体力を高める”目標を達成する運動として位置づけられた。一方で、「器械運動」はスポーツの中に位置づけられたが、しかしそれは相変わらず調整力・筋力・柔軟性や努力・協力・安全の態度の育成のための「器械運動」にとどまり、したがって「跳び箱」の内容も昭和33年の『学習指導要領』とほとんど変わっていない。ただ、「腕立て跳び越し」（40-50cm）が第3学年の内容となり、高さが各学年10cmずつ高くなったことが変更点である。

昭和52年（1977）の学習指導要領では、従来の体力づくり路線が破綻し、この体力づくり路線を「楽しい」という“オブラート”で包もうとする「楽しい体育」路線が敷かれた。「運動特性論」による領域・内容の改変が行われ、教材は「競争的スポーツ」（陸上運動、ボール運動）と「克服的スポーツ」（器械運動、水泳）に分類された。

（b）「跳び箱」教材の内容と位置づけ

この学習指導要領においては、「器械運動」したがって「跳び箱」教材は「克服スポーツ」として位置づけられた。もし「跳び箱」がスポーツとして位置づけられるのであれば、当然「跳び箱」教材では体操競技の本質である“表現”が問題にされるはずである。しかしながらそこでは“障害物を克服すること”に教材の意味が見いだされたのである。したがって、そこでは技術の発展とか「わかること」などが問題にされずに、「困難に挑戦」、「チャレンジする」、「決断力を養う」といったような克服を軸とする内容が重視される結果となった。

またその内容については、第4・5・6学年ともに「腕立て開・閉脚跳び越し」であり、各学年の高さ規定も昭和43年（1968）学習指導要領のものと変わっていない。ただ、「台上前転」が第4・5学年の内容から消えた。「腕立て開脚跳び越し」という内容が、高さが変わるだけで小学校3年から6年まで同じであるという事実は、教授学の内容構成の原理から見ても異常と言わざるを得ない。他教科でこのように3年生から6年生まで学習内容が同じ配列になることが考えられるだろうか。言い換えれば、昭和33年（1958）以降の「跳び箱」授業においては「高さ」が内容になっているのである。これが学習指導要領における「跳び箱」教材内容の発展性を阻害してきた原因であり、体育の教科内容構成の曖昧さを示す例でもある。これは体育の根幹に関わる問題を内包する。また、「跳び箱」を「克服的スポーツ」として捉える中で、“大きな動作で”（5年）とか“大きな動作で”、

“調子よく”（6年）といった「表現」に関わる言葉が課題の中に登場したことは変化として捉えられる。それは「跳び箱」教材が従来のような体力づくりや克服型のものとしては捉えきれなくなった帰結であろう。

さらに、この学習指導要領では「楽しい体育」路線により、“能力差を越えて「できた（跳べた）」という楽しさを経験させる”ことが「跳び箱」のねらいとされている。しかし、“能力差を越えて楽しさを”と言いつつも、「克服スポーツとしての跳び箱」では、跳べたか跳べないか、より高い段が克服できたかできなかったか、跳び箱の段が高いか低いかが問題になるのであって、その結果、跳び箱をすることによって子どもたちに逆に能力差を意識させる結果を招いている。そこでは「跳び箱」が自分の能力に早く見切りをつけさせるような、つまり分相応主義的、能力主義的能力観を子どもたちに身につけさせるような教材になってしまう危険があるように思われる。多くの子どもたちが「跳び箱」を嫌いな体育教材の一つに挙げる理由もこの辺に潜んでいると言えよう。

（４）平成１年（1989）学習指導要領における「跳び箱」教材

(a) 平成１年（1989）学習指導要領の特徴

これまでの学習指導要領における体育の目標は、1. 体力の向上、2. 生涯体育・スポーツであったものが、平成1年（1989）の学習指導要領では「生涯体育・スポーツ」が目標の第1に掲げられるという目標順序の入れ替えが行われた。これは学校体育が、従来の「体力の向上」「楽しい体育」路線から「生涯体育・スポーツ」路線へと変わったことを意味している。生涯体育・スポーツを重視すること自体には積極的な意味があると考えられるが、しかしその中身には問題があるように

表 1-4 「生涯体育・スポーツ」の捉え方の相違

<table>
<tr><td colspan="2">生涯体育・スポーツ
॥
楽しい体育</td></tr>
<tr><td>・生涯スポーツの主人公（消費者）の育成
・習熟度別班によるグループ学習
・能力（個人差）に応じためやす（課題）の選択
・子どもの心情に基づく教育内容構成（運動の機能的特性論）
・体力・できる・態度づくり</td><td>・スポーツ権利主体育成
・異質集団によるグループ学習
・みんなに共通の国民的教養
・運動文化・科学と子どもの興味・認識を結びつけた教育内容の系統性（運動文化論）
・「わかる―できる」授業（わかる重視）</td></tr>
<tr><td>学習指導要領</td><td>学校体育研究同志会</td></tr>
</table>

思われる。表1-4に示されるように、学習指導要領のいう生涯体育・スポーツと学校体育研究同志会が主張する“楽しい体育”とか“生涯スポーツ”は、コトバは類似していてもその中身は異なっている。また、この学習指導要領から“個性を生かす教育”とか“個人差に応じた指導”という名の下に「めあて学習」が導入され、さらに小学校低学年まで「競争」が導入された。結果として、できる子―できない子の早期選別・分断を招く分相応主義・能力主義がより徹底されたように思われる。これと連動して、「知識・理解」「技能」よりも「関心・意欲・態度」を重視し「新学力観」が掲げられた。

（b）「跳び箱」教材の内容と位置づけ

この学習指導要領における器械体操のねらいは、“自己の能力に適した課題をもって”、マット運動、鉄棒運動、跳び箱運動の技ができるようにするというものである。そして、「跳び箱運動」の内容については、第3・4学年では「支持跳び越しをすること」、第5•6学年では「安定した動作での支持跳び越しをすること」となっている。「めあて学習」という考え方に基づいて、「跳び箱運動では単に高さへの挑戦だけでなく、いろいろな跳び方を身につけることが大切である」（杉山・梅本，1989，p.167）と学習指導要領の作成者が説明しているように、これまでの学習指導要領にあった学年ごとによる「高さ」の規定がなくなったことは特徴的な点である。これまで高さへの挑戦が跳び箱の第1の教材価値であった。したがってそこでは何段跳べたかが問題関心の中心であり、その何段かが能力差をはっきり示してくれる指標でもあった。跳び箱に段があることの意味はそこに存在していたと考えられる。しかし、画一的な能力主義に対する批判や行き詰まりから、“自己の能力に応じて”いろいろな高さで、いろいろな跳び方で学習するという「めあて学習」が展開されているわけであるが、しかし「めあて学習」においても「高さ」の違いが「めあて」の違いとなり、「高さ」が課題となっている場合も多い。このような「跳び箱」における「めあて学習」は、まさに多様性を含んだ能力主義観に基づいたものに他ならないように思われる。

表1-5 「跳び箱」における術語の整理

	これまでの術語	新しい術語
跳び箱運動	腕立て開脚跳び	開脚跳び
	腕立て閉脚跳び	かかえこみ跳び
		屈身跳び
		下向き横跳び
		頭はね跳び
	台上前転	

また、この学習指導要領では、スポーツとしての「跳び箱」が強く意識し始められたと言ってよ

い。例えば、“跳び箱は支持跳躍”というスポーツとしての器械体操（跳馬）の本質的特徴を表す表現や“第1飛躍局面・第2飛躍局面”という概念、“第2局面を大きくする”といったような表現が初めて使われるようになった。さらに、従来の「器械体操と体操競技との専門術語との間に食い違いが生じるようになった」ため、「小学校・中学校・高校、さらには生涯スポーツとしての一貫性を考えるとき、それぞれの領域において技の名称を統一する必要がでてくる」とし、表1-5のような術語の整理が行われた。しかし、スポーツとしての「跳び箱」が意識されるようになったと言っても、技術内容の系統性･発展性は不十分であり、相変わらず大正時代以来の「開（閉）脚跳び」がどの学年においても同じように位置づけられ、それが主流になっているのが現状である。

４．「跳び箱」教材の目標および教材観の変遷

大正2年（1913）から今日に至るまで100年間以上も「跳び箱」が学校体育の中に生き続けてきたのは、その時代の文部省や学校教育がそこに何らかの教材価値を認めてきたからに他ならない。

これまで論じてきたことを整理しながら、100年間以上も学校体育の中に生き続けてきた「跳び箱」の教材観の主な変遷とその変遷の中で中核となった考え方やその問題点についてまとめてみたい。

まず第1に、これまでの学習指導要領にみられる「跳び箱」教材観の“連続性”の問題である。これまで学習指導要領にみられる「跳び箱」教材観は、前の学習指導要領の批判・否定という視点で改変されるというよりも、基本的には前の学習指導要領の教材観を踏襲しながら、その連続上に新たな教材観を補強しながら内容を作ってきたと考えられる。とりわけ、戦前に体力づくりや身体と精神の鋳型化機能としての「跳び箱」教材の中に位置づけられていた「開・閉脚跳び」が大正時代以来100年間以上もその内容をほとんど変えずに今日まで行われているという事実からもそのことはうかがうことができる。つまり、身体と精神の鋳型化機能をもつ「跳び箱」教材の価値は、戦前から今日まで形を変えながら引き継がれ、戦後スポーツの大衆への普及の中で、体育教材がスポーツという“オブラート”で包まれつつも、その本質のところでは戦前の発想を引き続けているように思われてならない。その結果、「跳び箱」と言えばあらゆる年代層の人々が「開（閉）脚跳び」をイメージするほど、「跳び箱」＝「開（閉）脚跳び」という「跳び箱」観が日本人の意識の中に染み込まされているのである。その意味では、恐ろしい

表 1-6「跳び箱」教材観の変遷

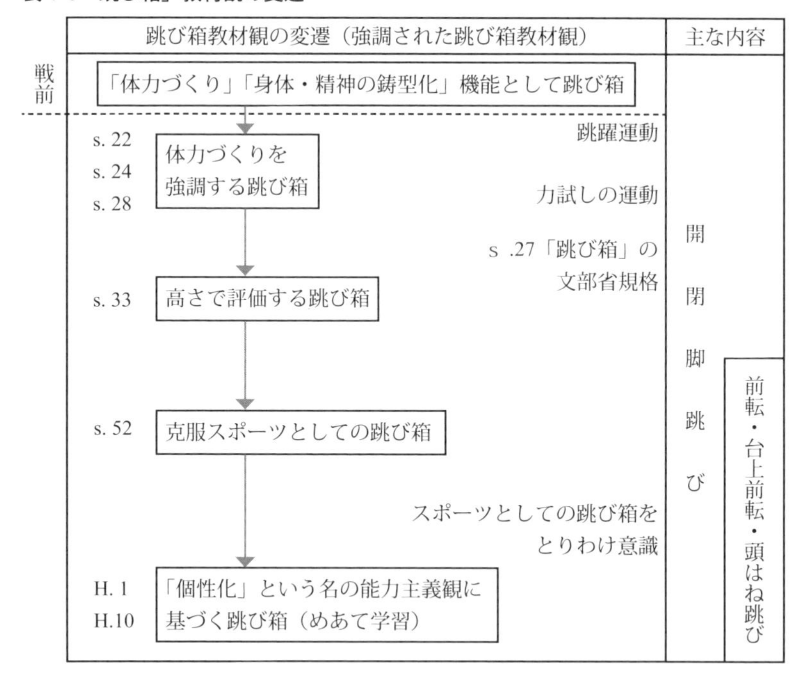

ほどの“教育の結果”だとも言えよう。このような「跳び箱」教材観と内容の変遷（連続性）を示せば、表 1-6 のようにまとめることができよう。今日の「めあて学習」における「跳び箱」教材観も、スポーツとしての「跳び箱」を強く意識しはじめた点は進歩と言えるが、しかしそうは言いつつも結局体力主義・能力主義・克服スポーツ的な考え方をそのベースとして踏襲していると考えられる。

第 2 に、「跳び箱」教材における「高さ」の思想＝「段」の持つ意味が「跳び箱」教材にとって重要な位置を占めてきたことが特徴的な点として挙げられる。

昭和 27 年（1952）に、文部省規格によって 10cm 刻みの画一的な跳び箱ができあがり、その形状をそのまま残し今日に至っている。そして、昭和 33 年（1958）の学習指導要領で「跳び箱」に初めて「高さ」の規定が登場し、しかも 10cm 刻みで高さが規定され、その「高さ」が学習内容＝課題になっていったわけである。10cm 刻みの高さで能力を測定・評価するという能力主義観に基づく「跳び箱」教材観ができあがった意味は非常に大きく、その後の「跳び箱」教材観に強く影響を与えたと言ってよい。

第 3 に、先述の「跳び箱」教材観を引き継ぎながら、跳び箱を障害物とみなし、より高い“障害物”を跳び越し克服することを良しとする「克服スポーツ」としての「跳び箱」教材観が、今日までの「跳び箱」教材観の中に生き続けてきたと考えられる。この障害物克服の思想は、スウェーデン体操やオーストリアの自然体育の中にみられ、その系譜の中で学習指導要領に取り入れられた。金子（1987）によれば、跳び箱を跳び越したということ自体に、言い換えればより高い跳び箱に挑戦しその障害物を克服して行くところに価値を認めることが“学習指導要領の常識”になってきたのである。その結果、学習指導要領における障害物克服の思想は、近代的な支持跳躍運動の技術を否定し、ただまたぎ越せればよいとしてその達成結果だけに意義を認めてしまうという結果を招いてしまったのである。

第４に、そのことと関わって、これまでの学習指導要領にみられる「跳び箱」教材観においては、近代スポーツ＝運動文化としての「跳び箱」という視点から教材を捉えるという発想が欠如していたと考えられる点が挙げられる。先の「克服スポーツとしての跳び箱」教材観の説明でも述べたように、「跳び箱」を近代スポーツとして発展してきた「跳馬」とは全く別物とみなし、つまりその教材価値をスポーツ文化の価値の中から引き出してこなかったわけである。したがって、器械体操・跳馬の本質である「表現する」という視点や発想がこれまでの「跳び箱」教材観には欠如していたと言ってよい。器械体操の跳馬は、この 100 年間で目まぐるしい技術的発展を遂げたが、学習指導要領における「跳び箱」教材においては技術の発展も系統も十分に見いだせないままであり、跳び箱という道具においても障害物としての昔のままの形状がずっと変わらない理由もここにあるように思われる。つまり、跳び箱という「道具」の発展史も存在しなかったわけである。このように「跳び箱」は、運動文化的価値というよりは“固有の（教育政策的な）”教育的価値によって、学校の“外”に出られずに、逆に学校の中にとどめられることによって、100 年間以上も学校体育の中に生き続けてきたとも言えよう。

しかし、今日という時代や社会においては、運動文化も多様に発展しているわけで、体育教材もその影響を受けないはずはなく、その意味でこれまでの「跳び箱」教材観では取り残されていく恐れは十分にある。今日、そして未来の運動文化としての「跳び箱」を見極めることが今重要な課題になる。つまり、これまでの「跳び箱」教材観を捉え直し、運動文化としての「跳び箱」教材という観点から「跳び箱」教材の具体的な教科内容を構築していくことが今日の「跳び箱」教材研究の重要課題であり、その答を見つけることこそ「跳び箱」教材が今後学校体育の中で生き延びていくことができる唯一の道になるのではないだろうか。

5.「鑑賞・表現」を教える「跳び箱」授業の実践化

以上のような学習指導要領に見られる「跳び箱」教材の体育教授学的検討（教材史論的検討）や教師たちの手による「跳び箱」の教科内容研究に基づいて、以下のような「鑑賞・表現」を教える「跳び箱」授業の試行的実践が創り出された（学校体育研究同志会愛知支部編，『跳び箱物語』，1995）。1つは、「高さ」の意識から「きれい」な側転へ、そして第2次空間の豊かさを子どもたちに求める保育園5歳児の「跳び箱」実践（宮野貴子）である。2つ目は、「鑑賞・表現」の基礎となる「技術の分析・総合」を教えることをねらいとした小学校4年の「跳び箱」実践（丹羽敦）である。3つ目は、「審査基準を作って審査員になろう（表現を見よう）、審査基準を知って美しく演じよう（表現しよう）」をテーマにした、美しい表現を求める中学2年の「跳び箱」実践（石原一則）である。

ここでは、上記のような「跳び箱」教材に関わる研究から引き出された「鑑賞・表現」を教える「跳び箱」授業の典型実践として、石原実践を取り上げ、その実践や実践化の特徴について述べてみたい。

石原実践の特徴は、まず第1に「鑑賞・表現」の対象としての「美しさ」に着目した点であり、つまり跳馬競技が審査（得点）の対象としている「技の瞬間的な表現＝跳馬競技の美」に着目して、「跳び箱」の授業を展開した点である。そして、石原はこの授業のねらいを以下のように設定した。

> 美しさのできぐあい、技のできぐあいを「診る力」を育て「演じる力」を育てること。
> 「診る力」によって「演じる力」を育てたいのであり、「診る力」の育ちによって表現を豊かにする＝より美しく演じようとする意志（能動的活動）を育てたい。（石原，1995）

さらに、この授業ではまず第1に「美しい」＝「うまい」＋「α」という発想に着目させ、＋「α」という主観的判断、どこをみて美しいと判断するか、その感じ方や考え方を交流させることで「美的認識・表現」の形成を求めた。第2の特徴としては、それぞれの技のポイントを書き込んだ図の下に自分の技術的な特徴や「姿勢美」を図示および記述する「自画像づくり」を行ったことである。第3の特徴は「審査基準づくり」である。「美」の程度の判断は、作品＝対象ので

表 1-7　生徒が考案した技と美の審査基準例（石原、1995）

1　側方倒立回転の「わざ」		「美」	
・両足でふみきる		・肘、膝が伸びている	直線的
・足を強く振り上げている	両足踏切から	・膝が閉じている	な体の
・高く踏み切っている	高い腰上げ	・両足が揃っている	線
・上から大きく踏み込む		・手足がバラバラでない	
・ロイター板から力をもらう		・足が伸びている	
		・体が伸びている	
・手を伸ばしてつきはなす		・手から足が直線状に	
・手をよこについている	つきはなし		
・跳び箱から離れるとき腕を伸ばす		・腰が高く上がる	
・手が残っている		・大きな円、空間	高く
・突き放している		・遠くへ飛んでいる	遠く
・両手に体重がのっている		・着地で動かない	
・体に肩がのっている	横向き倒立	・着地で足が揃っている	整った
・倒立できている		・着地がうまい	着地
・横におちない			
・足が腰よりあがっている			
・体がななめにならない			
・足が 45 度以上あがっている			
・横向きになっている			

きぐあいを審査する「審査基準」を必要とするがゆえに、この基準を考え合い作り出していくことで「診る力」を具体化することができると考えている。そしてこの基準で友達や自分自身の「美しさのできぐあい・技のできぐあい」を診断し合う活動が「美と技」を診る力、技ができる力、演じる力を育て、その基準を検証する作業が「美」そのものを診る力、言い換えれば審査対象としての「美」を見抜く基準の正確性を構築する力を育てると石原は考えた。この授業で生徒たちは、例えば表 1-7 のような「技と美のできぐあいの審査基準」を考え出した。

この石原実践の成果は、以下のようにまとめることができる。生徒たちによる「審査基準づくり」によって、「美」の評価対象としての演技空間に対する着目点が変化したことである。「審査基準づくり」への取り組みによって、生徒の意識は以下のような変化をみせている。①授業前には着地へのこだわりが多数であったの対して、“手が伸びている。膝足、つま先まで伸びている。背が反っている。大きな空間・円になっている。空中で足がそろっている”など第 2 次空中局面に「美しさ」を観ようとする意見へと変化している。②踏み切り、手のつきかた、はねのタイミング・方向などを「技のできぐあい」や「着手から着地までのつながりの中で空中姿勢のできぐあい」を評価対象として捉え、それぞれに評価基準をつくろうとする区別化が起きている。さらに、「鑑賞・表現」を教えるために「美しさ」という問題に着目させ、子どもたちに「跳び箱」の“わざ”や“美”を分析・記述させる「自画像づくり」や「審査基準づくり」の学習によって、生徒たちは“跳べた—跳べない”、“うまい—へた“といった個別的能力主義的な評価を越え、学習者同士のコミュニケーションや相互評価が促されたことも成果として認められた。このように石原実践は、現場教師が教材研究とスポーツ（運動文化）学習・研究の往復運動の中で実践を創っていくことの重要性を提起している。

第３節

学習指導要領（体育）の教科内容論的検討
―ルール学習を対象にして―

１．学習指導要領とルール学習研究

戦後学校体育はスポーツを主要な教材と位置づけ教育活動を展開し存立してきたわけであるが、そこではいったいルールという内容がどのように位置づけられ教えられてきたのであろうか。この問題は教科としての体育の存立根拠を問うことに通じる問題であり、今日の体育の教科内容研究における重要な課題でもある。

戦後の体育関係書物や体育専門誌（主として『体育科教育』、『学校体育』）を調べてみると、主として研究面からは体育原理や体育社会学領域の研究者および体育教師によってそれぞれの立場からルールの解釈や体育におけるルールの扱い等については論じられてはきたが、「ルール学習」、つまりルールを意図的に直接学習の対象とした学習活動そのものについての論議は非常に少ない。その中で、文化性を生かした学習内容としてのルール、技術の系統性を生かした学習内容としてのルールの取り扱いを論じた西山（1971）の論考や、「学習者の技能に応じたルールを考えると同時に、ルールの考え方やその意義についても指導しなければならない」と学習内容としてのルールの指導について論じた丹羽（1979）のものがその数少ない例としては挙げられよう。

このようにルール学習に関わる研究が少ないという状況にあっても、一方で実践面に目を移すと、日々の多くの体育授業の中ではルールに関わる学習が何らかの形で行われている。しかも体育の授業が学習指導要領に規定されて展開されていることを考えれば、今日の体育におけるルール学習の体育教授学的意義と課題を明らかにしていくひとつの有力な方法は、体育実践に最も影響力を持ってきた学習指導要領を紐解くことであろう。戦後、学習指導要領は８回の改訂がなされた。目標や内容において変わったもの、変わらずに引き継がれてきたもの等様々あるが、その中でルールはいったいどのように位置づけられてきたのか。この問題を明らかにする作業がルール学習研究にとっては重要な課題になる。そしてそれは、1997 年の日本体育学会体育科教育専門分科会および体育科教育学会のシ

ンポジウムのテーマとなった「学習指導要領を総括する」につながる課題でもある。

そこで本節では、戦後の学習指導要領において「ルール」という内容がどのように位置づけられてきたのか、またこれまで行われてきたルール学習の特徴とその背景を明らかにすること、そしてそこから体育科教育におけるルール学習の問題点を把握し、今後のルール学習についての研究課題を引き出すことを目的とする。

2．戦後学習指導要領における「ルール」に関わる用語の使用

（1）用語使用の特徴と変遷

まずここでは、戦後学習指導要領にみられる「ルール」に関わる用語使用について述べてみたい。

戦後学習指導要領において「ルール」に関わる用語として使用されているのは「法および正しい（正当な）権威」「規則」「きまり」「ルール」であり、とりわけ昭和28年(1953)以降の学習指導要領において主として用いられるのが「規則」「きまり」である。スポーツのルールとは、一般的に日本語では競技規則として翻訳され、「スポーツの競技の実施に関するすべての規定を成文化したもの」（日本体育協会，1987，p.1342）として捉えられているが、学習指導要領においてはもともと社会的性格の育成という目標に関わって、つまり社会規範や道徳的態度と結びついて「規則」「きまり」という用語が使用されてきたと考えられる。後述するが、こうした用語使用にこれまでのルール学習が抱える根源的な問題が横たわっているものと思われる。

また、昭和28年（1953）の小学校学習指導要領においては、「規則」と「きまり」という概念がほとんど区別されずに用いられている。この学習指導要領において、目標と並んで「学習内容」という概念が初めて登場し、「規則」「きまり」は「友だちと仲よく、協力する」態度および「施設・用具の扱い」に関わる学習内容として位置づけられた。この点で、この学習指導要領での「規則」や「きまり」という用語使用やその考え方が、今日までの学習指導要領におけるその用語の使われ方、考え方のベースになっているものと考えられる。

昭和33年（1958）の学習指導要領改訂においても「規則」と「きまり」の概念区分の曖昧さは残ったままである。ただ小学校では「ルール」に関わる用語として「きまり」という用語・概念が主として使用されるようになった。そこでは「き

まり」は社会規範を代表する意味あいをもつ用語として、つまり教育上（授業上）の道徳的内容を含みこんだものとして、そのことが強調されて使用されていたように思われる。それは法的拘束力を持った昭和 33 年（1958）学習指導要領における「道徳教育の徹底」という施策の反映であったとも考えることができる。

一方で、中学校では主として「規則」という用語が用いられ、昭和 35 年（1960）以降には、中学校・高校では「きまり」という用語が消える。「きまり」はスポーツの内容というよりも社会的・道徳的態度と結びつく用語であり、「規則」は社会的・道徳的態度を含みつつもスポーツ（競技）と結びつく用語として使用され、若干の区別がされるようになったと思われる。学習指導要領におけるルールに関わる学習では、小学校段階においては道徳的態度の育成に関わる内容に重点が置かれ、中学校・高校になるとスポーツ（競技）に関わる内容に少しずつ推移していったと考えられる。

また、中学校では、昭和 44 年（1969）以降の学習指導要領において「規則」という用語は各分野の目標においてのみ記述され、学習内容としては記述されなくなる。高校では昭和 35 年（1960）と昭和 45 年（1970）の学習指導要領において「規則」という用語は各種目の競技規則として記述されているにすぎず、昭和 53 年（1978）および平成元年（1989）の学習指導要領では「規則」という用語の記述が消えてしまう。このように考えると、学習指導要領では社会的・道徳的態度の育成を主眼とする「きまり」や「規則」の学習は主として小学校を中心に中学校までの学習として位置づけられてきたものと考えることができよう。

小学校では昭和 52 年（1977）学習指導要領改訂以降、目標から「規則」「きまり」という用語が削除される。それは、この学習指導要領の理論的支柱である「機能的特性論」に基づいて「運動の楽しさ」ということが初めて目標に掲げられ強調されたためと考えられるが、「規則」「きまり」が内容から外されたというわけでなく、従来通り「規則」「きまり」は学年別の内容として整理され残っている。「規則」「きまり」の捉え方は従来と基本的に変わっていないように思われる。

平成元年（1989）の小学校学習指導要領改訂では、第５・６学年のボール運動においては「簡単な集団技能」が「ルールの工夫や簡単な作戦のたて方」に改められ、初めて小学校学習指導要領で高学年ボール運動の内容として「ルール」という用語が使用されるに至る。この変化は、「生涯学習・生涯教育」が叫ばれるという時代の流れの中でこの学習指導要領が「生涯体育・スポーツ」を重視した結果と推察されるが、しかしそこでも「ルール」はただボール運動の一部の内容になっているに過ぎない。その他の「規則」「きまり」に関する内容は、昭和 52

年（1977）までの学習指導要領とほとんど変わっておらず、基本的にはその捉え方を踏襲しているとみてよい。

以上のように考えると、戦後学習指導要領におけるルールに関わる学習としてずっと継承されてきたことは、以下の点だと考えられよう。つまり「ルール」という用語はあまり使用されずそれに代わって「きまり」と「規則」という用語が用いられたこと、しかもその使用区別が不明瞭であったこと、また小学校では主として「きまり」という用語が多く、中学校・高校では「規則」という用語が多く用いられたこと、さらに「きまり」「規則」は、社会的態度の育成に関わる目標や学習内容として主として位置づけられたことである。

（2）「ルール」に関わる用語使用の分類

これまでの学習指導要領の中で「きまり」「規則」「ルール」という用語は、表1-8に示されるように、社会的態度に関わって使用されているもの、競技・ゲームに関わって使用されているもの、施設・器具に関わって使用されているものに分類することができ、同時に学習目標の違いによって「守ること」、「工夫・つくること」、「知ること（知識）」に分類することができる。この分類に基づいて、学習指導要領において「ルール」に関わる用語として主として用いられてきた「きまり」「規則」という用語がどのような意味合いで使用されていたのかについてここでは考察してみたい。

第1に、戦後初めての学習指導要領（1947）において「ルール」に関わる用語として使用されたのは「法および正しい権威に対する服従」であった。小学校では昭和24年（1949）の学習指導要領まで、高校では昭和31年（1956）の学習指導要領までその記述がなされている。当時、社会的性格の育成（善良な公民としての社会的、道徳的態度を育成すること）（『学校体育指導要綱』，1947）という体育の目標に関わって「正しい権威に服従」する態度がその資質として必要とされたと考えられ、このことからルールに「服従」する態度の重視が戦後学習指導要領におけるルール学習の出発点としてあったように思われる。「服従」という用語に示されるように、そこからはルールは守られるべき従うべきものとして把握するという学習指導要領のルールに対する姿勢を読み取ることができる。

第2に、前述の指摘と密接に関わるが、学習指導要領では仲良く運動する態度や、公正・協力・責任などの社会生活に必要な態度（社会的態度）と関わって「きまり」「規則」を“守る”態度の学習が中心的に位置づけられていたと考えられる。同時にこの社会的態度と関わって、小学校では施設や器具の「きまり」「規則」

表 1-8　学習指導要領における「ルール」に関わる用語使用の分類

	守る	工夫・つくる	知る（知識）
社会的態度に関わるもの—A—	・ただしい権威への服従（小 22・24 年、中 22 年、高 22・31 年） ・規則やきまりを守る（小 28 年） ・公正・協力・責任の態度と規則・きまりを守る態度（小 33・43 年、中 33・44・52・元年） ・仲良くきまりを守って楽しく運動する態度（小 33、43 年） ・健康、安全についてのきまりを守る態度（小 33 年） ・順番やきまりを守って仲良く運動（小 43・52・元年）	・活動に必要な規則を作る（小 28 年）	
AとBに関わるもの	・競争、ゲームの規則を守る—最後まで努力、勝敗を素直に認める態度（小 33・43・52・元年） ・水泳の規則を守り、協力する態度（中 33 年）	・運動するときのきまりをつくる・守る（小 43・元年） ・運動の仕方のきまりをつくる・守る（小 43・52・元年）	
競技・ゲームに関わるもの—B—	・競技規則で禁じられた方法を用いない（小 33 年）	・練習、ゲームのきまりの工夫（小 33・43 年） ・規則を作り、計画的に練習、ゲーム（小 33・43、中 33 年、高 31 年） ・練習やゲームに必要な基礎を決める（中 33 年）	・競技における規則の機能の理解（中 33 年） ・陸上の規則を知る（中 33 年）
器具施設に関わるもの	・器具の出し入れのきまりを守る（小 33 年） ・器具の使用のきまりを守る（小 43 年） ・プールの使用規則を守る（小 33・43・52・元年）	・器具の使い方のきまりをつくる（小 43 年）	
ルール・その他		・ルールを工夫し作戦を立てゲーム（小元年）	・簡易、女子、正規のルールによるゲーム（高 31 年）

＊（　）内の、小＝小学校、中＝中学校、高＝高校、年数は学習指導要領の年を示す。元年＝平成元年

を守ることも強調されている。つまり、学習指導要領では社会的態度と関わって「きまり」「規則」は守るべき対象として学習することが重要視されていたと考えられ、この種の学習は、表1-8からもわかるように昭和22年（1947）から現在まで続いていると考えられる。

第3に、昭和30年（1955）代以降、前述の社会的態度の学習と並行して、競技やゲーム・練習に直接関わる「きまり」や「規則」を工夫したり作ったりする学習が意図されたことが認められる。社会的態度に関わる「きまり」「規則」については“守る”学習として、競技・ゲームに関わる「きまり」「規則」については“工夫・つくる”学習として位置づけられ、両者をセットとして「ルール」に関わる学習が展開されたと考えられる。また、とりわけ小学校では、社会的態度に関わるものと競技・ゲームに関わるものをはっきり区別しないで、融合した形で「きまり」「規則」を“つくる・守る”という学習がなされているのが特徴的である。そしてこの学習の形は現在にまで至っていると考えられる。

第4に、学習指導要領においては「ルール」に関する知識面での学習が非常に少ないという点がその特徴としてあるように思われる。小学校および高校には、「ルール」に関する知識面での学習の記述はない。ただ、昭和33年（1958）の中学校学習指導要領においてのみその記述が認められた。とりわけ、この学習指導要領において「競技における規則の機能の理解」（文部省，1958）は注目すべき点である。しかし、昭和44年（1969）の学習指導要領改訂でこうした「ルール」に関する知識面の学習の記述は消える。それ以降、学習指導要領にはこの種の記述は皆無となる。おそらく、競技・ゲームに関わるきまり・規則を工夫・つくる学習の中で、各競技種目毎の既存のルールを憶える学習はあったと考えられるが、昭和33年（1958）の中学校学習指導要領の「競技における規則の機能の理解」のようなルールに関する知識の学習はほとんど意図されてこなかったように思われる。つまり、学習指導要領では「ルール」に関わる「規則」「きまり」を「守る」、「工夫・つくる」学習がその中心であって、その「規則」「きまり」を守る、工夫する、つくることの意味を学習することはほとんど問題にされてこなかったと言えよう。

以上、学習指導要領における「ルール」に関わる用語について考察してきたが、こうした用語使用にも反映されているように、ルール学習との関わりで言えば、戦後学習指導要領をはじめ学校体育の中では一般的な「きまり」や「規則」を学ぶことと、スポーツの「ルール」を学ぶことが十分に区別されないで扱われてきたように思われる。

3．体育におけるルール学習の特徴とその背景

戦後体育におけるルール学習に関わる論議や実践報告から、ルール学習はその学習目的により、表 1-9 に示されるように、大きくは、①社会的態度育成をねらいとしたルール学習、②既成のスポーツ・ルールを憶えるルール学習、③ルールづくり学習、④ルールの社会科学的認識（ルール史（変遷史）、ルールの意味・原則・機能・構造等）の獲得を目指したルール学習に分類することができよう。

以上のようなルール学習が戦後の体育授業の中で展開されてきたと考えられるが、これらのルール学習の多くは、それ自身独立した学習として授業の中で展開されてきたというよりは、前述したような指導要領のルールの位置づけに即して、各種目教材の技術学習の付属的な学習として扱われてきたように思われる。そしてその中で中心的な社会的態度育成をねらいとするルール学習は意図的に計画された学習というよりも「ヒドゥン・カリキュラム」注2）（駒林，1987）として学習されていたように思われる。それゆえに、これまでルール学習そのものをテーマや課題とした実践報告は、技術学習のそれに比べてきわめて少ない。

以下、上述した 4 つのタイプのルール学習の特徴やその背景、問題について考察してみたい。

表 1-9 「ルール学習」の分類

「ルール学習」の分類	
(1) 社会的態度育成をねらいとしたルール学習	
(2) 既成のスポーツ・ルールを憶えるルール学習	
(3) ルールづくり学習（子どもの手によるルールづくり）	
a. 安全のためのルール変更	
b. 技能・発達に合わせたルール変更	
c. 下手な子の学習を保障する（みんなができる）ためのルール変更	
d. おもしろさを保障するルール変更	
(4) ルールの社会科学的認識の獲得を目指したルール学習	
①ルール史（変遷史）の学習	a. 技術習得に伴うルール史学習
	b. ルール史の追体験学習（実技）
	c. ルール史の理論学習
②ルールの意味・原則・機能・構造を学ぶ学習	a. 技術習得に伴う学習
	b. 意味・役割・原則を学ぶ理論学習

（1）社会的態度育成をねらいとしたルール学習

前述したように戦後（1947年）から今日に至るまで学習指導要領においてはルールというものが「規則」「きまり」という用語と同義語として扱われ、そこではルール（規則・きまり）を守る態度が重要であり、それが社会的態度の育成につながると考えられていた。それがこのタイプのルール学習の特徴である。そこでは「規則」や「きまり」は、協力・公正・責任などの態度育成と常に結びつけられて体育の中に位置づけられてきたと言ってよい。平成元年（1989）の『小学校指導書体育編』（文部省）には、この点に関わって「『協力や公正などの態度を育てる』は、低学年の『だれとでも仲よくし』と関連する目標であり、中学年の児童にふさわしい協力、公正などの具体的な社会的態度の育成を目指したものである」と記述されている。このような位置づけは戦後の学習指導要領の中でずっと継承され貫かれてきたように思われる。

こうしたルール学習観の背景には、戦後日本のスポーツ規範についての考え方（スポーツ・ルール論やスポーツ規範の社会学など）や「身体活動を通しての教育」という体育観があったものと考えられる。

スポーツ・ルールがスポーツにおける規範の一つであるということは確かである。川口(1987)によれば、「スポーツにおける規範には、ふつう、競技規則(ルール)、スポーツのマナーやエチケット、それらの根底にあってそれを支えているスポーツマンシップやフェアプレイ、それらが成文化したと思われるアマチュア規定等が考えられ」(p.103)、競技規則（ルール）は競技者の行動を主として技術的に制約している部分と道徳的倫理的な部分（マナーやエチケット）から構成されている。このような規定に示されるように、これまで日本の体育界ではルールというものが常にマナーやエチケット、スポーツマンシップ、フェアプレイとセットとして語られる場合が多かったように思われる。スポーツ規範としてルールを捉えようとする時、例えばスポーツ・ルール論の代表的な書物である『スポーツ規範の社会学』（菅原，1980）においては「スポーツ・ルールの根底には、道徳律の根底にあるとされる正義と公正の観念が伏在している」(p.55) と述べられているように、これまでスポーツ・ルールの解釈においては公正とか正義という倫理的・道徳的側面が全体としてクローズアップされてきたように思われる。その背景には、スポーツ・ルールそのものの基本的性格、意味、機能、構造等についての学問上の論議が十分に行われず、これらが明らかにされてこなかったという問題があるように思われてならない。

同時に「社会的態度育成をねらいとするルール学習」観の背景には、以上のようなスポーツ規範論と並行して体育を「身体活動を通しての教育」として捉える体育教育観があったと考えられる。両者の考えを背景に持って、体育ではスポーツ・ルールを学ぶということがそのルールに内在する倫理性・道徳性を学ぶことであり、その学習を通して子どもたちは社会的道徳的態度を育成するという体育におけるルール学習観が形成されたものと考えられよう。確かにスポーツのルールにはその時代や社会の倫理観や道徳観がその背景として存在する。その点に異論はないし、教育においてその倫理や道徳を学ぶことの必要性も理解できる。それでもなお、この種のルール学習が社会的態度の学習を中心に据えることには問題がある。そこには、スポーツのルールを学べば、社会一般で必要な社会的・道徳的態度が身につくというきわめて楽観的な考え方が存在しているように思われてならない。例えば、学習指導要領関連の『体育の学習指導研究の手引き』（竹之下，1968）においては、ルールという項目が「ルールとマナー」というセットで扱われ、その中で「運動のルールの学習がやがて広く社会生活におけるルールを守ることにつながるとき､運動学習は重要な目標の一つを達成したことになる」（p.153）と論じていたり、また『中学校指導書　保健体育編』（文部省，1989）においても社会的態度育成の目標に関わって「各種の運動を通して生徒が身に付けたルールやマナーを守ることや勝敗に対する公正な態度などは、単に運動の場面だけでなく、社会生活における望ましい態度や行動にもつながり、人間形成の役に立つものである」（p.14）と述べられている。こうした論述からも明らかなように、学習指導要領をはじめ多くの体育におけるルール学習観においては、スポーツのルールは守るもの、そしてスポーツのルールを守るという態度が社会一般のルールや法を守る態度の形成に役立つというシェーマ（図式）がつくられてきたと言えよう。この点に関わって守能（1984）は「たとえスポーツ選手がグランドで常に遵法に徹するとしても、その遵法の態度が社会生活場面での遵法の態度に必ずや転移するなどとは結局のところ誰にも断言のできることではなかろう」(p.16)､そして「法やルールの制定主旨や存在理由を一切問わぬまま､単に《法だから従う》《ルールだから従う》―スポーツの場合、形式的にも実質的にもそうなる危険がある―というのが遵法の中身であるとすれば」（同上，p.16）そこには重大な問題があると先のルール観やルール学習観に疑問を投げかけている。

確かにスポーツによって子どもが社会化されるという事実（研究結果）はあるし、スポーツ（教育）によって育てられる遵法の態度が社会生活場面における遵法の態度に転移するという仮説が全くの誤りであるとは思えないが、非日常世界であるスポーツのルールと日常世界のルールを同一レベルで語る、例えばスポーツのルールを守ることと授業中の「約束事・規律」を守ることを同じレベルで語るような、また社会的態度を育てることを過度に強調するようなルール学習観に基づく体育の中では、子どもたちは暗黙裡にルールは守るもの、疑ってはならぬものと学ばされてきたのではないだろうか。同時にそうしたルール学習観から脱しきれなかったことが体育におけるルール学習の広がりを閉ざし、ルール学習の実践研究が十分になされなかった原因であったのではないだろうか。事実、戦後の体育専門誌にみられるルール学習実践の中で、社会的態度育成をねらいとするようなルール学習を中心テーマとした実践研究はほとんどみられない。社会的態度育成をねらいとするルール学習は、ルール学習のひとつの形態として存在しうるが、ルールの持つ倫理や道徳性が社会的態度の問題として過度に強調されたり、スポーツ・ルールの遵法態度が社会生活場面における遵法態度へ転移すると短絡的に考えたり、ルールの存在理由を科学的に問わなかったところに問題がある。したがって、この種のルール学習を行うにあたっては、スポーツ・ルールが具体的にどのような倫理性や道徳性を備えているのか、またそのルールの存在理由は何なのかについて明らかにする必要がある。それが明らかになり具体的な学習の対象になったとき、この種のルール学習がはじめて成立し実践化が可能になるものと考えられる。

（2）既成のスポーツ・ルールを憶えるルール学習

これまで体育では、技術学習と並行して既存のスポーツ種目のルールを憶える学習が行われてきた。それは現在でも多く行われている。この種のルール学習の対象は、基本的に既成のスポーツ・ルールである。スポーツを行うとき、そのスポーツのルールを知らなければスポーツ活動は成立しない。だから、スポーツのルールを憶えることは大切である。現実に多くの体育教師がこのように考え、体育の授業で既成のスポーツ種目のルールを子どもたちに説明し教えている。そこには既成のスポーツを安易に無批判に学校体育の中に持ち込み、体育教材として扱ってよしとする雰囲気や体育観が現場の中にあるのではないだろうか。確かにルールを憶えることは必要であるが、しかし、教師から一方的に既成のスポーツ・ルールを教え込まれ憶えさせられると同時に、そのルールを守る態度が大切だと教えられるとき、先述したように子どもたちはスポーツのルールを疑ってはならぬものとして、絶対的固定的に捉えるようになってしまう危険性があるように思われる。しかし一方で、既成のスポーツ・ルールを体育の中に持ち込んだとき、子どもたちの学習活動が成立せず、そこで何らかのルール変更をせざるを得ないという事態が生じ、ほとんどの体育教師がルールの変更操作を経験しているはずで、したがって既成のスポーツ・ルールが授業の中ではそのまま通用しないということも多くの体育教師が知っている事実である。

1960年代初頭、各種スポーツ団体においてルール改正が頻繁に行われた。そしてそこで改正されたルールがひとつの基準として学校体育の中に持ち込まれた。その結果、学校体育の中でそのルールをどのように扱うべきかという問題が生じ、現場はかなり混乱したと言われる（川口，1962；宇土，1962）。「スポーツ諸団体が発展策として次々とルールを改正し、そのルールによって対外試合を行うといっても、それは体育の学習指導とは関係のないことと割り切って学習に当たらなければ、その都度それらの団体に振り回されてしまって、学習指導の効果はあげにくくなろう」（川口，1962，p.25）という当時の体育教師の言葉が当時の混乱状況や悩みをよく言い表している。そのような状況下で「選手に必要なルールと学習者に必要なルールとは本来別なもの」（同上，p.28）であるとか、「運動協会のルールが小学校にまで圧力として入ってきている。ルールは、少なくとも子どもたちと教師とで作りあげていくものでありたい。」（土屋，1960，p.19）というような意見に代表されるように、スポーツ・ルールの直接的導入ではなく、子どもたちに合わせたルールを学校の中で考えるべきだという批判意見が多くの現場教師からなされた。それは学校体育の主体性の確立（松田，1962，pp.15-16）を問うことであったとも言える。

既成のスポーツ・ルールを憶えるルール学習は、このような問題をずっと抱え続けてきたように思われる。子どもたちが体育でスポーツの技術学習を展開するうえで、スポーツのルールを憶える学習は不可欠ではあるが、その場合、既成のルールを教師が一方的に押しつけて教え込むのではなく、そのルールが子どもたちの発達や要求レベルに合致しているかどうかを問い、ルール変更もあり得るとするようなその判断（選択）をまず教師が持つこと、さらに既成のルールと変更したルールのつながりを意識した上で、この種の既成のルールを学ぶ学習を展開させていくことが重要である。その学びが「ルールづくり学習」や「ルールの社会科学的認識の獲得を目指したルール学習」に発展していくものと考えられる。

（３）ルールづくり学習

前述したように、既成のスポーツ・ルールを憶え、それをそのまま実施するような体育の授業では学習活動が十分展開できないという状況から、学校体育の中ではルール変更やルールづくりが行われるようになったと考えられる。それは子どもたちを日々目の前にして教育活動を行っている現場教師にすれば当然の成りゆきと言えよう。またそれは、主として1958年の学習指導要領改訂以降今日まで続いてきたものと考えられる。このことは、表1-8に示されるように「練習・ゲームのきまりを工夫する」（小学校1958年，1968年）、「規則をつくり、計画的に練習・ゲームをする」（小学校1958年，1968年，中学校1958年，高校1956年）、「運動をするときのきまりをつくる・守る」（小学校1968年，1989年）という学習指導要領の記述からも理解される。

ただ、学習指導要領では、例えば“練習のための”運動実施条件と、ひとつのまとまりをもったスポーツ的な存在形態として行われる活動（ex. ゲーム）を規定する条件とがほとんど区別されないで扱われていたように思われる。前者の条件はルールとは言わず、後者の条件がルールになり得る。それらを区別してルール変更が問題にされる必要がある。

ルールづくり学習の背景には、教師によるルール変更がある。安全のために、子どもの技能・発達に合わせて、下手な子の学習保障のためにルールを変更するという視点はきわめて積極的な意味を持つ。それはルール学習に関わる教師の教材研究に反映される。教師によるルール変更はあくまでも教師側の教材研究の反映であり、ルールづくり学習を成立させるための必要条件ではある。こうした教師によるルール変更の意識・自覚が子どもの手によるルールづくり学習へとつながっていく。そこから、授業の中で子どもたちが自らの手でルールを改変したり、創っていくということの重要性が意識され、ルールづくりが明確な学習課題として位置づけられるようになるものと考えられる。

この種の学習は、塚田（1958）の「ルールを育てる子ら」という実践記録[注3)]にその先駆的なものを見ることができる。また、1968年以降の学習指導要領でもこの種の学習に関わる内容が唱われるようになったが、そこではルールづくりの意味や具体的な学習課題が明確に設定されず、今日まで不十分な学習にならざるをえなかったように思われる。

一方で、1960年代初頭、丹下をはじめとする学校体育研究同志会は「リード・アップ・ゲーム[注4)]は運動文化の変容であって、ルール・施設・用具などを簡易化したものではあるが、その運動の本質的技術を含んでいなかったり」（川口，1949, p.16）、技術やゲームの発展系列が極めて曖昧であると、当時のリード・アップ・ゲームを批判し（丹下・川口，1960）、「中間項理論」[注5)]を提唱する。その後、この理論は運動文化論へと発展し、国民運動文化の創造に向けて、運動技術指導の系統性や技術と集団を統一的に捉えたグループ学習、運動文化をトータルに教える授業づくり等の体育実践研究を展開することとなる。ルールづくり学習に関わっては、当初の「中間項理論」の中で、バレーボールの「パスゲーム」「ラリーゲーム」や、「ラグバス」（トラベリングのないバスケットボール)、「ラグハンド」（オーバーステップのないハンドボール)、「ハンカー」（空中のボールを手で扱ってもよいサッカー）などといった教材が生み出された（学校体育研究同志会, 1989, p.114)。それらは、もともと教師によるルール変更という範疇に属するものであるが、既存の運動文化財と子どもの現実との矛盾を子ども自身に気づかせて、ルール改変を含む「新しい体育文化の創造」や「文化そのものの価値」の変革を意識させようとした点が、リード・アップ・ゲームなどの教師によるルール変更とは異なる点であり、ルールづくり学習の決定的な契機となったと考えられる。こうしてそれが子どもの手によるルールづくり学習へとつながり、学校体育研究同志会の実践研究の中で脈々と受け継がれ、多くの実践が展開されてきた。とりわけそこでは、「みんながうまくなる体育」を目指して、下手な子の学習保障に焦点を絞ったルールづくり学習が中心的に展開されてきた。また、例えばバレーボールの授業で、触球許容回数ルールを問題として取り上げ、正式ルール（3回制）と変更ルール（4 回制）でゲームを行って、どちらが“バレーボールらしさ”をみんなで味わい楽しむことができるのかを比較検討するような子どもの手による「実験的授業」（中村, 1994）などが展開されたり、後述するような社会科学的な認識を育てるためのルール学習が展開されるに至っている。

以上、基本的にルールづくり学習の発想は、スポーツのルールを絶対化して固定的に捉えないという思想と、子どもの視点に立つという教育的な思想に立脚して成立しているものと言える。しかし、同時にいくつかの問題も存在する。例えば、ルールづくりを授業で展開しようとするとき、子どもたちが、ややもすれば既存の競技スポーツが「本物」で、ルール変更したものは「にせもの」だという意識にしばられるということが少なくない。この点に関わって中村は、自身の高校現場での経験から「高校生はスポーツのルールを神聖視しており、これを自分たちの現状に合わせて変更することに保守的である」（中村, 1994, p.235）と述べている。そのような状況の中で、既存のスポーツ・ルールも不変ではなく変わってきたのだという認識や、誰のための何のためのルール変更・ルールづくりなのかを子どもたちに明確な課題として問うこともしないルールづくり学習が行われてきたところに問題があった。

スポーツ・ルールの基本は、「コンセンサス（合意)」であり（草深, 1997)、したがってルールづくり学習も子どもの「合意」を基本とする。法を守るということは自由と権利を守ることであり、法が悪法の場合、国民は悪法に抵抗する権利（抵抗権）をもつという法律学者の渡辺（1989）の言明は、ルールづくり学習に置き換えると、子どもたちが自分たちのためにルール変更を要求する権利を持つということである。ルール学習において子どもがルール変更を要求する権利を持ち、ルール変更・ルールづくりを子どもたちの合意によって行っていくという視点がルールづくり学習を成立させる上できわめて重要になる。

（４）ルールの社会科学的認識の獲得を目指したルール学習

ルールの社会科学的認識の獲得を目指したルール学習は、これまで行われてきた実践から分類すると、大きくはルール史（変遷史）の学習とルールの意味・原則や機能・構造を学ぶ学習に分けられよう（表 1-9）。それは、ルールを歴史的な視点で捉える学習と社会的な視点で捉える学習である。さらに、ルール史（変遷史）の学習は、a. 技術習得に伴うルール史学習、b. ルール史の追体験学習、c. ルール史の理論学習に分けられる。また、ルールの意味・原則や機能・構造を学ぶ学習は、a. 技術習得に伴う学習、b. 意味・原則・機能・構造を学ぶ理論学習に分かれる。そして、どちらの学習もルールの社会科学的認識の獲得を目指したルール学習であるが、学習方法の形態としては技術学習（実技）に伴って行われる場合と、技術学習とは独立して理論学習として行われる場合に分かれる。

この種のルール学習は、90 年代以降になって実践化が進んだように思われる。ルール学習としては最も新しいタイプのもので、これまでの学習指導要領に準拠したルール学習には見られなかった学習である。

それでは、この種の学習がどのような歴史的背景をもって生まれたのであろうか。ルールの社会科学的認識に関わっては、前述したように 1958 年の中学校学習指導要領に「競技における規則の機能の理解」と記載されただけで、それ以降学習指導要領には記載がないという点からも、学習指導要領の内容からこの種のルール学習が引き出されてきたとは考えにくい。この種のルール学習は、歴史的には前述したルールづくり学習の流れを汲んでいるように思われる。それは、ルールは変わるもの、変えてもよいものというルール観に基づいているという点で両者は共通する。しかし、単なるルールづくり学習と分岐した点は、スポーツという文化の主体者を育成するためには、ルールが変わるということや誰が何のために変えたのか、またどのような方法・手続きで変えたのか、ルールを変える前提条件とは何なのかなどの問題を授業の中で社会科学的な認識として育てることの必要性を強調した点にあろう。

80 年代に入り、体育における学力問題がクローズアップされ、体育において「わかること（認識形成）」が重要視されるようになった。こうした体育科教育学研究の流れの中で、学校体育研究同志会は「運動文化をトータルに教える体育」を提唱し、その中で技術学習と合わせて、「技術発展史を子どもたちに追体験させることにより、子どもたちは自分の技術の程度を技術発展史のなかでとらえ、さらに他人の技術をもその中で見ることができる、そして次の技術課題を明確にしていく」（石谷，1982，p.430）というような「技術発展史学習」が行われた。この学習はルール学習そのものではなかったが、この考えがルール史学習には反映されているように思われる（丸山，1993；小浜，1997）。その後 90 年代に入り、体育における教科内容研究が積極的に展開されるようになる中で、「スポーツ文化の基礎的認識」の形成を目指す体育授業（とりわけ体育理論の授業）づくりが提起されるに至る（出原，1996）。その中で、個別種目のルールという捉え方ではなく、スポーツ文化に共通する基礎的概念としてのルールを学ぶことを目的としたルール学習が必然的に生まれたわけである。ここに、この種のルール学習の際立った特徴があり、それはこれまでのルール学習にはなかった特徴である。

このような経緯の中で、90 年代中頃からこの種のルール学習の実践が少しずつ増えてきた。その中でとりわけ、①子どもたちのプレイ上の問題（本音）とサッカー文化の世界（“幻の 18 条ルール”）とを対面させ、荒れる中学生にスポーツの意味を教えようとした澤実践（澤，1994）、②子どもたちの要求（声、願い、問いなど）とスポーツ・ルールの変遷の意味を結びつけて課題化し「ドッジバレーからバレーボール」へと展開した制野実践（制野，1997）、③「正式ルールからクラスルールづくりへ」と子どもの手によるルールづくりと技術習得・認識とルールの役割認識をセットとして学習課題にした大貫実践（大貫，1995）、④「ルールを変えるとそのスポーツのもつおもしろさやよさも変わってくる。今のスポーツはその時代の人々がルール（道具や用具）を変えた結果である。だからこれからも変わっていく可能性がある」ということをラグビーとアメリカンフットボールのルールの比較から教えようとした岨実践（岨，1996）、⑤生徒のスポーツ体験に視点を与え、スポーツ事実を文化的に読みとる力をつけさせようとして「スポーツの決着の付け方」に着目し調査活動学習を展開した佐藤実践（佐藤，1997）、⑥スポーツに共通するルールの役割（原則）を理論学習（「教室でする体育」）として展開した石原実践（石原，1996）などが興味深い実践として挙げられよう。

４．学習指導要領の中のルール学習と研究課題

最後に、本稿の考察を簡潔にまとめれば以下のようになろう。

第 1 に、戦後学習指導要領において「ルール」という用語はほとんど使用されずに、その代わり「きまり」「規則」という用語が用いられてきた。

第 2 に、学習指導要領においては、仲よくする態度や公正・協力・責任などの社会生活に必要な態度（社会的態度）の育成に関わって、「きまり「規則」を“守る”態度の学習が中心に位置づけられてきた。

第 3 に、学習指導要領の影響下、体育の授業では「きまり「規則」を“守る”態度の学習＝社会的態度育成をねらいとするルール学習と並行して、とりわけ 1960 年代以降「きまり」「規則」を“工夫・つくる”学習＝ルールづくり学習がセットとして行われてきた。

第 4 に、学習指導要領ではルールに関する知識面での学習がほとんど位置づけられてこなかった。

第 5 に、社会的態度育成をねらいとするルール学習ではスポーツ規範論や「身体活動を通した教育」観の影響のもと、そこでのルール解釈において全体として倫理的・道徳的側面が強調された。そこでは体育でスポーツ・ルールを学ぶことがそのルールに内在する倫理や道徳を学ぶことであり、その学習を通して社会的道徳的態度が育成されるというきわめて楽観的な学習観に基づいてルール学習が位置づけられていた。

第 6 に、ルールづくり学習では教師によるルール変更から子どもの手によるルールづくり学習へとその学習の重点がシフトしていった。子どもの手によるルール学習が今後のルール学習の可能性を拓く上で積極的な意味を持っていると考えられる。

第 7 に、ルールの社会科学的認識の獲得を目指したルール学習は最も新しいルール学習のタイプであり、そこではスポーツという文化の主体者を育成するために、ルールは変わるということ、誰が何のためにどのように変えたのか、変えるのか、ルールを変える前提条件とは何かなどを認識することが重要視される。この種のルール学習は、個別スポーツのルールを問題にするのではなく、スポーツ文化に共通する基礎的概念としてのルールを学ぶという点に際立った特徴がある。

さらに、ルール学習に関わる今後の研究課題として以下の点が挙げられよう。

第1に、スポーツのルール学習が社会的態度の育成に寄与すると考えるのであれば、スポーツ・ルールが具体的にどのような倫理性や道徳性を備えているのか、そしてその倫理性や道徳性の学習と社会的態度の育成との間にどのような関係があるのかを実証的に明らかにする必要がある。

第2に、子どもの手によるルールづくり学習に関わる課題である。スポーツ・ルールの基本は、「合意（コンセンサス）」である。したがって、子どもの「合意形成」と「スポーツ文化の継承・発展」という課題を結びつけたルールづくり学習が今求められる。それは、"誰が、何のために、どのような方法で"ルールを変更したり、創ったりするのかということを学習課題として明確に意識した「子どもの手によるルールづくり」学習であり、そのような授業を実践化していくことが今日の課題となろう。

第3に、ルールの社会科学的認識の獲得を目指したルール学習に関わる課題である。体育がスポーツという文化を教える教科であるならば、スポーツを規定するルールの意味・原則や機能・構造について教え学ぶ必要がある。今後の体育におけるルール学習の重要な課題は、このような内容を学習の対象として措定し授業をつくることであろう。また、スポーツ文化は、したがって当然スポーツのルールもその時代・社会の影響を受けながら変わってきたわけであるが、ルール学習もそこに目を向けた内容構成が必要となる。そこからスポーツ文化の変遷とルール変更の因果関係や、スポーツの意味形成とルールとの関係を学習の対象（内容）にした授業づくりを構想していく必要がある。

第4に、これまで行われてきたルール学習「実践」の分析、および子どものルール認識の分析からルール学習の実践的課題を明らかにしていくこと、そしてルール学習に関わる教科内容の編成・構造化を試みることが今後ルール学習を構築していく上で重要な課題になろう。

第4節

体育における「歴史追体験学習」の試み

―バレーボールのルール変遷史を教材にして―

1．実践の背景とねらい

（1）「うまくなる」だけの体育からの発想の転換
―「運動文化をトータルに教える」体育へ―

中村（1971）は、既に40年以上前に「学校体育は何を教える教科であるか」を問うた。その際に、学校体育は「運動文化の継承・発展に関する科学を教える」教科であるとし、その内容は歴史領域、技術領域、組織領域から構成されるとした。そして、その流れを継承しつつ、それに続く学校体育研究同志会（以下、体育同志会と略す）の学力論議の中で「スポーツの権利主体を育てる体育」とか「運動文化をトータルに教える体育」が提唱されてきた（学校体育研究同志会, 1989）。その思想が90年代に始まる体育同志会の「教科内容研究」を貫いていると言ってよい。

体育においてうまくなることは大事である。しかし、学校体育でうまくなることだけが教えられ、そこで学んだ子どもたちが今日の様々な問題が絡むスポーツ状況を変革し、スポーツをみんな（人類）の文化として、後世代に残せる文化として創り変えていくことができるであろうか。それは否と答えざるをえない。その意味で、うまくなることを含みつつも、これまでの「うまくなるだけの体育」から脱却すること、そのような発想転換の必要がこの「運動文化をトータルに教える体育」や「教科内容研究」には込められている。

体育同志会の学力論議の中で、80年代初頭にハードル走単元の中にハードル走の技術史学習を導入し、技術学習と絡めて授業を展開した石谷実践（石谷, 1982）がある。石谷実践は、小学校における体育授業への技術史学習の導入という意味で当時画期的であった。しかし、それでもやはり授業の中心的なねらいは技術学習であり、技術史学習はオリエンテーションに取り入れられていたに過ぎず、したがって単元全体が技術史学習で貫かれていたわけではなかった。そこには時代的制約があったと思われるが、一方でこの石谷実践は歴史の理論学習としてではなく、「うまくなること」の中に技術史学習を位置づけたという点で体育独自の歴史学習を展開する可能性を切り拓いてくれたように思われる。その後、石谷実践を乗り越えるような技術史学習の実践は残念ながら生み出されていない。そのような石谷実践を乗り越える実践づくり、言い換えれば「運動文化をトータルに教える体育」に切り込む授業づくりへの想いが今回の実践の背景にあった。

（２）体育で歴史を教えるということ

歴史を学ぶとは、単に過去の出来事を暗記することではない。歴史を教えることは、受動的に「歴史を過ごす」人間を育てることではなく、主体的に「歴史を生きる」人間を育てることである。三浦（1990）によれば、「歴史教育の任務は、過去の変遷を事実として示すことで現在を相対化し、明日が変わり得ることを示唆することであり、そしてその結果その明日の変革に積極的に参加したいと願い実践する人間を育てること」（p.84）なのである。

歴史を学ぶことの意味を体育に引き寄せて考えてみよう。スポーツの歴史を教えるということは、スポーツを歴史的・社会的産物として捉えること、スポーツを歴史という座標軸の中で捉えること、つまり後代的視点で捉えることを教えることである。中村（1986）によれば、「教材の歴史を語ることは、さまざまな時代と社会における〈運動文化と人間の関係〉を教えることであり、それはまた未来における〈運動文化と人間の関係〉を展望させ、追求させ、試行させることを意味している」（p.49）。したがって、スポーツの歴史（発展の法則）を学ぶことによって、子どもたちは今日の時代や社会のスポーツを歴史という座標軸の中で相対化し、そこから未来の自分たちの文化としてのスポーツを見定め、その変革・創造に参加していく力を身につけることができるようになるのではないだろうか。スポーツの歴史を学ぶということは、スポーツの権利主体として、スポーツを変革・創造していくための必須条件であると言ってよい。

（３）授業の「ねらい」の構想

以上のような考えに立脚し、体育で歴史を教えることで以下のような変化を期待した。

①スポーツを歴史的・社会的産物として捉えることができる。つまり、スポーツには歴史があり、スポーツはその時代時代の社会や人間の生き方（生活様式や思想、スポーツ観など）に影響されて変わることがわかる。

②スポーツを歴史という座標軸の中で捉えることができる。つまり、現代スポー

ツの状況を正しく把握し、そこから未来の方向性を見いだし展望することができる力を身につける。

③スポーツは変わる、自分たちの手で変えていけるという認識を育て、「国民運動文化」の創造という活動に積極的・主体的に参加する力を育てる、言い換えれば「運動文化のリレーランナー」になる。

そして、この期待に基づいて、以下のように「バレーボールの歴史追体験学習」の授業のねらいは構想された。

> バレーボールの100年のルール変遷史を振り返り、その追体験学習をする中で、ルール、したがってスポーツは時代や歴史の変化とともに変わってきたこと、だからこれから将来も変わる可能性があり、自分たちで変えていける可能性があるということ、言い換えれば歴史という座標軸の中でスポーツ（ルール）の変化とそれを主体的に押し進める人間との関わりを学ばせたい。

また、この歴史追体験学習は、机上で行う歴史の理論学習としては位置づけず、実際に子どもたちが歴史を追体験する中で、子どもたちに“実感”を伴わせながら彼らの歴史認識を育てたいという意図から構想されたものである。この実感を伴う歴史認識とは、歴史学習における「同時代史認識」の重要性に通じる。社会科の場合もしばしば体験学習が行われる。しかし、そこでは歴史を再現し追体験させることには比較的困難が伴う。一方体育の場合、スポーツのルールの歴史（明確に残っているもの）を再現し、実際に子どもたちに活動として追体験させることが比較的可能な条件にある。バレーボールはその誕生からのルールの変遷の事実が残されており、したがってその再現が可能であり、しかも子どもたちにとって技術的にも追体験がしやすいという条件を備えている。だからこそ、歴史追体験学習を可能にする教材としてバレーボールを選んだわけである。今回の授業づくりは、教えたい中身（教科内容）がまず先にあり、それから教材を選択し、そして授業を構想していくという流れで行ったものである。また、今回の歴史追体験学習の授業は、技術学習の中に数回程度歴史学習を取り入れるというような授業ではなく、単元の最初から終わりまで単元全体を歴史学習で貫こうとした。「うまくなること」を一義的な目標としなかった。こうした歴史追体験学習は、子どもたちが実際に歴史を再現し追体験する活動として授業を仕組むところに、つまり単なる技術学習でない、歴史学の演習的実技授業として位置づけたところにその独自性がある。その意味で、それは体育固有の歴史学習の方法として位置づけることができよう。しかし、体育の歴史学習はこうした歴史追体験学習だけでは不十分であることも自覚しておく必要があり、カリキュラムの中では理論学習と相補って成り立つということも指摘しておきたい。

2．授業の展開と学習活動

（1）授業の展開

この実践は日本福祉大学のスポーツ（一般体育）で行ったものであり、授業（単元）は表 1-10 に示されるように展開された。

そして、今回の歴史追体験学習は、基本的には以下のようなスタイル（サイクル）で展開された。まずは、歴史上の当時のルールでゲームを実践（再現）する。ゲーム終了後、各グループでそのゲームやルールの問題点、面白かった点、そのように判断した理由を討論し引き出す。そして、そのルールがどのように改正されたかについて予想する。さらに、自分たちが当時のルールでゲームを体験してみて、自分たちであったらそのルールをどのように変更するのかについて話し合い、変更したいルールを引き出す。歴史上改正されたルールと自分たちが変更したいと考えたルールを比較しながら、そのズレや類似点を確認する。そして、その後で実際に、両ルールでゲームを実践（再現）してみる。このように追体験学習は「歴史上の改正ルールでのゲーム実践→歴史上のルール改正の予想・自分たちの考えに基づくルール変更→両者の比較・検討→各々のルールでのゲーム実践・比較」というサイクルで展開された。そこでは、学習者は自らの実感や認識を伴いながら歴史の中に入り込み、歴史に参加していくのである。つまり、当時のプレイヤーがルール改正に対して何を感じ、何を考えたのか、また現代という時代に生きている自分たちの感じ方や考え方とどこがズレ、どこが類似しているのかを学習者が自覚することを期待した。

このように、1895 年～ 1920 年までのルール改正を追体験学習した後、現在の競技バレーボールを実践した（表 1-11）。その後で、“ 未来の私たちのバレーボールを創ろう！ ” をテーマに各グループでルール変更・ゲーム実践を試みながら、最後に「これが究極のバレーボールだ！—未来の私たちのバレーボールはこう変わる！—」というテーマで各グループが考案したルールを発表して単元を終了した。

表 1-10　授業の展開

1（9/16）	オリエンテーション ①授業のねらい（こんな授業がしたい） なぜ歴史追体験学習をするのか？ ②授業での注意事項（授業のスタイル、約束事など） ③グルーピング
2（9/30）	① 1895 年のバレーボールのルール説明 ②来週の課題 コートづくり、ゲームの進め方等
3（10/7）	① 1895 年のルールでのゲーム実践 18 人対 18 人で実施 時間の関係で 6 イニングで終了（所要時間 50 分） 得点：32 対 29
4（10/14）	（雨で教室） ① 1895 年のルールの変更予想 ② 1900 年に改正されたルールの説明 各グループで変更予想したものと 1900 年ルールの比較
5（10/21）	①各グループで変更予想したルールでのゲーム実践 ② 1900 年ルールでのゲーム実践 ③ 1900 年ルールの変更予想
6（10/28）	① 1900 年ルールの変更予想したルールの実施 ② 1912 年に改正されたルールの説明 ③ 1912 年ルールでのゲーム実践
7（11/11）	①「経済学部は普通の 6 人制バレーボールをやっているのに、私たちにはなぜこのようなバレーボールの歴史追体験学習をさせるのか―？私たちが技術的に劣っているからか―？」という学生の訴えを受けて、教室で話をする。再び“なぜ、バレーボールの歴史追体験学習なのか？” ②これまでの中間まとめ ③来週から課題 ＊時間の都合上、1920 年以降の「極東ルール」は省略 ＊次回は「現在のバレーボール」（女子）を実践して、それから私たちのバレーボールの創造へと向かう。
8（11/18）	①「現在のバレーボール」（女子）実践 ②長所、問題点、変更点のチェック→“未来の私たちのバレーボールを創ろう”
9 ～ 11 （11/25 ～ 12/2,9）	* 各グループで“未来の私たちのバレーボールを創ろう”をテーマにして、ルールの変更をしながらゲームを実践というサイクルで実施
12（12/16）	まとめ ①「これが究極のバレーボールだ！―未来の私たちのバレーボールはこう変わる！―」 ②各グループで発表 ③授業の総括

（２）学習者の認識活動

１）学習者によるルール変更（ルール認識の変化）

この歴史追体験学習の中では多くの学生が類似した感じ取り方をしており、その結果各グループにはほぼ共通した特徴的なルール変更があった。それをここでいくつか挙げてみたい（表 1-11 参照）。

まず最初に、1895 年のルールでは 18 人対 18 人のゲームを行った。その後の学習過程では、ルール変遷史と同様の「少人数化」を指向していったが、歴史的な変遷よりも慎重に少人数化を図ろうとする傾向があったように思われる。最終的には 7 ～ 8 人に落ちついた。

パスの回数は、無制限から小数化を段階的に追いながら最終的には 5 回に落ちついた。これは技能レベルによる味方のパスミスの軽減とゲームのリズムを作るためのものであったと思われる。

また、1895 年から現代バレーボールを体験した後もずっと変わらず生き続けたルールが、「パスサーブ」（サーバーが味方にパスをしてそれを味方が打ち返してサーブをいれる。学生が命名）であった。これはサーブだけでボールデッドにならないようなラリーと、「へたな子」の参加を保障しようとした結果だと考えられる。

以上のルール変更には競技的なバレーボールが指向されていく中で、レクリエーショナルなバレーボールを残そうとする彼らの意識や、同時に彼らの技能レベルが関わっているように思われる。

また、「片手打ち」の許容は、歴史上においては 1916 年のルール改正で登場するが、学習者はすでにその歴史上のルールが登場する前に、つまり 1895 年のルールでのゲーム実践後に片手打ちの許容を要求し、その後ずっとそのルールを変更しなかった。このことは、片手打ちの許容によって、守備範囲の広がり（それに連動する少人数化）と相手を“攻めて”ポイントを得るということが保障され、それがゲームを面白くするという意識を多くの学生が持っていたことの反映ではないかと思われる。このことから歴史上（1916 年）の片手打ちの許容というルール改正は、バレーボールに「攻撃」という概念を導入し、競技バレーボールへの道を開くきっかけを作ったきわめて重要な改正であったのではないかと考えられる。

さらに、単元のまとめでは「これが究極のバレーボールだ！―未来の私たちのバレーボールはこう変わる！―」と題し、各グループで考案したバレーボールルールの発表会を行った。どのグループも類似したルールづくりをする傾向にあっ

表 1-11　バレーボールルールの変遷史と学習者によるルール変更

10/7 実践

1895 年のルール

1. イニング制（9 イニング）
2. ネットの高さ（6 フィート 6 インチ :198 センチ）
3. コートの広さ(横 25 フィート×縦 50 フィート）
＊但し、人数によって変わる
4. ラインボール(on the line は out)
5. サーバーとサービス
＊バックライン上に片足置く
＊サーブは 2 回できる
＊ 10 フィート以上飛ばなくてはならない
＊サーブのパスが許される
6. ネットボール
ネットにかかったボールは失敗とみなされる
7. ドリブルとドリブルラインの設定
8.out of bound の許容
他の物体を利用してのプレイが許される
9. 主審、相手プレーヤーへの誹謗は失格あるいは退場
10. ボールは両手で打つ
11. できるだけパスは回す

1895 年ルール実技後に考案したルール	1990 年ルール実技後に考案したルール	1912 年ルール実技後に考案したルール
＊少人数化…10 人制 ＊片手うちを認める ＊イニング制→ポイント制（21 点制） ＊パスは 5 回まで（なるべく回す） ＊ドリブルの禁止・ドリブルラインの廃止 ＊サーブはラインを踏まずに打つ （パスサーブは OK） 他は、1895 年ルールと同じ	＊少人数化…9 人制 ＊片手うちを認める ＊イニング制→ポイント制（21 点制） ＊パスは 5 回まで（なるべく回す） ＊ドリブルの禁止・ドリブルラインの廃止 ＊サーブはラインを踏まずに打つ （パスサーブは OK） ＊コートチェンジ（10 点の時） ＊ローテーション（時計回りに） 他は、1900 ルールと同じ	＊ 6 人制はよい（パスが皆に回る） （テンポがよくなる） ＊片手うちを認める（全班一致） ＊ローテーション（パスがまわる） ＊パス回数制限なしがよい ＊コートチェンジすべき 他は、1912 年ルールと同じ

1900 年のルール改正	1912 年のルール改正	1916 年のルール改正	1920 年のルール改正
a. イニング制→ポイント制（21 点制） b. ネットの高さ：6 フィート 6 インチ（約 198 ㎝）→ 7 フィート 6 インチ（約 214㎝） c. ドリブルの禁止とドリブルラインの削除 d. コートの区画線は壁より 3 フィート以上離れて引く e. ラインボールはアウト→イン f. ネットボールは good とみなされる g. 同時ネットタッチはノウカウント h. 他の物体を利用してのプレイは禁止 （アウト・オブ・バウンドルールの設定） i. 主審・相手への誹謗、ボールをけることは失格	a.6 人制の採用（公式試合） b. ローテーションの一部導入 c. オーバーネットの禁止 d. コートに広さ：25f × 50f → 35f × 60f e. ラインの巾は 2 インチ以下 f. プレーヤーの交代を認める g.「ディレイング　ザ　ゲーム」の設定 h. 主審からプレイをするように命じられた後、1 分以内に応じない場合は失格とみなす i. サービスがネットや他の物体に触れた場合はアウトとみなされる j. サーバーはエンドラインに足（片足 or 両足）をかけるか、エンドラインの後方の位置からでもサーブできる k. ネットの巾：(2 フィート→ 3 フィート （ボールが抜けない網目） l. ボールの規定：円周 25-29 インチ→ 26-27 インチ 重量：9-12 オンス→ 7-9 オンス m. 役員規定 （主審 1 名、線審 2 名） ファーストサービスのみ ＊他は 1900 年ルールと同じ	a.15 人制による 3 セットマッチ b. ローテーションシステムの採用（サイドアウトの時には時計方向にローテーション。少数のスペシャリストを作る代わりにオールラウンダーの出現を狙ったため） c. ネットの高さ：7f6 インチ→ 8f d．サーブ：サーバーはエンドラインの後方でしかも左か右のコーナーからサーブする e. 片手等の使用可：プレイにて頭、片手、両手あるいはこぶしを使用してもよい f. 個人プレイの制限：何人のプレーヤーがボールに触れてもよいが、一度ボールに触れたプレイヤーは続いて再びボールに触れることは許されない g. シングルス用のコート規定採用：(17.5f × 60f)	a. プレイの回数は 3 回まで 極東ルール導入 （逆輸入現象） 11/18「現在のバレーボール」実践 （一般女子ルール）

→ 歴史追体験学習の流れ

※ f はフィートを表す

11/18「現在のバレーボール」実践（一般女子ルール）

表1-12　学生による「未来の私たちのバレーボールルール」例

ルール	決定した理由
（1）七人制	守備範囲が平均的にとれる。
（2）ポイント制（15点）	試合時間の短縮化とデュース時の面白さ。
（3）ファーストサーブのみで、パスサーブはOK（位置は決めない）	試合時間の短縮。パスサーブは、サーブが苦手な人に有効。サーブで決まっても面白くない。ラリー数を多くする。
（4）パスは5回まで	多すぎると自滅、少ないとボールがみんなにまわらない。
（5）片手うちはOK	
（6）ローテーション	固定のポジションをなくし、全員がすべてのポジションにつき楽しむことができる。
（7）アタック・ブロックはOK　但し、男子のブロックは禁止	女子のアタックチャンスを増やす。
（8）オン・ザ・ラインはアウト	主審のみの場合判断しにくい。
（9）コートチェンジ	チーム間の不公平（太陽の光、コート条件など）をなくすため。
（10）ネットの高さは2 m 10㎝	みんなのアタックが可能で、高すぎず低すぎず。
（11）コートの広さは基本的には六人制バレーと同じで、人数によってかえる	実践して適当な広さだと思った。
（12）軽いタッチネットの許容	盛り上がりゲームの中断を防ぐため。
（13）サーブでのネットボールの許容	ラリーを続けるため（ラリー数0回をなくす）。
（14）ボールはゴムボールでカラーボールを使用する	痛みや恐怖心をなくし、ボールの色を変えることで暗いイメージをなくす。
＊－おまけ― 「4チーム対抗4面バレーボール」 D｜A C｜B	1チーム6名。サーブ権はA→B→C→Dで移動。サーブはどこへ打ってもよい。持ち点は15点で、1チームが0点になったらゲームセット。持ち点の多いところが優勝。

た。それは多くの学習者が同じような思いや認識をしていることを示すものであると言えるが、一方では独創的なルールは少なかった。表1-12は、その「ルールづくり」の一例である。

この歴史追体験学習の結果、学生は現在のような競技的なバレーボールを指向しつつも、その中にへたな子も含めて誰もが参加できて楽しめるレクリエーション的な要素を取り入れようとルールを考える傾向にあったように思われる。すなわち、歴史的に創られてきた現在のバレーボールの基本的・本質的な構造は変えないで、バレーボールの面白さに関わる“機能上のルール”（ex. ネットの高さとかパスの回数など）を自分たちの技能レベルや楽しさの保障に合わせて変更していったと考えられる。このことから、今回の授業ではバレーボールとして変更してはならないルール（バレーボールの本質を規定するルール）と変更可能なルールを区別して教えなかったにも関わらず、学生はルール変遷史の追体験学習の中で、このことを意識的にではないにせよ感じ取り学んでいたと考えることができよう。

2）「うまい子」と「へたな子」の認識の変化

この授業が始まった時、ほとんどの学生にとってバレーボールとは“レシーブ・トス・アタックのある6人制バレーボール”であり、体育で行うバレーボールとはこういうバレーボールを指すものだとイメージしていた。それゆえに、今まで自分が抱いていた体育のイメージとはあまりにもかけ離れたこの歴史追体験学習に驚き、戸惑い、時には歯がゆさを感じていた学生も多い。このような状況の中で歴史追体験学習は進められたわけであるが、単元終了後、学生たちの認識はどう変わったのであろうか。

以下で、学生の認識の変化を示す特徴的な事例を取り上げみたい。バレーボールの得意な学生（「うまい子」）と体育やスポーツが苦手な学生（「へたな子」）のレポートである（下線部は筆者）。

〈中学・高校とバレーボール部に所属していたI君のレポート〉

バレーボールの歴史追体験学習を行ってきて、中学・高校でバレーボール部に所属していた私が最初に感じたのは、慣れ親しんだ6人制ルールでプレイできない歯がゆさだった。「コートには6人」という固定観念を持ち続けてきた私にとって、すさまじい人数が狭いコートを埋めつくして、できるだけパスを回すことが求められるようなゲームはバレーボールではなかった。スピード感はないし、競技性が低いのだ。しかし、セカンドサーブや「パスサーブ」、守備範囲の狭さなど私にとっては信じられないようなルール設定によって、多くのバレーボール未経験者が救われていた。あまりバレーボールを得意としない人たちがイキイキとバレーボールを楽しんでいるのだ。「ゲーム感覚」とでも言うのだろうか？　今から考えてみると、「ゲーム」でよかったのだろう。スポーツはより多くの人が楽しめる「ゲーム」であるべきなのだから。

時代を追ってルールを変え、プレイするうちに少しずつ現在の6人制バレーボールのルールに近づき、私にとってはとてもやりやすくなってきた。しかし一方では、これまでの「ゲーム感覚」のルールで楽しんでいたバレーボール未経験者の人たちはやりにくくなるのでは？…少し不安だった。

しかし、その心配はほとんど無用に終わった。自分たちで前回のプレイを踏まえてルールを変えることができたからだ。自分たちプレイヤーがやりにくいルールに無理に順応していくのではなく、バレーボールを楽しむプレイヤー自身が、より楽しめるバレーボールへと変えていくことができたのである。

これまでの学校体育を受けてきて、スポーツは「克服する」ものでしかなかった。上手くできなければ、上達するまでとことん練習する（否、させられる）。上達しなければ、そのスポーツを楽しむことはできなかった。それだけでなく、そのスポーツを「克服できなかった」として、成績が下げられてしまうのだ。

しかし、今回の歴史追体験学習のように、これまでの体育授業が、より多くの人が楽しめるスポーツを模索するものであれば、どれだけ楽しかっただろう。今のスポーツが楽しめなければ、なぜ楽しくないのか、どうすれば楽しくできるかを考えさえすれば､スポーツが自分たちにとって楽しいものへと近づくのだから。

そのルールに順応できる人だけが楽しむことができても、順応できない人は蚊帳の外。そんな現代スポーツのあり方は、子どもや老人、障害を持った人など、社会的弱者にとって暮らしづらい現代社会のあり方を象徴しているとは言えないか。スポーツという切り口から「より多くの人がイキイキできるためにこれから私ができることは？」を考えることができた授業だった。

〈体育が苦手なＭさんのレポート〉

まず最初の授業で考えさせられたのが、考えてみれば当たり前なのですが、それぞれのスポーツにも歴史や変遷があるのだなということです。今まで多くのスポーツに出会ってきた中で、このスポーツはいつ頃、誰が考え出して、どんな人たちによって受け継がれ、今に至っているのか、などということは思いもしませんでした。バレーボールについては始まりが 1895 年、ほんの 100 年前のことくらいで、あの金さん、銀さんが生まれた年にはまだ存在していなかったのかと思うと不思議な感じがしました。

ルールの変遷を辿っていくこと、9 イニング制から始まって 21 ポイント制となり、15 ポイント制の 3 セットマッチになったり、ドリブルの禁止、片手打ちの許可、ローテーションシステムの採用など、次第に合理的に、短い時間で密度の高い面白さが求められていったのかと思いました。

6 人制バレーとして現在採用されているバレーボールは、まさに競技性を極めようというものでしょうが、バレーボールの始まりのルールはどう見てもレクリエーションです。人々のスポーツに対する見方、考え方、参加のスタイルや捉え方の違いでルールは変えていける、つまり自分たちが子どもの頃、鬼ごっこをアレンジして自分たちの遊びを開発したのと似たような感覚で、“楽しむために変える”ことができ、しかもそれが新しいバレーボールのルールとして認められることもあり得るということは新鮮な発見でした。

私は障害者スポーツのサークルに所属しており、目や肢体の不自由な人のためのバレーやサッカー、バスケットボールをやったり、皆でルールを考えたりしています。障害者スポーツにも本当に競技性を追求しているものもあります。また、レクリエーションの要素を強くもつものもあります。

私は今まで自分が健常者だということで、これらのスポーツを特別なもの、自分のやるスポーツとは全く別のものと捉えがちであったと思います。しかし、この授業を通じて、スポーツというものは、ひとつの固定されたルールが絶対であるという考えはなくなり、それが障害者スポーツであろうと、地域の子ども会や婦人会が考案したものであろうとも、クラスで作ったど素人でも楽しめるようなものでも、広めて定着すれば、受け継がれ、認められるということがわかりました。

上記のレポートに示されるように、「うまい子」（バレーボール経験者）のI君は、授業前には正規のルールで行うバレーボール以外はバレーボールではないという固定観念を持ち、さらに学校体育でのスポーツは「克服する」ものという体育観を持っていた。しかし、この歴史追体験学習の結果、“プレイヤーがルールに無理に順応していくのではなく、バレーボールを楽しむプレイヤー自身が、より楽しめるバレーボールへと変えていくことができた”ということを実感（認識）し、障害者も含めて誰もが楽しめるスポーツのあり方を考えるに至った。また、“今回の歴史追体験学習のように、これまでの体育授業がより多くの人が楽しめるスポーツを模索するものであれば、どんなに楽しかっただろう。なぜ楽しくないのか？　どうすれば楽しくできるかを考えさえすれば…”とこれまでの体育に対する疑問・批判を投げかけている。「うまい子」がこのような認識に至ったことに意味がある。うまくなることだけを追求する体育ではこのような認識は引き出せないであろう。

また、体育の苦手なMさんは、“人々のスポーツに対する見方、考え方、参加のスタイルや捉え方の違いでルールは変えていける、…楽しむために変えていくことができ、しかもそれが新しいバレーボールのルールとして認められることもあり得るということは新鮮な発見でした”と述べている。この“新鮮な発見”という言葉には、体育の苦手なMさんがこれまでに体育では味わったことがない世界がそこにあることを示している。また、それはスポーツやルールに対する認識がゆさぶられ組み替えられた結果でもある。さらに、“スポーツというものは、一つの固定されたルールが絶対であるという考えはなくなり、それが障害者スポーツであろうと、地域の子ども会や婦人会が考案したものであろうとも、クラスで作ったような素人でも楽しめるねらいのものでも、広めて定着すれば受け継がれ認められる”という認識を持つに至った。

「うまい」Ｉ君にも、「へた」なＭさんにも共通して言えることは、この歴史追体験学習によってルールは絶対的・固定的なものではなく、障害者や老人も含めて誰もがスポーツを楽しむためにこれから変えていくことができるのだという認識の変化である。「みんな」の文化としての認識や未来指向的な変革意識を伴った認識、さらには体育が単なる「うまい―へた」の世界だけではないという自覚が芽生えた。この事実は、うまくなることだけを追求する体育からは導き出せない成果であり、この歴史追体験学習の大きな可能性、つまりこの学習が「運動文化をトータルに教える体育」に接近する有効な方法になることを示していると言えよう。

３．今後の実践的研究課題

最後に、今回の歴史追体験学習の授業実践後、見えてきた問題意識・課題をいくつか述べておきたい。

第1に、体育で歴史を学ぶ必要性の自覚をどう引き出すのかという問題。今回の実践では「他のクラスでは6人制バレーボールを楽しそうに行っているのに、なぜ私たちにはこのような歴史追体験学習をさせるのか？」と学生たちは不満を爆発させ、次週に再度オリエンテーションを行うという結果になった。これは、学生の体育観（＝体育は体を動かす、うまくなる、ゲームを楽しむもので、歴史追体験したところでうまくもならないしどうなるものでもないという考え）と「歴史追体験学習」の意味やねらいに対する意識・認識のズレの結果である。体育授業で歴史を学ぶ必要性の自覚をどう引き出すのかという問題は、このズレをどう埋めていくのかという問題であり、そのために教材の精選や順序性、オリエンテーションを含む教授方法の検討が必要である。

第2に、歴史学習における教材づくりの問題である。今回の実践では、1895年から現代までのルール変遷史を「通史」的に体験させた。そこに少し問題があったように思われる。スポーツの歴史に対する現時点の学生の意識・認識レベルでは「通史」を教材化するよりも、発展や変化の著しい歴史的なポイントを「問題史」として取り上げて教材化した方がよかったのではないかと考えている（山本,

1985；本多，1987)。今回の実践で言えば、「片手の使用の許可」とか「パス回数の制限（3 回)」などバレーボールの変遷史上重要な問題を中核に据えた教材構成が考えられよう。また、ルール変遷史における問題史の教材づくりを考えた場合、バレーボールよりも他のスポーツの方が教材としてふさわしいものがあるかもしれない。歴史学習において、歴史（ルール史）の中にその発展の契機を探り出すためには「問題史」の学習をくぐり抜けて「通史」的な学習へ向かうような教材構成も必要であろう。今後の課題である。

第 3 に、今回のような歴史追体験学習においては、歴史という「縦軸」と、そのスポーツ・ルールの多様化という「横軸」を合わせた教材構成の視点が必要ではなかったか。例えば、歴史という時間の経過に沿って変遷してきたスポーツ・ルール史を学ばせる（縦軸の学習）と同時に、現在のようにバレーボールに関わる様々な人々の要求によってそのルールやスポーツの形態が変わってきたこと（ex. 6 人制競技バレーボール、ママさんバレーボール、障害者バレーボール、ビーチバレーボールなどの多様なバレーボール形態の存在）を学ばせる（横軸の学習）というような両軸から迫る教材の構成も必要かと思われる。

第5節

小括

第5節では、本章の第1～4節の考察を小括する。第1節では、学習指導要領における目標を内容化する際の理論的基礎となる内容(領域)編成論の検討を行った。その結果、とりわけ1977年以降の学習指導要領においてはプレイ論と欲求論（楽しさの内在化論）に基づく運動の「機能的特性論」が内容領域編成原理として継承されてきたことが明らかにされた。そしてそこでは楽しい（欲求）という機能が強調される一方で、運動（スポーツ文化）の構造と機能の関係が軽視され、その結果として種目型構成と活動主義（主観的楽しさ重視）に基づく内容領域編成になった。また課題として、スポーツの持つ文化的特性構造から内容領域編成（教科内容の抽出と構成）の必要性が浮き彫りになった。第2節では、子どもたちから嫌われ体育嫌いを生み出す典型教材の一つである「跳び箱」教材を対象として具体的に取り上げ､教材史論的視点から学習指導要領における「跳び箱」教材の目標・内容の歴史的変遷について考察した。そしてその考察から導き出された「跳び箱」授業の試行的実践について検討した。「跳び箱」教材は、戦前から今日に至るまで100年間以上も学校体育の中で継承されてきた教材である。ここでは、学習指導要領の変遷の中で、「跳び箱」教材における「高さ」の思想＝「段」の持つ意味が「跳び箱」教材にとって重要な位置を占めてきたこと、より高い“障害物”を跳び越し克服することを是とする「克服スポーツ」としての「跳び箱」教材観が今日までの「跳び箱」教材の価値として継承されてきたこと、これまでの学習指導要領の中では運動文化（スポーツ）の特質という視点から「跳び箱」教材を捉えるという発想が欠如していたことが明らかとなった。そこから「鑑賞･表現」という教科内容を教える「跳び箱」教材観が新たに引き出された。そしてこの教材観に基づいて、保育園、小学校、中学校における「跳び箱」の実験的実践が展開された。特に中学校における授業実践（石原, 1995）では､「鑑賞・表現」を教えるために「わざの美しさ」という問題に着目させた授業が展開された。そこでは「跳び箱」の“わざ”や“美”を分析・記述させる「自画像づくり」や「審査基準づくり」の学習によって、生徒たちは「わざの美」という視点で演技空間に着目するようになり、さらに“跳べた―跳べない”、“うまい―へた”といった二項対立的な能力主義的評価を越え、学習者同士のコミュニケーションや相互評価が促された。その意味で、「鑑賞・表現」を教える「跳び箱」の新たな教材価値が具体的に検証された。

戦後体育においては、スポーツが中心教材として位置づけられ、「ルール」についての学習が一貫して重要視されてきた。そこで第3節では、学習指導要領や体育授業の中で扱われてきた「ルール学習」に焦点を当て、「ルール」という内容を通して学習指導要領（体育）の教科内容論的検討を行った。戦後の学習指導要領においてはルール学習に対して倫理的・道徳的側面が強調されてきた。そこでは、公正・協力・責任などの社会生活に必要な態度（社会的態度）の育成に関わって、「きまり」「規則」を“守る”態度の学習が中心に位置づけられてきたこと、学習指導要領の影響下でこれまでの体育授業におけるルール学習の多くは社会的態度の育成をねらいとするルール学習とルールづくり学習がセットとして行われてきたこと、90年代に入るまで学習指導要領ではルールに関する社会科学的な知識面での学習がほとんど位置づけられてこなかったことが明らかになった。第3節の考察を受けて、第4節では筆者自身が実践化した新しいルール学習の授業モデル＝体育におけるルールの「歴史追体験学習」の授業について考察した。この「歴史追体験学習」は、バレーボールのルール変遷史を実際に学習者が追体験（歴史上のルール改正の「予想―実践―検証」サイクル）する中で、ルール、したがってスポーツが時代や歴史の変化とともに変わり、将来も自分たちで変えていける可能性があるということ、言い換えれば歴史という座標軸の中でスポーツ（ルール）の変化とそれを主体的に押し進める人間との関わりを学ばせることを目的として展開した。その結果、この学習によって、スポーツのルールが絶対的、固定的なものでなく可変的なものであるというルール認識、老若男女・障害者も含めたすべての人間が楽しむ文化としてのスポーツに対するルール認識や、未来指向的な変革意識を持ったルール認識がその学習活動から引き出された。

以上の考察を教師によるカリキュラム開発という視点でまとめれば、まず第1に、柴田（1967）が学習指導要領では「内容」とされているものが単なる経験的事実（教材）にすぎないことが少なくないと指摘しているように、体育の学習指導要領においても教科内容と教材の峻別が不十分であり、体育の場合この問題は、学習指導要領におけるプレイ論と運動の「機能的特性論」に基づく教科内容の抽出と構成の問題によって引き起こされたものと考えられる。内容（領域）編成の原理と教科内容―教材―授業を繋ぐ論理をカリキュラム開発では重視する必要が浮き彫りにされた。第2に、授業づくり、とりわけ教材づくりの過程には①課題の成立―②教科内容研究―③教材化―④実験授業という４つの局面があり、授業づくりではこの局面に即して目標―内容―教材の「組みかえ」が行われると教授学的に指摘されているが（藤岡，1989）、第２節～４節ではこのような過程（局面）の中で学習指導要領の目標―内容―教材の位置づけやあり方について事例を挙げて具体的に考察した。その結果引き出された学習指導要領における問題点の把握から新たな教科内容が発見・抽出され、それに基づく新たな授業モデルが創出される可能性が得られた。このような学習指導要領の体育教授学的検討こそが図序-1で示された「①制度レベルのカリキュラム開発と学校レベルのカリキュラム開発のサイクル」を効果的に機能させる上で重要になるものと考えられ、それが教師による自前の協同的なカリキュラム開発の重要な拠り所となり、またその継続的蓄積が自前のカリキュラムの内容編成の土台を創っていくことになるものと考えられる。

しかしながら、今日のカリキュラム研究（日本カリキュラム学会，2005）においてカリキュラムの編成原理のひとつとして挙げられている「カリキュラム構成法」（カリキュラムをどのような観点から、いかなる方法や手順を用いて創り出していくのか）の原理に関わる課題については本章では未解決のまま残った。この課題は次章で展開される。

【注】

１）全国体育学習研究会（略称：全体研）は、1950年代に竹之下休蔵氏によって設立された民間教育研究団体である。当初、生活体育論の主張に沿いながらより望ましい人間関係を目指す体育のグループ学習の可能性を学習指導の問題として探究し、その理論と実践の研究を行った。70年代にはプレイ論の学習指導への導入を進め、社会における運動需要に対応するための体育の現代化を求めて「楽しい体育」論を提唱し、「運動の機能特性論」「めあて学習」など学習指導要領（体育）を支える理論や実践を展開してきた。（全国体育学習研究会ホームページ;http://zenqtiken.com/public html/introduction/index.html）より

２）駒林（1987）によれば、授業レベルでのヒドゥン・カリキュラムとは、「教師の教える活動の中や顕在的カリキュラムの中では，また，子ども間の相互交渉の中では表立って教えられ，述べられ，語られることはないけれども，暗黙のうちに（あるいは，教師の主観的意図に逆らって）伝えられ，子どもたちが自覚的にあるいは無自覚的に学びとってしまったところの規範・価値・信念，また，知識（メタ認知的知識を含む），解釈性向である。」（p.53）

３）塚田の実践（小学校３年）では、円形ドッジボールの最中に、味方の足に躓いて転んでしまい、タイムを要求したが、ボールを当てられてしまった子どもが口惜しくて涙を流しながら「タイムと言ったんだからセーフだよ」と主張した問題を実践の中で取り上げている。タイムをめぐって、子どもたちはプレイ中のタイムを許すか許さない

かで反対派と賛成派に別れて喧々諤々の話し合いが展開する。教師は口出さない。様々な意見が出た後、ボールを当てられた本人が「やはりタイムがないほうがいい」と発言し、子どもたちは全員で「試合中はタイムなし」というルールを合意したという。この実践はタイムをめぐる問題を学びの対象にしたものであり、短編の実践記録であるが、ルールづくり学習の先駆的事例と言えよう。

4）「リード・アップ・ゲーム」は、「そのスポーツに対して全く経験のないもの、初心のものを如何に指導したらよいか、時間的にも地域的にも多くの制限を加えられた場合如何なる方法で能率的に行っていくか、個性や能力の異なったものを取扱う場合、如何なる要領で指導の目的を達したらよいのかというようなコーチングの目的から考えられたものであって、文字通り、全くの初歩からスタートして、だんだんと目的とする方に導いて行くゲーム方式である。単純な、連続的な、個々の基礎的な運動を簡単なものからゲーム化し、その何れのゲームも興味を以って行い、そのゲームの間にゲームを通して不知不識の間に技能の向上を併せ習得せしむる点に於いて特色が有る」とされる。（川口（1949）：「リード・アップゲームス」，学校体育，第2巻4号，p.16）。

5）『中間項』は、「リード・アップ・ゲームとは異なり、(1) その「運動の本質的な技術」を含むもの、(2) 次の段階に向けて連続的に発展するもの、(3) 子どもの欲求・興味・関心に即応し、それをさらに発展させうるもの、(4) ゲーム性を有することをあげ、それは部分的技術でなく、「新しい社会生活をめざした運動文化の創造であり、運動文化欲求、あるいは能力の低い段階からの運動文化の発展系列である」とした。その際、既存の運動文化財が人間に対してもつ阻害要因（一流選手中心のルール・方法・施設・用具など）、とりわけ技術主義・優劣主義が人間関係に与える影響と現代社会の運動文化に対する矛盾に注目した。いまや「中間項」の枠組が大きく拡大され、それは「新しいスポーツに発展させるという考え」、「新しい社会生活をめざした運動文化の創造」をも含意するに至る。こうして「運動文化による教育」である体育は、「運動文化創造活動」、「運動生活様式の改変活動」としての意義が付与されることになった（学校体育研究同志会編（1989）：『国民運動文化の創造』，大修館書店，pp.112-113）。

第2章

ドイツにおけるスポーツ指導要領の開発過程

カリキュラム開発と言った場合、カリキュラムの目標や内容的側面の検討のみならず、手続き的側面の検討も重要かつ不可欠な問題となる。それは序章の図序-1で示された「③3つのレベルのカリキュラム開発を繋ぐ手続き上のサイクル」に関わる問題であり、先述した「カリキュラム構成法」の原理に関わる課題でもある。したがって、国および地域レベル（制度レベル）のカリキュラム開発に現場の教師たちがどのようにコミットし、またどのような手続きでもってどのようなカリキュラムの内実が創り上げられていくのかを明らかにすることは、実践を基盤にした教師によるカリキュラム開発研究を進める上で重要な課題となる。しかしながら、日本では文部科学省（旧文部省）による学習指導要領の中央集権的な開発システムが制度として強く働いているため、教師によるカリキュラム開発の手続きに関わる研究は未開の状態にある。ドイツでは日本の制度とは異なり、「文化高権（Kulturhoheit）」[注1]によって各州（16州）で独自のカリキュラム開発が展開されている。したがって、制度的な弾力性・柔軟性・開放性・民主性を備えたカリキュラム改革を推進しているドイツのスポーツ指導要領の開発プロセスは、教師によるカリキュラム開発の方法、とりわけ手続き論を考える上で有効なモデルになるものと考えられる。そこで第2章では、このドイツのスポーツ指導要領の開発プロセスに注目し、その特徴や内実、手続きについて考察する。

90年代に入り、ドイツの各州（16州）ではスポーツ指導要領改革が積極的に展開された。こうした改革の背景には、1990年の東西ドイツ統一という政治的大改革による教育制度改革やドイツが抱える経済的危機、社会におけるスポーツや学校スポーツへの期待、眼差しの変化があると考えられる。Balz, E.（1994）によれば、90年代のスポーツ指導要領改革は、①革新的改革（ex.旧東ドイツの州）、②原理的な改革（ex.バイエルン州、ヘッセン州）、③これまでを継承発展させた改革（ex.ノルトライン・ヴェストファーレン州、以下、NRW州と略す）という3つのタイプに区別され、また今回の改革動向として、第1に教育学的アスペクトの強調、第2に内容の開放と拡大、第3に学校におけるカリキュラムづくりの自由裁量の拡大、第4に教育スタンダードの措定、第5に学校プログラム開発に運動・プレイ・スポーツを意識的に組み込むことが挙げられている（Aschebrock, H. 2004）。

こうしたスポーツ指導要領改革の背景には学校スポーツに対する危機意識があり、その中で学校スポーツの存在根拠を示す論議（学校スポーツの「正当化」問題についての論議）を展開しながら、各州のスポーツ指導要領改訂作業が行われている。そして、これまでドイツの学校スポーツの方針や条件整備に多大な影響を与えてきた「第2次学校スポーツ促進勧告」(1985)[注2)]にも採用された「スポーツの中の行為能力」論を理念の主軸としてきたNRW州のスポーツ指導要領はドイツのスポーツ指導要領を代表するひとつのモデルでもあり、同時にその改革はこれまでドイツ各州のスポーツ指導要領改革のイニシアチブをとってきたと思われる。

90年代に入って加速したドイツにおけるスポーツ指導要領改革には以下のような背景があり、それは学校スポーツに対する危機意識の現れでもあった。

1989年11月9日東西ベルリンを隔てていた「壁」が壊され、そして1990年10月3日東西ドイツが統一された。政治的大変革であり、それは当然教育制度の改革を伴うものであった。90年代のスポーツ指導要領改革の背景にはまず第1に、この東西ドイツ統一による教育再編の動きがある。第2に、スポーツや学校スポーツに対する国民の眼差しの変化があると考えられる。70年代には市民のスポーツ文化が開花し、スポーツに対するポジティブなイメージが形成されたのに対し、近年商業主義に絡め取られた「金銭まみれのスポーツ」やドーピング問題など、スポーツに対するネガティブな見方が国民の中に広がっている。それは同時に学校スポーツの存在理由に対する問い直しを求めることになる。第3に、ドイツの学校スポーツの方針や条件整備に影響を与えてきた「第2次学校スポーツ促進勧告」が崩れて実践されていないという問題である。この勧告は、学校スポーツが社会のスポーツ発展の鍵を担っているという認識に立ち、スポーツ授業時間の維持･増加、授業欠落の防止、学習集団の適性規模、男女共修などのスポーツ授業に対しての勧告を行い、その整備・拡充を要求しているものであるが、近年この勧告が守られておらず、ドイツのスポーツ関係者は学校スポーツに対する危機感を募らせていた。そして1997年にドイツスポーツ連盟、ドイツスポーツ教師連盟、連邦PTA連合、ドイツ労働組合総同盟など多種多様な22団体によって決議署名された『学校スポーツは国家の責務！―ドイツにおける学校スポーツ決議―』[注3)]が表明された。第4に、財政状況の悪化によって学校スポーツへの予算が削られ、学校スポーツ条件が悪化していると多くのスポーツ関係者は訴えている。第5に、ドイツの多くの州でスポーツ授業時間数削減問題が進行していることである。1999年には中等段階Ⅰ・Ⅱ（日本の中学校・高校に当たる学年）ではスポーツ授業を週3時間実施している州は全州の25％以下になっていると指摘されている（Helmke, C. 2000)。このような状況の中で、これまでアビトゥア（ギムナジウム卒業試験＝大学入学資格を得る試験）の第4教科領域の中に位置づけられてきた教科スポーツが存続するかどうかという問題も現在論議されている。以上のような学校スポーツ状況を教員組合（スポーツ委員会）は、（ア）授業時間削減問題と「不安定教科」（スポーツ、芸術、音楽、倫理宗教学）との関連、（イ）授業時間削減問題における学校スポーツの“質”についての説明不足、（ウ）政策的な責任によって引き起こされた条件の問題、（エ）社会的問題（運動不足、健康教育の欠如、相互交流）を補償する課題を持っていないスポーツ授業という問題として捉えている（GEW, Sportkommission, 2001）。第6に、ドイツにおける子どもの生活実態やスポーツおよび学校スポーツに対する意識の変化を学校スポーツ関係者がどのように捉えているのかといった問題がある。

第１節

ドイツのスポーツ指導要領に見られる内容選択と必修・選択の原理

1．学習指導要領に見られる選択制問題

日本の体育科教育における選択制授業の主張と実践は、1977年の学習指導要領改訂を契機に広く展開されてきた。学習指導要領改訂（1998）の際には選択制授業がさらに大幅に導入されたと言ってよい。文部省による選択制授業導入の根拠は「生徒の選択を年間計画、単元計画に生かしていく工夫を行うことが個に応じ、個を生かし、個を伸ばす選択授業を実現し、さらに生涯体育・スポーツの基礎となる生徒の運動に対する自発的・自主的態度のより一層の育成と充実を図ることにつながる」（文部省，1992）と述べられているように、「個性化・個別化」教育と生涯スポーツの強調である。また、「知識・理解」よりも「関心・意欲・態度」を重視するという「新学力観」の登場（1991）は、「個別化・個性化」学習や選択制授業の導入の水路を一層広げた。

しかし一方で、今日の我が国の選択制授業実践に関わって、現場教師や研究者から多くの問題点が指摘されているのも事実である。高橋（1994，p.12）は、今日の選択制授業実践が抱える問題点を以下の9点にまとめている。①施設・用具が不足している。②体育のスタッフが少ない。③学校の理解がなく、選択制に見合ったカリキュラムが編成できない。④子どもの希望通りに受け入れることができず、不本意選択が生じる。⑤生徒の選択能力が不十分で安易な選択（先生、仲間、成績）がなされる。⑥体育教師集団の意見がまとまらない。⑦種目間の評価・評定が難しい。⑧方法論上の問題から遊びの時間に終わってしまう。⑨学習の規律が悪く授業にならない等である。同様に出原（1994，pp.21-14）も、子どもが本来の意味での個性を育み伸ばすことを実現するような体育授業の任務は、「スポーツの国民的教養の基礎部分」を「すべての子ども」に「共通に」系統的、計画的に教えることであるとし、とりわけ義務教育段階での選択制導入に批判的見解を示している。

2002年の学習指導要領改訂において、これまでのような内容領域内選択はも

とより、内容の領域間選択や教科選択制も含め、選択制がますます拡大していく傾向にあるように思われる。こうした選択制の問題は、内容選択の問題だけにとどまらず、体育という教科が存立する基盤を根本から問う重要な問題として把握する必要がある。つまり、選択制授業を問うということは、体育の存立根拠を問うという問題につながっている。

こうした選択制の問題は、日本のみならず諸外国の体育にもみられる現象である。ドイツでは 90 年代に入り、各州（16 州）でそれぞれカリキュラム改革が盛んに行われるようになったが、その背景には社会におけるスポーツの捉え方の変化や学校体育の存在意義、社会からの要請に関わる問題意識がある。必修・選択制の問題もこのようなカリキュラム改革の中で論議されている。それぞれの州で展開されている教科スポーツカリキュラム改革の論議からは、日本の学校体育における必修・選択制問題に対して多くの示唆を引き出すことができるように思われる。

そこで本節では、とりわけ 90 年代以降に改訂されたドイツ各州のスポーツ指導要領にみられる必修および選択制授業の動向を探り、同時にその必修・選択制を方向づける理念や特徴について考察する。またここでは、日本の小学校高学年から高校 1 年に当たる中等段階 I （5 年～ 11 年）の必修・選択制授業を主たる考察対象としたい。

2．スポーツ指導要領に見られる必修・選択授業時間数（中等段階 I ）

表 2-1 は、ドイツ各州のスポーツ指導要領における必修・選択授業時間数と種目内容(中等段階 I)を示したものである。授業時間数が記載されていないスポーツ指導要領もあり、記載されていたものは 5 州であった。この表からまず読みとれることは、必修・選択授業を合わせた年間授業時間数は Hessen 州の 108 時間が最も多く、一方で各州の年間授業時間数は 48 ～ 108 時間と州によってあるいは学年によって様々であるという点である。こうした時間数のばらつき現象は、1985 年の各州文部大臣会議（KMK）において週 3 時間の必修スポーツ授業を求めた「第 2 次学校スポーツ促進勧告」が多くの州において遵守されていないという事実を示している。このような動きに対してドイツスポーツ教師連盟（DSLV）は反対声明を出している（DSLV. 1993, ss.537-538)。しかし、今日に至っても授業時間数削減の動きは存在しており、授業時間数（削減）の問題はカリキュラム改革にとって重要かつ不可避な問題であり、したがってそれは必修・選択制を設

表 2-1　各州スポーツ指導要領の中等段階 I にみられる必修・選択授業の授業時間数と内容

州	必修	選択必修（種目選択）	選択	年間時間
Baden Wuertemberg (1994)	・5／6年：個人スポーツ 43 ＋球技 20 ＝ 63 ・7／8年：個人スポーツ　女子 32、男子 24 ＊個人スポーツ：器械体操、体操、ダンス、(7学年から女子のみ)、陸上、水泳	球技　女子 28、男子 36 9年：個人スポーツ 16 ＋球技 16 10年：個人スポーツ 20 ＋球技 20 ＊球技：バスケットボール、サッカー、ハンドボール、バレーボール 5-7年：女子（2種目選択） 男子（3種目選択） 9年:個人スポーツ(2種目選択) 球技（2種目選択） 10年：個人スポーツ（3種目選択） 球技（2種目選択）3種目選択）	9 12 16 20 ＊選択は全種目から	72 72 48 60
Bayem (1993)	＊基礎スポーツ授業（週2時間） ・体操／ダンス、陸上競技、水泳、球技（バスケットボール、バレーボール）、器具を用いた体操、ウィンタースポーツ	＊発展的基礎スポーツ授業（週2時間） 文化スポーツ授業（週2時間） ・アルペンスキー、バドミントン、バスケットボール、巧技、アイスホッケー、フィギアスケート／アイスダンス、スピードケート、健康フィットネス、サッカー、器械体操、ハンドボール、ホッケー、柔道、カヌー、陸上競技、自転車、新体操、レスリング、リュージュ、ボート、水泳、ヨット、スキーディスタンス、ダンス、テニス、卓球、バレーボール	〈参考〉 上級段階では、達成コース、スポーツ促進授業が開設されている。	記載なし
Berlin (1993)	＊基礎スポーツ授業（70%） ・バスケットボール、ハンドボール、サッカー（男子）、陸上競技、体操、バレーボール、体操／ダンス（女子）		＊選択授業（30%） ・バドミントン、ボート、サッカー（女子）、水泳、体操／ダンス（男子）、スキー、ホッケー、テニス、柔道、卓球 ＊プロジェクト授業（選択の 10%） 基礎スポーツ授業におけるスポーツ種目の深化	記載なし
Brandenburg (1992)	＊教師が選択したスポーツ種目（75%）	・個人種目（2種目選択） 体操／ダンス、陸上競技、水泳、体操 ・球技 集団種目（2種目選択）：バスケットボール、ハンドボール、サッカー、ホッケー、バレーボール 打球技種目（1種目選択）：バドミントン、テニス、卓球	＊選択授業（25%） オリエンテーリング、アクロバット、運動演劇、スポーツ潜水、水辺スポーツ（カヌー、ボート）、ウィンタースポーツ（アイススケート、スキーディスタンス）、格技（柔道、レスリング、フェンシング）	記載なし

Hamburg (1994)	＊必修は全体の 3 分の 2 ・5-7 年グループ 1（個人スポーツ）：34 ・8-10 年：グループ 1（個人スポーツ）：23 ＊グループ 1：器械体操、体操、陸上競技、ボート、水泳、ダンス	・グループ 2（球技）：34 ・グループ 2（球技）：23 ＊グループ 2：バスケットボール、サッカー、ハンドボール、ホッケー、バレーボール ＊グループ 3：ホッケー、柔道、オリエンテーリング、リュージュ、ボート、スキー	＊選択は全体の 3 分の 1 ・選択 34 ・選択 22 ＊プロジェクト授業	102 68
Hessen (1990)	＊ 5-8 年：陸上競技、器械体操（最低 18 時間） ＊ 7 年：体操／ダンス（12）、ハンドボール（12）、サッカー（6）、打球技（12） ＊ 8 年：体操／ダンス（12）、ハンドボール（6）、サッカー（6）、バレーボール（12）、バスケットボール（18）	自由裁量（18） 自由裁量（18）	＊選択 ホッケー、柔道、オリエンテーリング、リュージュ、ボート、スキー	全体として 108
Nordrhein Westfalen (1982)	＊必修（州 3 時間）:5-8 年まで 4 つの個人スポーツ種目が必修 ＊必修は全体の 47.6% ＊ 5-8 年：個人スポーツ種目：陸上競技、器械体操、体操／ダンス、水泳 ・ゲーム：予備的ゲーム	＊選択必修（7-10 時間）（週 2 時間）：打球技、投ゲーム、ゴールゲームの中からそれぞれ 1 種目選択 ＊ 7-10 年（それぞれ 1 種目選択） ・打球技：バドミントン、卓球、テニス、バレーボール ・投球技：バスケットボール、ハンドボール ・ゴールゲーム：サッカー、ホッケー	5-10 年トータルで 330 時間（22 単位）の自由裁量 ＊補足的選択授業（選択は全体の 52.4%） ・格技スポーツ：予備的格技、フェンシング、柔道 ・水辺スポーツ：カヌー、ボート	105
Sachsen (1993)	＊ 5-9 年　中核領域 :60 ＊ 10 年　中核領域 :55 ＊中核領域 陸上競技、器械体操、体操 / ダンス（女子）、格技（男子）、水泳	＊中核領域（球技） ＊バスケットボール、ハンドボール、サッカー、バレーボールから選択	＊選択領域 :30 ＊選択領域 :23 ＊選択領域（中核種目と同種目） バドミントン、余暇スポーツ、ホッケー、水泳、テニス、卓球、ウィンタースポーツ、＋7 ― 10 年：ファストボール、柔道、レスリング ＊スポーツ促進授業 ＊プロジェクト授業	90 78
Sachsen-Anhalt (1993)	＊必修（75%） 陸上競技、器械体操、体操 / ダンス（男子は 5・6 年のみ）、格技	・第 1 球技（5/6 年）：ハンドボール、バスケットボール、サッカー、バレーボール（1 種目選択） ・第 2 球技（7-10 年）：ハンドボール、バスケットボール、サッカー、バレーボール、ホッケー、ファストボール、卓球、バドミントン（2 種目選択）	＊必修選択（25%） ・水泳、ウィンタースポーツ、体操／ダンス、バドミントン、テニス、卓球	記載なし
Thüringen (1992)	＊ 5-7 年（必修 50%）：器械体操、体操 / ダンス、陸上競技、水泳、第 1 球技 ＊ 8-10 年（必修 1/3）：器械体操、体操 / ダンス、格技スポーツ、陸上競技、水泳	＊ 5-7 年：選択必修（50%）・選択領域、ウィンタースポーツ ＊ 8-10 年：選択必修（1/3）・球技 1 種目、体操 / ダンス、格技、選択領域：ウィンタースポーツ	＊選択授業（1/3）（8-10 年） 必修・選択の内容：ウィンタースポーツ	記載なし

表 2-2　必修・選択必修授業と選択授業の時間数配分比率

州	必修・選択必修授業	選択授業	年間授業時間数
Baden-Wurtemberg	5/6 年：87.5% 7/8 年：69.4% 9 年：66.6% 10 年：66.6%	12.5% 30.6% 33.3% 33.3%	72 72 48 60
Berlin	70.0%	30.0%	記載なし
Hamburg	66.6%	33.3%	5-7 年：102 8-10 年：68
Hessen	7 年：72.2% 8 年：83.3%	27.8% 16.7%	108
Nordrhein-Westfalen	47.6%	52.4%	105
Sachsen	66.6%	33.3%	5-9 年：90 10 年：78
Sachsen-Anhalt	75.0%	25.0%	記載なし
Thuringen	66.6%	33.3%	記載なし

定する上での重要なメルクマールになる。

また、中等段階Ｉの低学年から高学年に進むにしたがって授業時間数が減少していく傾向にある。表 2-2 は、必修授業（選択必修も含む）と選択授業の時間配分比率を示したものである。

表 2-2 からは Baden-Würtemberg 州の 5 ～ 6 年、Hessen 州の 8 年と Nord-Rhein Westfalen 州（以下、NRW 州と略す）を除くその他の州においては必修・選択必修授業と選択授業の時間数配分比率は約 7 対 3 になっている。中等教育段階Ｉでは必修および選択必修授業に重点が置かれ、必修授業の補足や促進・発展として 3 割程度の選択授業が設定されていると考えられる。また、Baden-Würtemberg 州にみられるように学年が進行するにしたがって選択授業が増えていくものと考えられる。ここでとりわけ他州と異なる特徴を示しているのが NRW 州である。NRW 州では必修・選択必修授業の割合が 47.6%、選択授業が 52.4% と他の州と比べ選択授業の割合が高く、必修・選択必修授業と選択授業の時間数が同程度の割合になっている。学年を指定した必修授業、半強制的必修授業は陸上競技、器械体操、体操／ダンスだけで、その他のスポーツ領域は学年の幅を認めた選択必修授業や選択授業になっており（Kuluturminister des NRW, 1980, s.23)、つまり学年指定を少なくし、5 ～ 10 学年の学年幅に自由度をもたせることで選択可能性を高めていると考えられる。こうした傾向は、NRW 州のスポーツ指導要領が「ス

ポーツの中の行為能力」という主導理念に方向づけられた小学校から高校までのカリキュラムの一貫性と選択可能性という特徴（岡出，2000，p.84）を有しているという点から生じ、また「とりわけ中等段階Ⅰの7～10学年においては生徒の学習レディネス、学習速度、身体的精神的発達に関わって、スポーツ領域やスポーツ種目のそれぞれの選択的設定がなされる」（Kuluturminister des NRW, 1980, s.72）とスポーツ指導要領に記述されているように、学習者側の発達的前提からも考慮され、中等段階Ⅰにおいて選択制を積極的に組み入れようとしているものと考えられる。

3．中等段階Ⅰにおける必修・選択授業の内容（スポーツ種目）

表2-1のスポーツ指導要領にみられる必修・選択授業の種目内容を見ると、ほとんどの州において陸上競技、器械体操、体操／ダンス、水泳の4つの個人スポーツ種目領域が必修授業の内容として位置づけられ、とりわけ5～6学年にはどの州も必修を課しているという点が共通している。また選択必修授業として多くの州が球技領域を位置づけ、その領域内で種目間選択をさせている。その主要な球技種目としては、バスケットボール、ハンドボール、バレーボール、サッカーが挙げられ、その中から2～3種目を選択させている場合が多い。州によってその選択の仕方が異なり、球技種目全般から選択させる場合（Baden-Würtemberg, Sachsen, Sachsen-Anhalt, Thüringen）と球技種目を打球技、投球技（集団球技）に分けその中からそれぞれ選択する州（ex. Brandenburg, Nordrhein-Westfalen）が見られる。また、選択必修授業においては、Bayern州のようにスポーツ種目全般から選択したり、これまで未経験のスポーツ種目を取り入れたりする州（ex. Bayern, Hamburug）も見られる。

多くの州で全授業時間数のほぼ3割程度の時間数を占める選択授業については、設定されている全スポーツ種目の中から数種目を選択するのが一般的であるが、設定されている種目は必修・選択授業で扱った種目と新たに扱う種目が用意されている。新たな種目としては格技スポーツ（柔道、フェンシング、レスリング）や水辺スポーツ（カヌー、ボート）、ウィンタースポーツ（スキー、スケート、リュージュ）などが挙げられる。選択授業の原則は子どもの関心や興味に基づいて選択させることであり、そのねらいは必修・選択授業で行った学習の深化と新しいスポーツ種目の学習であると考えられている。また選択制授業においては種目主義を越えた発想を持つユニークな授業として、Bayern州、Schleswig-Holstein

州に見られる「テーマ型学習」(Ministerium für Bildung, Wissenschaft, Forschung und Kultur des Landes Scheswig-Holstein, 1997)や Hamburug 州に見られる「プロジェクト授業」(Behörde für Schule, Jugend und Berufsbildung, 1994) がある。[注4)]

４．学校スポーツにおける教育学的視点の強調と必修・選択制授業

各州のカリキュラム改革の背景には、社会におけるスポーツの捉え方の変化(多様化)、変化する社会の中で学校・公教育の問い直しや学校への社会的要請が存在している。天野 (1998) によれば、とりわけドイツの学校教育においては多文化的マイノリティの多数在籍や EU 統合という流れの中で、文化を学ぶことと文化の学習を通しての人間形成という課題が学校に問われていると指摘されている。学校スポーツに引き寄せて言えば、スポーツという文化を学ぶこととスポーツを学ぶことを通しての人間形成という両面の課題が今日の学校スポーツの現実に突きつけられていると言ってよい。ドイツのスポーツ指導要領は、こうした学校教育や学校スポーツを取り巻く状況の中で変革を迫られ、その作業に着手しているものと考えられる。とりわけ 90 年代中頃以降に改訂した主なスポーツ指導要領 (ex. Bayern, Hamburug, Niedersachsen, Nordrhein-Westfalen, Rheinland-Pfalz, Schleswig Holnstein) における教科スポーツの目標記述を分析してみると、それらの目標においては「スポーツを通しての教育」と「スポーツの中の教育」という目標観の併存が見られるのが特徴的である。つまり、これまでのスポーツ指導要領の主導的な目標観 (理念) であった「スポーツの中の教育」の上にさらに「スポーツを通しての教育」が補足・強調され、両者が併存しているわけである。この点に関わって岡出 (2000, pp.29-30) は、ドイツの改訂スポーツ指導要領の特徴として、「文化としてのスポーツの教育的意味と形態の多様性の保証とその批判的再生を求める目標」と「教育的実現のためのメディアとしてのスポーツの機能を強調する目標」が矛盾せずにスポーツが本来備え得た可能性として位置づけられている点を挙げている。さらに Balz, E. (1996, s.2) は、スポーツ指導要領改訂に見られる共通点として①「教育学的要請の強調」(学校スポーツの目標を教育的意図との関連でより一層強化する)、②「内容の開放性」(これまでの古典的近代スポーツ種目から運動、プレイ、スポーツといった多様な内容領域への拡大)、③「テーマとの結びつき」(目標と内容を有意味に結びつけるテーマの設定) を指摘している。

このように今回のスポーツ指導要領改訂は、教科としてのアイデンティティ

や存立根拠を主張するために学校スポーツにおいて教育学的視点が強調されているという点が際だった特徴であると考えられる。こうした教育学的視点の強調は、当然教科内容領域編成にも影響を与え、スポーツ種目主義から脱スポーツ種目主義への変革が押し進めるられことになる。例えば、Bayern 州では「健康」、「フェアネス／共同」、「環境」、「達成すること / 形成すること / 遊ぶこと」といった 4 つの学習領域がテーマ型に設定され（Bayerisches Staatministerum für Unterricht,Kultus, Wissen schaft und Kunst,1993）、それとの関連で教科内容やそれに対応する教材（スポーツ種目）が構想されたり、また「種目枠を越える内容」（ex.「バスケットボールのマンツーマンディフェンスからサッカーのゲーム戦術へ移行する指導案」（Garreis, C.1998）や「教科の枠を越える内容」が構想されている。この点に関わって、スポーツ指導要領における必修授業（基礎授業・発展的基礎授業）では 4 つの学習領域の目標や内容が学年毎に範例的にスポーツ種目として示されるのに対し、選択授業では個々のスポーツ種目の特性がまず記され、学年毎の記載はせずに、個々のスポーツ種目が 4 つの学習領域に対応する健康教育、共同教育、環境教育、運動教育に対して成し得る貢献が記されている（Vorleuter, H.1998）。このように Bayern 州のスポーツ指導要領においては必修授業と選択授業を分ける根拠となっているのは、スポーツ種目の種類やレベルでなく、スポーツ教育学から引き出された学習領域に対応する内容であると考えることができよう。同様に、1997 年の NRW 州スポーツ指導要領改革案（Aschebrock, H.1997）においては、脱近代スポーツ種目型の内容領域設定が指向され、スポーツ種目名の代わりに、運動領域・スポーツ領域として①身体を知覚し、基礎的運動能力を獲得する、②プレイができ、プレイを創り出す、③走・跳・投—陸上競技—、④水中での運動—水泳—、⑤振る・回る・よじ登る・バランスを取る—器械体操、アクロバット—、⑥動きを創り出すこと・踊ること・再現すること—体操／ダンス・巧技—、⑦ルールの中で、またルールを用いてプレイすること—球技—、⑧滑ること・乗り物で走ること・転がること—ローラースケート／スケートボード／ウィンタースポーツ—、⑨レスリングと闘争—対人格技—という 9 つのテーマを明示した領域名が設定されている。同時に A. 知覚能力の向上と運動経験の拡大、B. 身体で表現し、運動を創り出すこと、C. 何かを冒険し、責任を持つこと、D. 達成を経験し、反映させること、E. 共同して行為し、プレイし、理解し合うこと、F. フィットネスを向上し、健康意識を高めること、という 6 つの教育学的視点（Kurz, D.1999）をそれぞれの領域の中に組み込んだ上で、それぞれの教科内容や教材を具体的に設定している。こうした「脱スポーツ種目を指向したテーマ型の領域―教育学的視点―具体的な教科内容・教材の設定」というシェーマが必修・選択制を方向づける基礎になっているものと考えられる。

以上のように考えると、必修授業・選択制授業は、スポーツ指導要領への教育学的視点の導入や強調による教科内容領域や教科内容の組み替えの中で方向づけられ、同時にその必修・選択制の基準は、こうした内容編成と各州の制度や学校状況、学校段階あるいは各学年における子どもの発達特徴や課題、そこでの到達目標（育てたい子ども像）との関連の中で創られるものと考えられる。

またこうした点に関わって、Balz, E.（1995）は学校スポーツにおける内容選択の問題として、必修・選択制基準の基礎となる内容選択の５つの決定根拠を示している。５つの決定根拠とは、①「指導理念」：どのような教育コンセプトやどのような価値づけから引き出されるのか？　どのような人間像を描いているのか？　どのような教育目標をねらい、どのような陶冶が中心にあるのか？　②「生徒」：どのような前提条件や能力を持っているのか？　どのような興味や傾向が認識されるのか？　どのような欲求や発達経過があるのか？　とりわけどのような経験や生活背景によって特徴づけられているのか？　③「事実」：どのような運動文化が話題になっているのか？　教科の対象はどのように決められるのか？　事実はどのような構造を決定しそこに何が意味づけられ、そこにどのような要求があるのか？　④「社会」：社会的関心としてどのような期待が盛り込まれているのか？　今日や将来の生活世界はどのような資格を要求しているのか？⑤「学校」:制度としての学校は何を特徴とし、その組織的条件はどのようになっているのか？　学校や教師にどのような固有の課題が期待されているのか？である。そして、内容の選択にあたっては、これらの決定根拠が単独で機能するのではなく、これらの決定根拠の“ネットワーク化”を通して選択が調和的に行われると Balz, E. は指摘している。つまり、必修・選択制の基準は、ひとつの根拠でつくられるのではなく、教科教育学的、社会理論的アスペクトをもったこれらの決定根拠の“ネットワーク化”という原理に基づいて設定される。また、授業時間数問題を含む学校制度改革をめぐるせめぎ合いの中で、現代社会におけるスポーツ文化の多様な意味、学校スポーツの教育学的責務と子どもの特性との接点においてその基準が構築されるものと考えられよう。

５．まとめ

本節では、主として 90 年代以降に改訂されたドイツのスポーツ指導要領にみられる必修・選択制授業の動向を探り、同時にその必修・選択制を方向づける理念や特徴について考察した。

以上、本研究を通して明らかになったことは以下のようにまとめられよう。

第1に、ドイツ各州における教科スポーツの年間授業時間数は48～108時間とばらつきがあるものの、必修と選択の時間配分比率はNRW州を除き、約7対3の割合になっている。NRW州では「スポーツの中の行為能力」という主導理念に方向づけられ、小学校～高校までのカリキュラムの一貫性と選択可能性を特徴とし、学年幅や種目幅に自由度をもたせその選択可能性を強調していると考えられる。第2に、多くの州で必修授業として陸上競技、器械体操、体操/ダンス、水泳の個人種目を位置づけており、選択必修授業として球技を置き、その中から2～3種目を選択させている場合が多い。選択制授業については、子どもの興味・関心に基づき必修授業での学習の深化や新しいスポーツ種目（ex. 格技スポーツ、水辺スポーツ、ウィンタースポーツ）の経験を意図しているように思われる。とりわけスポーツ種目主義を越えた特徴的な選択制授業として「プロジェクト授業」や「テーマ型授業」が展開されている。第3に、90年代以降に改訂されたドイツのスポーツ指導要領ではこれまでの「スポーツの中の教育」という目標観（理念）の上に新たな「スポーツを通しての教育」という考えが補足され、つまり教育学的視点が強調され、内容（領域）編成がスポーツ種目主義から脱スポーツ種目主義に移行した。その結果必修・選択制はこのような内容（領域）の組み替えの中で方向づけられ構築されるものと考えられる。とりわけ必修・選択制は、内容選択と関わって、指導理念―生徒―事実―社会―学校という内容選択の決定根拠の“ネットワーク化”という原理を通してその基準が設けられるものと考えられる。

第２節

学校スポーツの「正当化」問題とスポーツ指導要領の開発プロセス—特にノルトライン・ヴェストファーレン州（NRW 州）のスポーツ指導要領開発に注目して—

本節では、特に NRW 州のスポーツ指導要領開発に注目しながら、学校スポーツの「正当化（Legitimation）」という視点からスポーツ指導要領がどのような開発プロセスの中で作られていったのかその特徴について述べてみたい。

１．学校スポーツの「正当化」問題

Habermas, J.（1979）は、正当化の諸問題の背景には様々なレベルの危機傾向が存在すると指摘している。今回のスポーツ指導要領改革の背景には上記のような学校スポーツに対する危機意識があり、裏返せばこうした指導要領改革や開発のプロセスはこの危機からどのように学校スポーツを正当づけていくかという問題でもある。近年ドイツでは学校の内外から学校スポーツへの正当化を示せという圧力が高まっており（Kuhlmann, D. & Scherler, K.2004）、例えば Kuckart, L.（NRW 州議会代議士，1993）が学校スポーツのスポーツクラブへの移管を要求したり、必修スポーツ授業時間数の削減が叫ばれたり、Lenzen, D.（1999）ら教育学者が教科スポーツの正当性に疑問を呈したりと、様々なレベルで学校スポーツの正当化問題が学校スポーツ関係者に突きつけられている。ここでは、まずドイツの学校スポーツにおいて正当化問題がどのように捉えられているかについて触れてみたい。

正当化は、それが用いられる文脈のそれぞれの意義に依存する多義的概念であるが、教育学の中でそれが使われるときには「根拠づけ（Begründung）」、「正当性（Rechtfertigung）」、「正当化（Legitimation）」の関連の中でその問題が問われる。「根拠づけ（Begründung）」とは手段の「合目的性」の証明を示すものであり、「正当性（Rechtfertigung）」は目標の「適切さ」を示し、「正当化（Legitimation）」は正しい目標設定と合目的的な手段選択を承認することを示すものであると言われている（Künzli, R. 1975, p.14）。そして教科の正当化の最も難しい部分は上記の「根拠づけ（Begründung）」や「正当性（Rechtfertigung）」の議論を通して「承認」をつくるという手続きであるとされる（Meyer, H.1997）。カリキュラム論における正当化はカリキュラム開発やその方法の根拠や意味づけを意味しており、それはカリキュラムの決定過程に教師や親がどのように関わりコントロールするのかという問題として生じる。的場（1999）は、その正当化の要求として以下の3点、第1に「教科や学校の一般目標を経験科学的に決定し、計画する方式の客観化と透明性」、第2に「正当化の民主化であり、教師はもちろん、受け手が開発、検証、評価に共同して参画すべきであるという要求」、第3に「論争による正当化」を挙げている。

さらに、Scherler, K.（1994，2004）は学校スポーツの正当化に関わって3つの問題を指摘している。1つは「教科の正当化」の問題、2つ目は主として授業時間削減にみられる「規模の正当化」に関わる問題、3つ目は「共同決定」という手続きに関わる正当化の問題である。そして教科（学校スポーツ）の正当化問題に関わっては、図2-1に示されるように、いくつかの問題レベルに区別して考えることが有効であるとされている（Scherler, K. 1994）。学校内での根拠づけとは、言わば学校スポーツが他教科や学校の要求に肩を並べることであり、他教科にない、他の学校教育活動では代替できない学校スポーツ固有の必要性や生徒の要求を承認させることである。学校スポーツの正当化はそれだけでは不十分であり、それに加えて学校外での根拠づけが必要となる。それは社会、教育、子どもにとっ

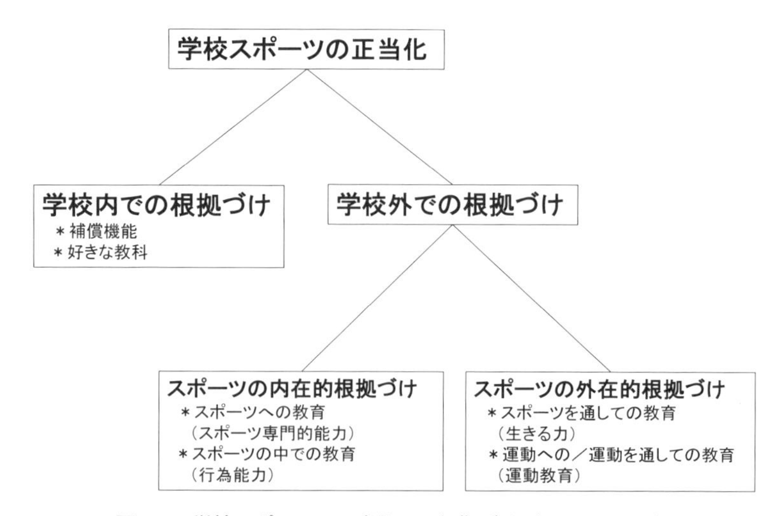

図2-1　学校スポーツの正当化への根拠づけ（Balz, E. 2000）

てのスポーツ、運動の意味に関わる問題として生じ、その根拠づけが学校スポーツの正当化には不可欠となる。そして学校外での根拠づけは「スポーツの内在的根拠づけ」と「スポーツの外在的根拠づけ」に区別され正当化を説明する努力が払われる（Scherler, K.1994; Balz, E.2001）。スポーツの内在的根拠づけは、簡単に言えば社会に出てスポーツ活動に参加できるようになるために学校でスポーツを学ぶことを意味しており、それはスポーツ固有の能力獲得に方向づけられる「スポーツへの教育」やスポーツ活動の意味を多様なパースペクティブから開花させる「スポーツの中での教育」として特徴づけられ、その場合 NRW 州の旧指導要領にみられるような「スポーツの中の行為能力」が学校スポーツの主導理念になる（Kurz, D.1977; Scherler, K.1994）。Scherler, K. によれば、ここでの問題点はこの立場がスポーツは既に価値あるものという暗黙裡の前提に立っており、スポーツの価値を疑う人からの「なぜ学校でスポーツを？」という質問に対して十分な根拠づけが展開できないところにあると言う。それを補完する形で、スポーツの外在的根拠づけが展開されることになる。つまり、発達、達成能力、健康、社会性や生きる力などの育成に関わる「スポーツを通しての教育」あるいは「運動への／運動を通しての教育」が学校スポーツの正当化に向け主張されることになる。Balz, E.（2000）は、これら 3 つの教育（「～への教育」「～の中での教育」「～

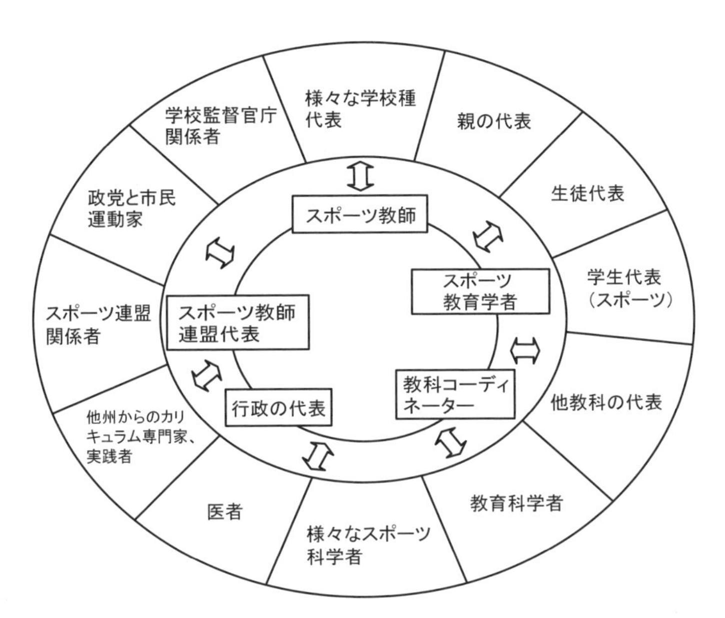

図 2-2　スポーツ指導要領開発の際の正当化レベルと代表者（Müller, C. 1995 を丸山が一部改変）

を通しての教育」）を統合した論拠が学校スポーツの正当化には必要であり、それが新しいNRW州のスポーツ指導要領の特徴を示す「教育的な授業（erziehende Unterricht）」のコンセプトになっていったと指摘している。

また、カリキュラム開発の手続きに関わる問題として重要なことは、誰に向かって正当化を主張し、どのような人たちと学校スポーツの正当化に関わる論議を展開し、カリキュラム開発をしていくのかという問題である。例えばMüller, C.（1995）によれば、図2-2に示されるように、スポーツカリキュラムを開発する際に重要なことは、スポーツ教師、科学者、スポーツ教師連盟代表、教科助言コーディネーターが中心となって、親、生徒、スポーツ科学生、他教科の代表、教育科学者、様々なスポーツ科学者、医者、他州のカリキュラム専門家、スポーツ連盟関係者、政党・市民運動家、学校監督庁関係者、学校種別代表を巻き込んで、様々なレベルの正当化問題の論議を展開し、すべての参加者と積極的な合意を形成しながらカリキュラム開発を進めていくことであるとされる。そのことによって積極的に重要な意見や経験が集められ、学校スポーツの正当化の問題が議論の中で承認されていくプロセスを経て、共同決定という形でカリキュラム開発が実現されていくものと考えられる。

2．NRW州のスポーツ指導要領の開発プロセスの特徴

ここでは学校スポーツの正当化という視点から見たNRW州のスポーツ指導要領開発プロセスの特徴について述べてみたい。

（1）第1回学校スポーツシンポジウム
—批判を含む議論、情報公開、共同決定の原則—

今回のNRW州のスポーツ指導要領開発にあたっては、スポーツ指導要領が出来上がるまでに以下のような大きな学校スポーツシンポジウムが3回開催されている。①「運動における学校スポーツ」（1994.9.14-16）、②「教師の継続教育における運動教育／スポーツ」（1996.10.11-12）、③「学校プログラムにおける運動、プレイ、スポーツ」（1998.9.24-25）。とりわけ第1回学校スポーツシンポジウムは今回のカリキュラム改革の幕開けとして位置づけられ、ここから実質的にスポーツ指導要領開発が始まったと考えられる。ここではこのシンポジウムがどのような特徴を持っているのかについて述べてみたい。

まず第1に特徴的なことは、スポーツ指導要領の理念づくりのために、この

「公開シンポジウム」で主張の異なる研究者2人（Becker, E. と Kurz, D.）に理念に関わる問題提起をさせ、論争を仕組んでいる点である。Becker, E. は、これまでのスポーツ指導要領的理念的支柱であった Kurz, D. のスポーツの意味論や「スポーツの中の行為能力」論は教育学的な目標設定を軽視した理論であると批判した。それに反論して、Kurz,D. は学校スポーツの正当化を意識する中で「スポーツの中の行為能力」論に見られるスポーツの意味論を捉え直し、1)達成(Leistung)、2)共同(Miteinander)、3)印象(Eindruck)、4)表現(Ausdruck)、5)健康(Gesundheit)、6)プレイ（Spiel）という6つの教育学的視点を提示した（Kurz, D.1995；岡出, 1997)。この教育学的視点が議論の中で今回のスポーツ指導要領の理念づくりの基礎になっていったものと考えられる。

さらに、このシンポジウムでは、a. 学校スポーツ政策について、b. 時間割におけるスポーツ授業の位置づけについて、c. 学校スポーツとクラブスポーツの関係についてというテーマで、政策決定に直接関わる州議会各政党（SPD, 緑の党, CDU, FDP）のスポーツ担当者およびスポーツ連盟代表者の意見表明と聴取が展開される。また、各学校種・階梯における学校スポーツ開発問題や現実の学校スポーツ開発に見られる8つの課題・テーマについて研究者、行政官、現場スポーツ教師、校長等で構成される作業グループによって報告がなされ、議論が展開される。同時にこうしたシンポジウムや各作業グループによる報告書もその都度刊行されてその議論のプロセスが公開されている。さらに、インターネット上で州研究所のホームページにはスポーツ指導要領開発に関わる情報が公開され、常時教師や親の批判や意見を拾い上げているのも特徴的である。

このようにスポーツ指導要領の開発プロセスの中に多様な議論があること、その議論の中で批判・批評が正当に評価されること、議論のプロセスが常に公開されること、多くの関係者からの情報がフィードバックされて議論に生かされている点は、日本の学習指導要領作成プロセスにおいては学ぶ必要がある点であり、学校スポーツの正当化という視点から見て重要な特徴である。スポーツ指導要領開発には批判を含む議論、情報公開、共同決定の原則が貫かれていると言えよう。

（2）スポーツ指導要領改革準備グループとその開発作業

NRW 州の指導要領開発は、「州立学校・継続教育研究所」によってコーディネートされている。この研究所は州の文部省に委託され、その中のカリキュラム開発部門が指導要領の改訂・開発を担当し、学校で実践をしている教師や監督者、研究者、行政官の協同によって活動が展開されている。その開発活動の結果は文部省によってテストされ、公開され、法律として発効される。

今回のNRW州スポーツ指導要領開発においては、1995年7月に州文部省によって州立学校・継続教育研究所を中心とする学校スポーツ指導要領改革準備作業グループ（メンバー20名；州立研究所代表1名、研究者5名、教師8名、行政官5名、スポーツ競技連盟1名）が結成される。この準備作業グループの目的は、第1回NRW州学校スポーツシンポジウム（1994年9月＝カリキュラム改革の幕開け）の議論と今日の学校開発・学校スポーツ開発の動向の分析に基づいて、すべての学年、学校種におけるスポーツ指導要領の教育学的基本方針開発のための行為・対策コンセプトを作り上げることであった。改革作業の第1ステップでは、旧スポーツ指導要領第1巻（総論）を分析し、それを学校教育学・教科教育学的視点から開発に関連づけ、そこから生み出される改革要求を突き止めることであった。この分析結果は、1997年10月にSoestで行われた文部省主催のNRW州学校スポーツ指導要領改革についての報告会で紹介された。そこで、学校種別作業グループ（9グループ）が作られ、次の作業へと進んだ。第2ステップでは、引き続き学年、学校種を越えた学校スポーツの基本方針づくりのための案が作り上げられた。作業グループはその「報告書」（1997）の中で、8つの領域A）～H）を設定し、その基本的な考え方を公表した。例えば、「はじめに」A）においては改革対策の教科政策的な前提条件が簡単にスケッチされる。また、報告書における『NRW州の学校スポーツの教育学的基礎について』（Kurz, D.）という論考では、B）「学校におけるスポーツへの教育学的パースペクティブ」、C）「学校スポーツにおける教育学的行為の原則」について論じられ、これがこの報告書の中心をなしている。筆者がKurz, D.にインタビュー（2004）したところ、この論が学校スポーツの学校教育学的・教科教育学的開発への正当化を示そうとする主張であり、この論の成立には準備グループにおける集中的な議論があって、それによって適切なスポーツ指導要領開発のための教育学的基礎が組み立てられたと述べられた。さらにD）「学校スポーツの教科を越えた学校課題への貢献」、F）「学校におけるスポーツの内容」については、可能な限り旧スポーツ指導要領を批判的に読み、この考察が公開される中で様々な助言を受け、要求が高まる草案が作られたと言う。このようにこの作業グループによる作業は、スポーツ指導要領開発プロセスの中で、学校スポーツの正当化に向けてその論拠＝土台を組み立てるものであったと言えよう。さらに州の教科公開制において自分たちの提案に対する集中的で建設的な議論を待ち望んでいると、この作業グループが述べている点も手続きの正当化を意識した重要な点であると思われる。

３．NRW 州におけるスポーツ指導要領の基本方針づくり

（１）スポーツ指導要領の理念形成と学校スポーツの任務

NRW 州の旧スポーツ指導要領の主導理念は「スポーツの中の行為能力」（Handlungsfähigkeit im Sport）であった。「スポーツの中の行為能力」とは、簡単に言えば、スポーツという文化を継承する能力とそれを発展させる能力を想定し、既存のスポーツの規範を相対化してスポーツを営む能力を指している。「スポーツの中の行為能力」という概念は、スポーツを行うことを自己目的としながらも、単にスポーツを行えるだけでなく、文化としてのスポーツの意味を問い再生させる批判的能力や鑑賞、企画、指導できる能力の保障をも想定していると岡出（1997）は指摘する。「スポーツの中の行為能力」育成を目指すスポーツ授業の課題はスポーツの意味経験を豊かにすることであり、そこではスポーツの多様な意味をどのように生成し、それを保障していくのかという授業づくりが求められることになる。ドイツのスポーツ教育学の中で、「スポーツの中の行為能力」論はスポーツの意味論と結びついて議論が展開されてきた。70 年代より Kurz, D. を中心にこの論に対する議論が活発に展開されるが、この「スポーツの中の行為能力」論に見られるスポーツの意味論は表 2-3 のように変遷してきたと言われる（岡出, 1997）。そして、この論はドイツのスポーツ教育政策を方向づける基礎となった「第 2 次スポーツ促進勧告」（1985）に採用された。その過程でこの論は NRW 州の旧スポーツ指導要領の主導理念になっていった。

70 年代から 80 年代中頃まではスポーツという文化が社会の中で意味ある文化としてポジティブに評価されていた。しかしながら、とりわけ 80 年代後半頃からドーピングや商業主義等のネガティブな眼差しがスポーツという文化に向けられるようになった。そうした社会状況の中で、スポーツの意味論は子どもの発達保障、社会の要請、学校が担う教育的責任、授業の実現可能性等の複数の視点を含み込んだ教育学的な意味論であるという点が強調され、その文脈の中で学校スポーツは語られるようになる。そしてこの視点から NRW 州の旧スポーツ指導要領の理念の再構築が進められるに至ったのである。つまり、教育学的視点が強調され、「スポーツの中の教育」と「スポーツを通しての教育」が併存した学校スポーツや「教育的スポーツ授業」（Erziehender Sportunterricht）が目指されることになったわけである。

以上のような理念形成を背景に持ち、今回の改訂スポーツ指導要領においては

表 2-3 「スポーツの中の行為能力」論にみるスポーツの意味論の変遷（岡出，1997）

1976	1977	1979	1990	1994
人より上回る自己表現	自己の有態観の体験 他人から承認される体験	健康、安寧	達成	達成
人と関わる	美的価値の体験	自己の身体と物的環境世界の経験	緊張	共同
緊張	自己の身体と物的環境世界の経験	緊張	自己の身体と物的環境世界の経験	自己の身体と物的環境世界の経験
報償	健康	自己表現	健康	表現
健康	コミュニケーション	プレイ	表現	健康
	緊張	共同	共同	プレイ

「学校スポーツの基本方針」（1999）の中で「学校スポーツの教育学的基礎」が提起される。そしてそこでは学校スポーツの課題領域がスポーツという概念から「運動、プレイ、スポーツ」に拡大され、制度としての学校の中で固有の教育学的責任を果たす学校スポーツの教育学的理念として「運動、プレイ、スポーツを通しての発達促進と運動文化、プレイ文化、スポーツ文化の開拓」という「学校スポーツの二重の任務」（Doppelauftrag des Schulsports）が提起された（Ramenvorgaben für den Schulsport. Richtlinie und Lehrpläne in NRW. 1999）。発達促進への任務は、スポーツに関わる課題設定の中での経験を通して彼らの全面発達を促すことで、性差、民族差、身体的能力差を含み込んだ発達要求を保障するものとする。また運動文化、プレイ文化、スポーツ文化の開拓への任務は、学校外のスポーツの社会的現実と関わって、多様なスポーツ活動を経験することで自己責任ある生活づくりの一部としての意味あるスポーツ活動の道を開くことであり、それはスポーツ授業の中でスポーツの意味を検討し、場合によってはそれぞれの実践のためにスポーツを変えていくということを含んでいるとされる。そして、学校スポーツの教育学的意義を強調し、学校プログラムの中に学校スポーツ固有の位置づけを意識し、さらに学校外のスポーツと連関をも視野に入れて、「運動を楽しむ学校（Bewegunsfreudige Schule）」という主導理念を掲げた新しいスポーツ指導要領の全体像（図 2-3）が構想されることになる。

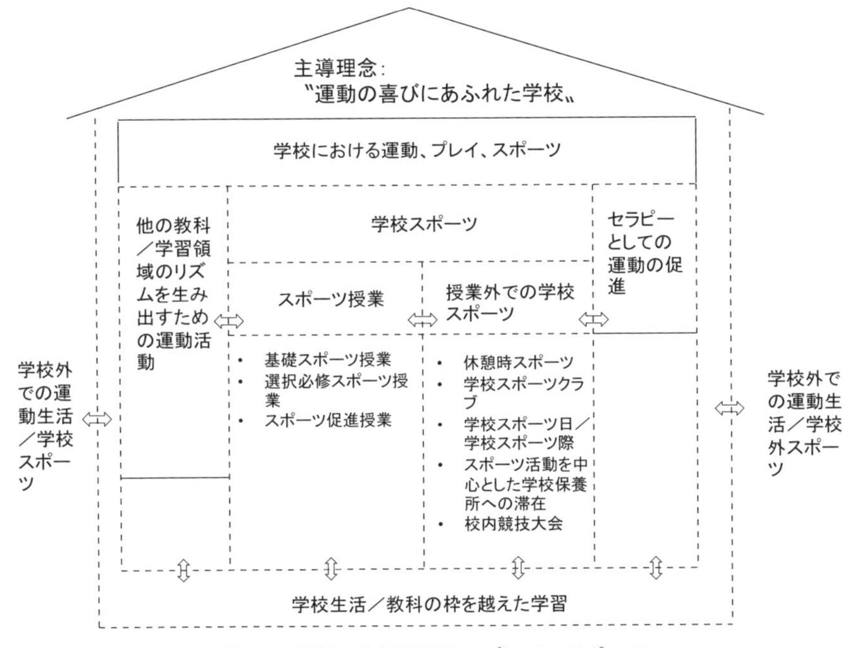

図 2-3　学校における運動・プレイ・スポーツ
NRW 州改訂指導要領にみられる学校スポーツの全体像（Aschenbrock, H. 1997）

（2）学校におけるスポーツへの教育学的パースペクティブと内容領域編成

先述した学校スポーツの「二重の任務」は、運動、プレイ、スポーツの複雑な行為領域から引き取られる教育学的な見地（立場）を特徴づけており、この見地から図 2-4 のような「6 つの教育学的パースペクティブ」が生まれる。各々の教育学的パースペクティブは、どの点でスポーツ活動が教育学的に意義を持つのか、学校スポーツにおいて成長期の子どもの発達を他教科にはない方法でどのように促すのかという問題への答えを模索した結果であり、学校スポーツの他教科にない独自性＝存在意義を示そうとするスポーツ教育関係者の強い意志の表れでもあったと思われる。

このように考えると、学校の教育学的任務に寄与する「スポーツへの 6 つ教育学的パースペクティブ」は「二重の任務」の両方の観点に寄与するものと捉えられる。つまり、各々のパースペクティブは、一方ではスポーツが持つ意味の多様性を経験し行為能力を高め、他方ではスポーツを越えて発達促進することに寄与することとなる。原理的にはすべてのパースペクティブは同等の重要性を持ち、

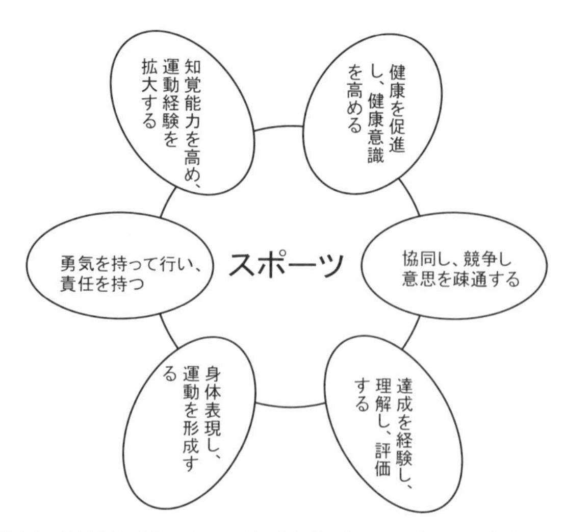

図 2-4　学校におけるスポーツへの教育学的パースペクティブ（Kurz, D., 2000）

すべてが常に授業に関わっているが、実際の授業では特定のパースペクティブに重点が置かれ、教師はどのようなパースペクティブの下で内容がテーマ化されるかを決めることになる。同時に、そこでは生徒によって要求されたものも考える必要に迫られると言う（Kurz, D., 2000, s.50）。その場合、スポーツはこれらのそれぞれのパースペクティブに基づいて考察・選択・加工され、自動的にスポーツを活動するだけでは済まされないという点が強調される。例えば、スポーツは健康を促進するという一方で同時に健康を損ねる場合もあり、両義性を持つ。その場合、健康というパースペクティブからスポーツを考察・選択・加工するという作業が授業づくりにおいては重要となる。また、スポーツ授業の基準や必修プログラムがこの 6 つの教育学的パースペクティブに基づいて作られ、そしてそれが日常的に学校スポーツ実践の中で行われることによってスポーツ授業は正当化づけられていくものと考えられる。

Klafki, W. は「教育学的目標設定、教育学的に関連する問題設定の下で、授業において内容が選択されることによって、それがテーマになる」（Klafki, W., 1976, s.83）と述べているが、内容からテーマを構築するためにこの教育学的パースペクティブはその橋渡しの機能の役目を果たし、それを通して授業における学びの対象が構成されるものと考えられる。

さらに、この 6 つの教育学的パースペクティブに基づいて、NRW 州のスポーツ指導要領における内容領域が編成されることになる（図 2-5）。旧指導要領と

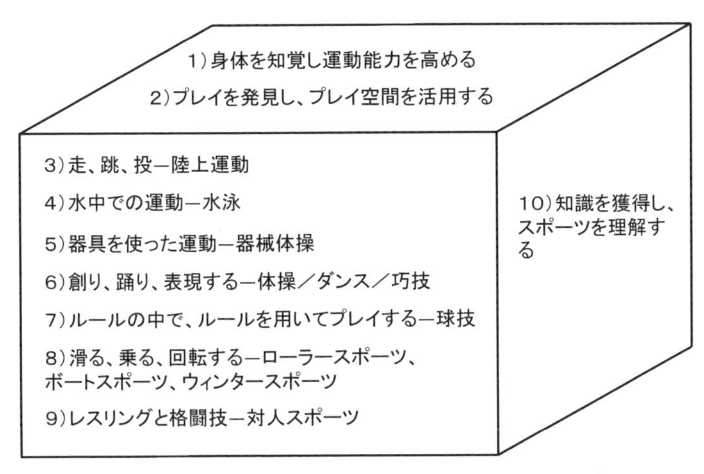

図 2-5　学校スポーツの内容領域（MSWF NRW, 1999）

比較してとりわけ重要な変化は内容（内容領域）の「脱スポーツ種目化」である。つまり、スポーツ授業がスポーツ種目中心から教育学的パースペクティブに基づく教科内容で構成される授業にシフトした点である。内容領域編成として、領域名（運動領域とスポーツ領域）―下位領域名（ex. 走・跳・投 - 陸上運動）―内容の取り扱いにおける教育学的パースペクティブ―対象（具体的な運動内容やスポーツ種目）という関連の中で授業内容が選択されていくことになる。したがって教育学的パースペクティブの強調は、伝統的なスポーツ種目や革新的な運動形態を排除するものでなく、また授業方法を拘束するものではないとされる。

内容領域の 1)「身体を知覚し運動能力を高める」と 2)「プレイを発見し、プレイ空間を活用する」は、個別スポーツ領域を越えすべてを包括する運動領域として、とりわけ運動を通しての発達促進に対して重要な意義を持つ領域であり、内容領域 3) ～ 9) における学習を貫く前提条件をなす領域として捉えられている。内容領域 3) ～ 9) は、典型的に要求される運動課題、行為構造、体験内容、社会的関連、環境条件等が含み込まれた運動領域・スポーツ領域が示されている。この示し方は、一方で学校外で展開されているスポーツ種目との関連を求め、他方でその限界を超えていこうとする教授学的・教育学的な必要性を強調するためのものであるが、内容重複が同時に生じるという問題も抱える。10)「知識を獲得しスポーツを理解する」領域もまた内容領域 3) ～ 9) を貫き、それぞれの領域に密接に結びついている。この領域は、学校スポーツで獲得すべき重要な知識やスポーツの基本的課題の洞察、子どもたちの価値観の形成に関わる領域である。

最後に、教育学的パースペクティブは、学校の中の学校スポーツの固有の課題を方向づける視点である一方で、学校スポーツという教科を越えた課題に寄与する視点も含んでいる。学校の一般的教育任務は、当該の個々の教科の課題だけではない。学校教育では教科固有の教育学的パースペクティブと教科を越えた貢献が重なり合って展開される。とりわけ教育学的パースペクティブを強調する学校スポーツは、健康促進、安全教育、交通教育、男女共修、共同的授業、異文化教育、環境教育、政治教育、美的教育、メディア教育などのような教科を越えた重要な現代的教育課題に対して貢献する可能性を持つ。

（3）学校スポーツにおける教育学的行為の原則

今回の NRW 州におけるスポーツ指導要領改訂の特徴の 1 つは、教育学的パースペクティブが強調された点であると先に述べた。その下で新スポーツ指導要領の「学校スポーツの基本方針」の中で学校スポーツの教育学的行為の原則が提起された。この原則の中でスポーツ授業実践と結びつき、改訂を特徴づける重要な原則となるのは「教育的スポーツ授業(Erziehender Sportunterrricht)の原則」である。

教育学的に方向づけられるスポーツ授業は「教育的授業」として理解され、その「教育的授業」は学校外の生活世界と関わって、教科に内在する能力、技能、知識を教えると同様、社会的、政治的な社会形成過程への判断力をもち行為能力をもって参加するために必要不可欠な見解や態度を形成する場であるとされる。スポーツは個人や社会の問題・課題に対して身体や運動を通して直接経験する通路を提供するものであり、スポーツを主な対象とする教育的スポーツ授業には、先述した「学校スポーツの二重の任務」が常に反映されたものとなる。そして、そのような「教育的スポーツ授業」における教授・学習には以下のような 5 つ原則が貫かれるとされる (Ramenvorgaben für den Schulsport. Richtlinie und Lehrpläne-Sport in NRW.1999)。

第 1 に、「多様なパースペクティブ（Mehrperspektive)」という原則である。学校におけるスポーツへの教育学的パースペクティブは、成長期の子どもの発達を固有の方法で促すと同時に、多面的な関心を呼び起こしうるスポーツ文化や運動文化の多様なパースペクティブにその眼差しを向けさせる。多様なパースペクティブを考慮することによって、学校構造の枠組みの中で子どもたちの複雑なスポーツ現象への眼差しが開かれ、運動・プレイ・スポーツとの関わりの可能性も開かれる。多様なパースペクティブへの関係を通してスポーツ的活動に様々な意味が課せられ、意味の変化を経験することができる。多様なパースペクティブによって、子どもたちはスポーツ授業の中でスポーツ的活動における両義性を知り、省察することを学ぶことになる。このように多様なパースペクティブの原則に基づいて、とりわけ授業の中では子どもたちのスポーツ的行為の意味発見に役立つ運動・プレイ・スポーツの重点化が行われることが重要とされる。

第 2 に、「経験や行為に方向づけられる」という原則である。学習は人間の生活現実を行為しながら考える過程として生じるわけであるが、授業は成長期の子どもにとって運動・プレイ・スポーツが意味ある個人の経験と具体的な生活状況から出発しなければならない。とりわけ、経験はそれぞれ固有の行為によって獲得される。そこで、子どもたち自らの手で新しい認識や洞察を獲得することや実践的行為の諸関連を試すような経験が促されるならば、スポーツ授業は上記のことを実現する傑出した方法になりうるとされる。

第 3 に、「省察（Reflexion）」という原則である。人間の発達にとって経験と行為が実り多いものになるためには省察を伴わなければならない。この方法で経験は個々人の生活世界において整理され、理解の地平は広げられ、関係を認識することができる。省察は社会的責任行為の前提として見なされる自立した判断形成の出発点である。省察の原則は「教育的スポーツ授業」というものが実践的コンピテンスの伝達だけにとどまらない。むしろ省察の原則を持つ「教育的スポーツ授業」は、様々な生活世界の諸関連の中でスポーツに参加するために獲得した知識や技能を使うことや、省察的行為を可能にするとされる。

第 4 に、「合意（Verstandigung）」という原則である。学校スポーツは子どもたち個々人にとって運動・プレイ・スポーツへの自己責任の関係を作り上げることを支援をする場である。この目標はスポーツ授業において合意の原則が貫かれる中で達成されうる。この原則は、教師が発達に合わせて子どもたちを徐々に授業の計画・実行・評価に参加させ、その意味と実現化について子どもたちと合意することを意味している。同時に、合意は子ども間の相互関係にも当てはまる原則である。スポーツ授業では一方で、成功的な相互関係を体験し、他方では社会的関係における問題やコンフリクトと対決させることもある。合意過程においてコンフリクトがどのように解決されるのかという共同の経験がそこでは教えられることになる。

第 5 に「価値に方向づけられる（Wertorientirung）」という原則である。

「教育的スポーツ授業」は価値に方向づけられる。そのような授業は様々な意味を持って運動文化・プレイ文化・スポーツ文化に参加することを教え、スポーツを越えて人格的アイデンティティを促進する。同時にそれはヒューマンなスポーツの理念に方向づけられる。子どもたちは学校スポーツの中でスポーツ的活動の潜在能力を発見し、その能力と実際に行為することとを比較判定するように導かれる。その場合、その出発点はスポーツにとって固有で、しかも両義性を持つ経験になる。例えばそれは、相互のフェアな関わりの必要性と難しさ、ルールの遵守とルールを変える洞察であったり、運動や身体的負荷が健康であるために意義があるのかないのかとするような経験でもある。

以上、NRW 州のスポーツ指導要領の開発プロセスにおいては、上記のようなスポーツ指導要領の基本方針、理念、教育学的パースペクティブ、内容（領域）、学校スポーツの教育学的行為の原則が、学校スポーツの「正当化」をめぐる論議を通して、批判を含む議論、情報公開、共同決定の原則に貫かれながら多くの人の手によって構築されていったのである。

第３節

NRW 州における Bewegte Schule の構想と実践

上述した学校スポーツに対する危機意識を背景にドイツではスポーツ指導要領や学校スポーツカリキュラムの改革が行われ、その中で Bewegte Schule（以下、BS と略す）の論議が活発に展開されてきた。BS が主張される背景には、第 1 にスポーツ指導要領改革の中で学校スポーツへの教育学的観点の強調という動きがある。第 2 に学校スポーツの現状から学校スポーツの多様な意味づけが求められるようになった点である。第 3 に学校スポーツカリキュラム開発の中で学校スポーツの学校生活（学校プログラム）への組み込みが強調されるようになった点である。第 4 に学校スポーツの「正当化」、つまり教育学的観点からの説明責任が意識される中で、学校スポーツの対象が「スポーツ」から「運動、プレイ、スポーツ」へと拡大した点である。このような動向の中で、ドイツ各州で様々な BS 構想や実践が生み出されていったと考えられる。

NRW 州はドイツの中でも先進的なカリキュラム改革を展開し、スポーツ指導要領改革のイニシアティブをとってきたと言われる。その意味で、NRW 州における BS の構想と実践はドイツの学校スポーツやスポーツカリキュラムを考察する上で注目に値する。そこで、本節では NRW 州においてどのような BS が構想され、どのような BS 実践が展開されているのかについて検討する。

1．Bewegte Schule のコンセプト

90 年代中頃からスポーツ教育学のテーマになった BS は、もともと座学に運動を取り入れること（bewegten Sitzen）に始まり、それがスポーツ教育改革とともに拡大し、学校教育学的な改革につながっていったと考えられる。90 年代ドイツ語圏（ドイツ、スイス）では、それぞれのスポーツ教授学的立場から表 2-4 に示されるようなプロジェクト研究が展開され、多様な BS コンセプトが構想された (Thiel, A. 他, 2006)。BS における目標の強調点はその研究や学校の立場によって様々であるが、共通の目標になっていることは学校に多くの運動をもたらすこと、運動空間として学校を捉えること、学校生活全体に動きを作り出すことであ

表 2-4　Muller (1999), Koessler (1999) の考察に基づく Bewegte Schule のプロジェクトとコンセプトについての概観（A. Thiel, H. Teubert, C. Cachay, 2006）

教科教授学的構想者	コンセプト／プロジェクト	基本事項
Aschebrock（1996）	運動を楽しむ学校	日常的な運動教育 固有の学校プログラム
Dannenmann（1997）	運動空間としての学校	授業原理としての運動、運動をする学校生活、活動的な座学と活動的休息
Ehni（1997）	子どもの運動生活と学校の運動教育	授業におけるすべての感覚、運動をする休息と教育学的な間、教科の部分的止揚
Funke, W.（1997）	座学空間から運動空間へ	座学空間から運動空間へ、学校内の埋め合わせと機能とレクリエーション機能の最適化
Hildebracht（1997）	運動を楽しむ学校	心理運動学的視点、動きのある授業の組織、全面的学習、活性化する運動空間
Illi（1993, 1995）	運動をする学校	動的学習、動的座学、運動的な学校財、住み心地のいい学校の教室、心理的緊張緩和、軽い運動、知覚に関わるスポーツ授業、動的休息
Klupsch, S（1997）	運動をする学校	“運動をする学校”の家（8 つの要素：クラス空間、運動する空間、休み時間における運動する機会、授業における静けさ、授業外の提供、スポーツ授業・運動授業、すべての関係者の参加、授業におけるテーマ）に関わる運動
Laging（1998）	運動をする学校文化	運動およびリクリエーションの場としての学校施設、スポーツ文化行事、暴れることができる空間、運動をしながら行う（全面的な）学習、運動をする学校文化としての学校スポーツ
Puese（1995）	運動をする学校―運動教育学的パースペクティブ	Illi を参照：スポーツ授業と運動をする学校の協会の明確化
Zimmer（1996）	学校に運動を持ち込む	教科を超えた包括的な学習原理としての運動、多様な運動経験を伴う授業としての教科スポーツ、スポーツ授業における自由な活動、運動する休憩、それらを促進する特別な対策、学校生活の一部としての運動とスポーツ

り（Regensburger Projekt, 2001）、BS に共通する教授学的根拠は、子どもの発達にとっての運動の意義を強調した点である。BS 研究を積極的に展開する Müller ら（2002）によれば、子どもの発達に運動の意義は以下のようにまとめられている。①運動は多様な知覚と多様な経験を可能にする。②運動は認知学習を助ける。③運動は社会学習を促進する。④運動は感受性を喚起する。⑤運動は運動発達および健康的身体発達の前提である。⑥運動は自己肯定感を支える。そして、BS 構想はスポーツ教育から運動を強調する教育へと向かうことになる。

また、NRW 州の学校を対象に BS 研究を展開している Thiel, A. ら（2006）によれば、BS の必要性は、以下のような 3 つの視点からその根拠が示されている。1 つは、発達理論と学習理論からの根拠であり、そこではとりわけ心理学的パースペクティブ、人間学的パースペクティブ、社会的エコロジカルなパースペクティブから BS を根拠づけている。2 つ目は、医学的・健康科学的根拠である。とりわけ医学的･整形外科的パースペクティブ、事故防止･安全教育的パースペクティブ、健康教育的パースペクティブから根拠づけている。3 つ目は、生活空間、学習空間、経験空間として学校、文化現象としての学校を構成する学校プログラムの視点からの根拠である。そしてこのようなパースペクティブから具体的な BS 構造のメルクマールを図 2-6 のように示している。BS はスポーツ授業はもとより、他教科の授業や学習に運動を取り入れる座学やリラクゼーションを求めたり、

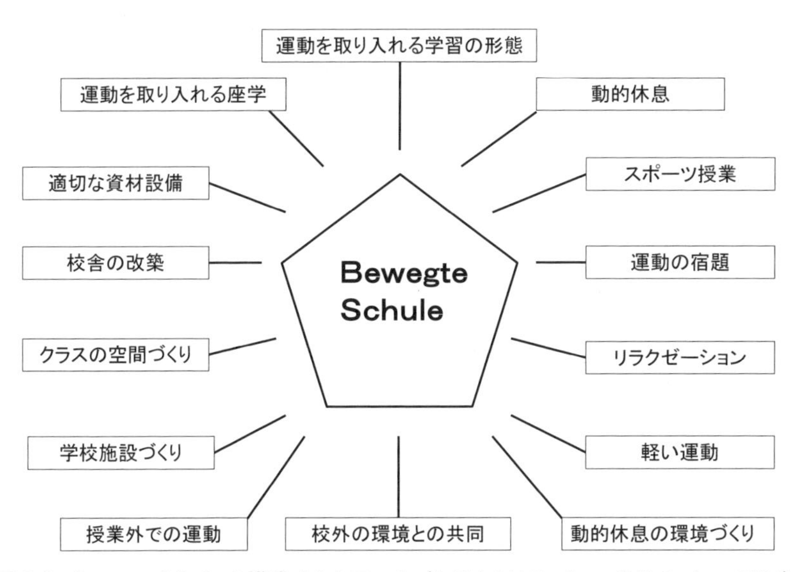

図 2-6　Bewegte Schule の構造メルクマール（A. Thiel, H. Teubert, C. K. Cachay, 2006）

授業外に動的休憩や軽い運動を導入したり、学校生活全体で日常的に運動ができるように施設や設備条件などの環境整備を要求することをその内容として含んでいる。つまり、BS は学校スポーツを教科スポーツという教科の枠内に限定せず、学校生活全体に運動を取り入れる学校プログラム開発や学校づくりにリンクさせて構想しようとしている点にその特徴があると言えよう。

2．NRW 州における Bewegte Schule 構想
―「運動を楽しむ学校（Bewegunsfreudige Schule）」―

NRW 州では先述したようにスポーツ指導要領改革の中で「運動を楽しむ学校（Bewegunsfreudige Schule）」（以下、BfS と略す）構想が提起される。Müller（1999）と Kössler（1999）の考察に基づいて BS のプロジェクトとコンセプトについてまとめた Thiel, A. ら（2006）は、NRW 州のスポーツ指導要領作成をコーディネートした Aschebrock, H. によって提起された BfS が NRW 州における BS のコンセプトになっていると指摘する。

Aschebrock, H.（1996）は、BfS のコンセプトについて以下のように構想した。彼はもともと BfS のコンセプトについては、1985 年の NRW 州スポーツ指導要領において「子どもの運動欲求を特別に考慮すること。身体的精神的発達にとって十分な運動が重要であり、それゆえに子どもの学習は全身体や全感覚をともなう学習である」（KM NRW, 1985）と指摘されているにも関わらず、このねらいが多くの小学校において考慮されていないことを確認し、子どもの運動能力不足の実態と子どもの事故保険報告を拠り所として、スポーツ授業に加えて、学校における「日常的な運動時間」を要求した（ss.132-133）。そして運動教育を全ての教科の関心事とし、学校全体の教育コンセプトの一部分として「日常的運動時間」を全ての教師が取り入れ、スポーツ教師がその中心的な役割を担うべきだと主張した。「日常的運動時間」を主張する彼のねらいは、子どもの発達と制度改変に向けられていた。彼は、授業にリズムをもたせる運動時間の導入、学校生活の中で集中と休養の交代を可能にするための柔軟運動の導入を要求し、子どもの全面発達を目指す生活空間・学習空間である学校では教科を越えた教育課題として運動を重視すべきであると主張した（ss.134-137）。そして、それぞれの学校で同僚教師全員によって固有の学校プログラムを作ることが重要であるとした。BS コンセプトの実現は、教科スポーツの存在理由にとって危険性を孕むものではなく、これまで以上に学校スポーツの教育学的意義、信用、影響を増すものであり、学

校スポーツは各学校現場で学校生活づくりにおいて他教科との共同や学校プログラムづくりに積極的に組み込んでいく必要があるとした。そのことによって学校教育の中で運動、プレイ、スポーツの意義が確認されることになると主張した。

こうした主張とその論議の中で、NRW 州のスポーツ指導要領においては、BfS を主導理念とする「学校における運動、プレイ、スポーツ」の構造的枠組みが前節の図 2-3 のように構想され、BfS は以下のような特徴を持つものとして示されている。

> すべての生徒にとって必修のスポーツ授業（教科スポーツ）は学校の運動・プレイ・スポーツの中心である。子どもの発達にとって必要な刺激を与え、社会における運動やスポーツへの参加の基礎をつくる。それぞれの学校種で、生徒は基礎スポーツ授業に加えて選択必修授業で経験を深めたり、その授業を通して学校時代に重点的に行うスポーツを決定する可能性をもっている。また生徒の心理運動の促進を目指す授業としてスポーツ促進授業もある。そのような授業にはセラピーとしての運動（ex. 乗馬セラピーなど）を促進するような多様な形態がある。
>
> スポーツ授業と並んで教科外スポーツは、学校での運動・プレイ・スポーツ教育の本質的構成要素であり、ここでは休み時間のスポーツ、学校スポーツクラブ、学校スポーツ祭、学校祭の中の一連のスポーツ、学校スポーツ競技会、スポーツ・デイ、遠足等がある。教科外スポーツは子どもの自由意思によることが重要である。
>
> スポーツ授業と教科外スポーツは共同で学校スポーツの課題領域を構成する。しかしながら運動は学校スポーツの課題だけにとどまらない。学習生物学の知見に基づけば、学校スポーツと並んで運動活動は、学校における生活と学習のリズムづくりに必要である。その時間はスポーツ授業のない日の規則的な運動時間であり、他教科や他の学習領域で自発的に運動し、ストレスを解消する時間でもある。教科の枠を越えた学習や学校生活づくりに学校スポーツは貢献しているのである。子どもたちの運動世界や運動生活の重大な変化を考慮して、運動の喜びに満ちた学校生活を創り、また学校プログラムの中に運動・プレイ・スポーツを明確に定める必要性がある。NRW 州ではその意味で「運動を楽しむ学校」という主導理念を掲げている。
>
> （Landesinstitut für Schule und Weiterbilgung, NRW, 1997）

3．NRW 州の学校における Bewegte Schule 実践の実態調査研究

Thiel, A. ら（2006）は、NRW 州の学校における BS 実践の実態調査（48 校）を行い、NRW 州における BS 実践の特徴を引き出している。その主な調査結果をここでは紹介してみたい。

（1）BS のコンセプトが学校プログラムの構成要素になっているか

子ども数が① 180 名以下の学校、② 181 ～ 360 名の学校、③ 361 名以上の学校という学校規模別に調査した結果、68.8％の学校が BS のコンセプトが学校プログラムの構成要素になっている。学校規模別で見ると、①が 54.5%、②が 67.7%、③が 100% 構成要素になっていると答えている。約 7 割の学校が BS のコンセプトを学校プログラムの中に位置づけており、学校規模が大きくなればなるほど明確に位置づけている傾向になっていると思われる。

（2）BS のどのような要素が学校プログラムの構成要素になっているか

以下のように、4 つの指標に区分された BS の要素が学校プログラムの中に取り入れられている。

① BS の根拠：運動発達（3.4%）、運動不足（3.4%）、心身の健康（3.4%）、心の補償（3.4%）、攻撃性低下（3.4%）、リラックス（3.4%）、身体経験（3.4%）

②インフラ指標：バランスボール（6.9%）、遊び用具（3.4%）、自由空間があるクラス（3.4%）、卓球場（3.4%）、休み時間の遊び道具（10.3%）、校舎の改造（13.8%）

③授業における内容的指標：運動を伴う学習（6.9%）、全日学習（6.9%）、動的休憩（23.3%）、水泳授業（1.9%）、スポーツ週間（1.9%）、通常のスポーツ授業（3.4%）、心理運動グループ（3.4%）

④教科外の内容的指標：休み時間のスポーツ（15.4%）、少し動く休み時間（6.9%）、運動する休み時間（5.8%）、スポーツ競技会（3.4%）、ウオーキングデイ（3.4%）、フェスティバルと休暇（17.2%）、スポーツクラブとの共同（3.4%）、共同活動（2.9%）、自転車トレーニング（3.4%）

多くの BS 要素（29 要素）が学校プログラムに取り入れられているが、とりわけ中でも高い頻度で取り入れられている要素は、動的休憩（23.3%）、フェスティバルと休暇（17.2%）、休み時間のスポーツ（15.4%）、校舎の改

造（13.8%）、休み時間の遊び道具（10.3%）である。休憩や休み時間をどう活用するかという問題、校舎をどのように改造して使うかという問題に関心が高いと思われる。一方で BS の根拠については高い関心が示されておらず、この点に BS を普及する上での重要な問題が潜んでいるように思われる。

（３）BS を学校プログラムに取り入れる際に誰がリードしているか

学校規模別（① 180 名以下の学校、② 181 ～ 360 名の学校、③ 361 名以上の学校）に調査した結果、①の学校では校長が 57.1%、スポーツ教師が 28.6%、他の教師が 14.3%、②の学校では校長が 20.0%、スポーツ教師が 75.0%、③の学校では校長が 66.7%、スポーツ教師が 33.3% であった。小規模校と大規模校では校長がリーダーとなっているが、中規模校ではスポーツ教師がリーダーとなっていることがうかがわれる。

（４）BS についての知識をどのように得ているか

BS についての知識獲得の方法で主流なものは、「校外での研修」（79.6%）、「自分自身で」（70.6%）である。他、「教師や学校の会議」（19.6%）、「校内研修」（19.6%）、「教師試験」（13.7%）、「大学」（11.8%）であった。教師の多くは、校外研修か自己学習によって知識を得ており、それぞれの学校内で組織的に研修や学習が行われていない状況があると考えられる。最も頻度の高かった「校外での研修」において多くの教師は、学校課による公の研修（64.7%）から知識を得ているものと考えられる。他ではスポーツ競技連盟の研修（15.7%）があげられている。研修内容の充実とともに、校内での同僚たちによる研修システムの確立が重要課題になろう。

（５）BS を行う時間帯・活動形態（学校規模別）

学校規模別（① 180 名以下の学校、② 181 ～ 360 名の学校、③ 361 名以上の学校）に調査した結果、以下のような傾向がみられた。

学校規模に関わりなく多くの学校で BS が行われている時間帯・活動形態は、「行事の時間」（① 84.6%、② 96.8%、③ 100％）、「授業活動中」（① 76.9%、② 100%、③ 57.1%）と「半日を使った活動」（① 67.2%、② 58.1%、③ 85.1％）であった。学校外の組織と連携した行事、他教科の授業の中に組み込む活動、特別日として設けた半日活動が BS の実施形態として主流となっていることがうかがわれる。

（6）通常クラスにはBSの観点から有意義と思われるどのような道具があるか

通常のクラスにおいて意味ある道具として置かれているのは、椅子、調節できる机、作業机、バランスボール、くさび形クッション、クッション/マット、ソファ、絨毯の床、遊び道具、調度家具であった。その中で比較的設置率の高いものは、調節できる机（63.5%）、くさび形クッション（44、2%）、バランスボール（40.4%）、クッション/マット（36.5%）、調度家具（36.5%）であった。

（7）休み時間をどう作り、活かそうと考えているか

この質問に対する答えとして頻度の高い順に挙げれば、「朝食の時間と運動の時間を分離する」(100%)、「道具の貸し出し」(88.5%)、「道具の持ち込み」(59.6%)、「自由な運動活動の提供」（41.2)、「関節柔軟運動の提供」（14%)、「生徒とつくる」(9.6%)、「体育館の開放」（7.7%)、「親とつくる」（1.9%）である。すべての学校において朝の休み時間において「朝食の時間と運動の時間を分離」してBSを行うことが重要な課題となっていると考えられる。また、休み時間には手軽な道具を使って活動することが意識されていると考えられる。

（8）教科外における運動機会の提供

教科外における運動機会の提供について頻度の高い順に示せば、「スポーツ競技会」(78.4%)、「運動に重点を置いた学校祭」(76.5%)、「ダンス／演劇」(66.7%)、「AG s」(58.8%)、「ゲームフェスティバル」(52.9%)、「運動に重点を置いたクラス旅行」(39.2%)、「運動に重点を置いた学校ハイキング」(21.6%)、「運動に重点を置いた修学旅行」(2.0%) である。校内のスポーツ競技会、学校祭的なもの、旅行などの年間の学校行事の中で意識的意図的に運動機会を提供しようとしていることがうかがわれる。

（9）学校外との共同

多くの学校が学校外と共同していると答えている（70.2%)。学校規模別（① 180名以下の学校、② 181 ～ 360名の学校、③ 361名以上の学校）に調査した結果、学校規模に関わりなくほとんどの学校で「中庭の開放」(① 100.%、② 93.5%、③ 100%)、「スポーツクラブへの推薦」(① 100.%、② 80.6%、③ 100%）を学校外との共同として行っていると答えている。また、「フェスティバルや休暇時の場所提供」(① 66.7.%、② 69.0%、③ 83.3%）も学校外共同として多くの学校で行われている。「スポーツクラブから指導員派遣」については、中小規模校では

ほとんど見られないが、大規模校においては比較的多く取り入れられているものと思われる（① 16.7%、② 16.7%、③ 60.0%）。

４.「運動を楽しむ学校（Bewegungfreudige Schule）」—NRW2004 顕彰におけるモデル実践校—

NRW 州では、2004 年に州の学校スポーツの理念であり、また州の BS の主導理念になっている BfS の実践を普及させるため、「運動を楽しむ学校（Bewegungfreudige Schule）NRW2004」（NRW 州文部省, 2004）という顕彰を行っている。この顕彰の目的は、BfS の成果を収めている学校を表彰して動機づけ、その成功した効果のある方法を広め、学校開発プロセスの質を高めるためであるとされている。

NRW 州において 168 校がこの顕彰に応募した。応募した学校種の割合は、小学校（51%）、特別支援学校（18%）、基幹学校（8%）、総合学校（8%）、ギムナジウム（７%）、実科学校（7%）であった。小学校が圧倒的に多く、BS への関心と実施が小学校中心になっていることがうかがわれる。その中から優秀校として以下の学校が表彰された。以下、これらの学校の BfS 実践を紹介してみたい。

（１）Ahle 小学校

Ahle 小学校は、強制移住者と亡命申請者のための暫定地域にある田舎の学校である。児童数 84 名、教師７名（その内、スポーツ教師２名）。とりわけ外部へは、親の会、後援会、幼稚園、大学ゼミ、教会、スポーツクラブ、消防署、演劇教育工房、学校の青少年プロジェクト（健康食品）、学校と会社の共同（基金）に開放され繋がっている。

BS に関わって、学校における運動・プレイ・スポーツの目標は「頭、心、手を使って学習すること」としている。授業のある日には、子どもの学習と運動欲求に基づき、教師の裁量で授業の始まりや授業の合間に動的休息（運動を伴う休息）を取り入れて生活リズムを作っている。それらはすべての教科で行っている。さらに学年を超えた活動として、ダンス、共同奉仕活動、スポーツ促進授業、学校プロジェクト、スポーツ祭、学校祭も行っている。同時に運動教育に重点を置いた、指導要領にしたがうスポーツ授業やスポーツ競技会、連邦青年祭にも参加している。

「運動を楽しむ学校」づくりとして、当校において最も注目すべき実践プロジェクトは、アフリカの子ども緊急支援のための学習を促進する太鼓コンサートに参加する「子ども一世界プロジェクト」である。もう1つは、教育的視点から「大きなカオスゲーム」(運動課題を考えるスポーツ)という“ゲーム&スポーツ祭”に参加したことである。

(2)Bonn-Beuel 総合制学校

当校は全日の学校活動を行っており、1350名の生徒、125名の教師が在籍している(その内スポーツ教師の資格を持つ教師が25名)。当校での生活と学習の特徴は、多様な人間を統合し、個々人の能力や学力を伸ばすことである。社会的参加と学びの喜びが自立的、集団的にコンフリクトを解決する能力を備えた人間を育成すると考えている。個々人の学習や学力に応じて7学年から多様なコースが設けられている。数学と英語は7学年から、ドイツ語、化学、物理学においては9学年から多様なコースが設けられている。外国語、自然科学、芸術教科は7学年と9学年で選択必修になっている。他の教科(ex. スポーツ)ではクラス合同の授業を行っている。

当校における運動・プレイ・スポーツに関わって、学校固有の教科として5学年で健康教育を位置づけている。教科の中で、また休み時間や昼休みに運動を提供をしている。学校内の共同活動領域ではスポーツクラブと共同して子どもを育成している。また指導者補助員を育成したり、多くの学校スポーツ競技会にも参加している。

当校で最も成功した実践は、国際スポーツイベント(アテネマラソン)への参加、サッカーワールドカップにおいて「ワールドカップ学校」としての参加、および障害児と健常児の統合授業である。

(3)Jakob-Moreno 学校

当校は学習障害のための学校であり、生徒数280名、教師数31名、非常勤教師4名、スクールソーシャルワーカー1名、共同職員4名、スポーツ教師5名、運動療法士1名で構成されている。

運動・プレイ・スポーツに関わって、当校では知覚と運動が人間の学習の拠り所と考えている。運動を通しての学習が当校の重要な教育的視点であり、学校プログラムの重点でもある。

まず、通常の授業において運動を提供している。基礎学年のスポーツ授業や水泳授業においては心理運動(6時間)を、上級学年においてはフェルデンクライシスの体づくりやコミュニケーショントレーニングを行っている。運動を指向した共同活動では、フットボール（低学年、上級学年、女子）、太鼓、水泳、カヌー（低学年、中級学年、上級学年、競技グループ）、フリスビー、ボールプレイ、縄跳び、自転車、ヨガ、ダンスを行っている。

セラピーでは、馬術や水中での運動を行っている。その他、修学旅行、ウオーキングデイ、スポーツ学校への参加を促している。

また動的休息も行っているし、SSF ボンカヌースポーツクラブ、TUS サッカークラブとの共同も行っている。

当校のベスト実践は、定期的に開催している「ダンス劇」である。また生活教育的な視点から、NRW 州のスポーツ連盟主催のスポーツにおける文化活動に参加したり、運動に重点を置く修学旅行も催している。

（４）Clarholz Wilbrand 学校

当校は生徒数 304-342 名、クラス担任教師 12 名、教科専門教師 4 名、スポーツ教師 7 名である。

当校における運動・プレイ・スポーツの主導理念は、生活のために相互に活動し運動することであり、学校プログラムにおいて運動・プレイ・スポーツは重要な構成要素となっている。例えば 1 年間を通して、ゲーム＆スポーツ祭、ダンス祭、校内バスケットボールトーナメント、校内スポーツクラブなど様々なイベントを行っている。そこでは特に親と子どもの学校プログラムとして親の関わりを強調している。

学校生活における運動・プレイ・スポーツでは、「運動を楽しむ親子“星旅行”」（2005 年 6 月）、運動を楽しむ空間としての「校庭造り」の後援、幼稚園との共同で 1 学年における学校生活のリズム化を行っている。

特に当校の優れた実践としては、まず第 1 に親の参加によるゲーム＆スポーツ祭があげられる。毎夏学校では州の青年祭とスポーツ祭を定期的に交替して行っている。ゲーム＆スポーツ祭は、子どもによって計画、運営される。各クラスは一つのゲームかスポーツ活動を必ず準備する。午前中は、クラスの親によって会場づくりがサポートされ、各々の子どもは、走カードを持って 12 のプレイ会場を楽しみながら走って探し、手際よさを競う。当年は「缶ポックリ走」、「インディアンゲーム」、「卵運び走」など多様なゲームを取り入れ、すべての子どもが表彰されるようにしている。午後には、後援会による「スポンサー走」にすべての子どもが参加する。後援会から得たお金は運動を楽しむ空間としての校庭の作り替えに使われる。

またスポーツ週間の 3 日を「知覚―聞く・感じる」をテーマにして、クラス毎に音の庭、足踏み場、リラックスルーム、マッサージルームに行って活動する。昔ながらの休み時間遊びを行い、低学年に対しては飛び跳ね用の「跳び箱」や休み時間に使う道具を準備している。また、“特別日”の午後には乗馬クラブを招待し馬に乗って楽しむこともある。

Wilbrand 学校のダンスパーティは長い歴史を持っている（20 回）。12 校の学校が集まり、フォルクローレ、ステップエアロビクス、パントマイム、ヒップホップ、ジャズ&ポップを行う。小さい子ども時代に多くのリズムと運動を伴った音楽を生活の中で経験することが目的である。カフェテリアや果物や野菜スタンドは後援会によってサポートされる。

（5）Jürgens Hof 基幹学校

Jürgens Hof 基幹学校は、外国人移住者や生活が困難な家庭の子どもが登校している学校であり、210 名の生徒と 18 名の教師（その中に僅か 3 名のスポーツ教師）で構成されている。

運動・プレイ・スポーツに関わっては、生徒の自然な運動欲求を満たす空間を与えるよう努力している。子どもたちに必要な経験をさせるために、学校はすべての子どもが運動の楽しさを得ることができるように、スポーツ活動領域について努力している。当校は、学校とは学習の場所であるばかりでなく生活の場所であり、かつ気持ち良く過ごせる場所と捉え、多様なスポーツ共同活動、スポーツ祭、スポーツ・デイを効果的に行っている。学校プログラムは、教師、ソーシャルワーカー、親、子ども、クラブと共同でネットワークを作っている。

教師は、様々な教科の授業で 45 分椅子に座っていることが難しい低学年の子どもたちに対して、運動欲求に適した運動を提供している。例えば、授業中生徒の集中力が切れたとき、短い運動ゲームを入れる。それは新しいスポーツ指導要領の内容領域「滑る、乗る、回る」スポーツに類するものである。

学校スポーツでは身体バランスが強化されている。身体バランスがよくないと精神的なバランスも機能しない。当学校では 8 つの台車を持って、バランス能力、反応能力を含むコーディネーション能力を高めている。例えば台車に座ったり、寝たり、跪いて走ることによって、知覚能力を高め、運動経験を拡大するような体験をとりわけ重視している。バランス用具の開発によって、子どもは動いたりバランス能力を高めたりすることを学ぶようになる。これらは心理や身体における健康づくりに寄与している。

当校のベスト実践として、教科を超えた授業におけるカヌープロジェクトがある。それは 8-9 学年において選択授業として自然科学―技術―スポーツとの関連領域で 2 週間連続のアウトドアプロジェクトである。ライン川の水路を使い 800m のコースを作っている。これは新スポーツ指導要領の内容領域「滑る、乗る、回る」における水辺スポーツに合致している。このカヌープロジェクトは、最初は技術を学ぶ授業において 3 つの作業チームごとにカヌー小屋を作るところから始まる。この作業で生徒たちは一般社会の職業間で生じるようなコミュニケーションを効果的に行うようになる。またこのカヌー小屋作成プロセスではボートを作る知識を獲得することになる。予算は 300 ユーロ以内で、校内にボート小屋を作る。3 月から 6 月初旬までカヌー小屋づくりは進められる。その夏から障害を持った人も参加するカヌープロジェクト授業週間が始まる。翌年 5 月、自転車―マラソン―カヌーを行う第 1 回「トライアスロン大会」が開催された。

（6）Dieckerhoffstrasse 小学校

Dieckerhoffstrasse 小学校は Wuppatal にあるキリスト系小学校で、児童数 203 名、８クラスの学校である。校長、12 名の教師、秘書で構成されている。その内 3 名の教師はスポーツが教えられる教師であり、授業補助や水泳の授業を引き受けている。

運動・プレイ・スポーツに関わっては、学校プログラムの中で「学校にもっと運動を」をテーマにし、すべての子どもに日常的な運動時間を確保することの必要性を主張している。学期の始まりにアクティブな意味ある休み時間づくりをしたり、すべての教科を運動を楽しむ授業と位置づけ、教科授業の中でリラックスしたり心を静める練習を取り入れている。1 ～ 2 年生のスポーツ授業は週 1 回＋運動経験の少ない子どものための促進授業を行っている。3 ～ 4 年のスポーツ授業は、新スポーツ指導要領に基づき、週 1 時間のスポーツ授業と 2 時間連続のスポーツ授業あるいは水泳を行っている。学校の施設は、子どもの運動欲求を考慮して作られている。学校の横と裏には子どもたちが自由に遊んだり跳ね回ったりすることができる校庭があり、校舎の地下にはいろいろな遊びや運動を選ぶことができるようにボールゲーム場、鉄棒、ロッククライミング、卓球台、跳び箱が装備されている。当校では運動を楽しむ子どもたちのために、放課後にはスポーツクラブと共同し、5 つの「生徒の自主的スポーツ共同活動」＝ハンドボール、サッカー、水泳、体操、ダンスを設けている。これらの活動は学校クラブによって支えられている。

注目すべき実践の1つは、Sperlichサーカス（www.Circus-Sperlich.de）との共同である。2003年5月に10日間、Sperlichサーカスファミリーを招待した。親や消防署の力を借りて校内にサーカステントを立て、「サーカス村」と名づけた。プロジェクト週間における平日には、2時間のサーカスプログラムを行い、週末は6つのセッションを行った。主な出演は子どものみである。このサーカスプロジェクトは、ハラハラドキドキする体験であり、学校プログラムづくりにおいて教師と親が即座に採用したものである。

2つ目は、「アフリカ・デイ」である。2004年5月に「アフリカ・デイ」週間を設けた。このプロジェクトはトーゴの“Deka Wowo”クラブの寄付によって行われた。多くのグループで、アフリカの子どもたちがどのように生活し、遊び、何を食べ、何を着て、どんなスポーツしているかなどを教師、親とともに考え実践した。土曜日に「アフリカ・デイ」イベントを行い、子どもたちが周囲100 mの観衆の回りを走りながら寄付金を集めた。寄付は約5000ユーロ集まり、トーゴに送った。このプロジェクトによってトーゴの子どもたちとの交流が可能になった。

（7）Martin-Lutter学校

Martin-Lutter学校は、1年～10年までの13クラスある学習障害児のための学校であり、生徒数190名、教師17名、その内4名がスポーツを担当できる教師である。

運動・プレイ・スポーツについては、運動は学習障害児にとって学習の前提であり、彼らの欲求であると捉えている。そして以下のような「運動についての4つの中心コンセプト」を設定している。

①授業における運動；学習障害児は多くの知覚チャンネルが欠損しており、文字の学習においてはただ見る、聞くばかりでなく、文字をこねたり、切ったり、貼ったり、文字を持って歩くような促進プログラムを展開している。つまり、手と足を使った学習が原則となる。

②休み時間のスポーツ＝理念「自由な学校」；この学校の休み時間が興味深い。例えば、フロア上でサッカーゲームが催される。12～16才の子ども20名程度は休憩ホールにある2台の卓球台の周りを走って回ったり、10人ほどは校内でバスケットボールをしたり、8人ほどは2つのゴミ箱をゴールにして簡易サッカーを楽しんでいる。女の子は縄跳びをしたり、体育館ではドッ

ジボールを楽しんでいる。休み時間は部分的には指導を行うが、「自由な学校」理念に示されるよう自由にスポーツを楽しませている。この時間には殴り合いやけんかは起こらないという。多くの生徒の運動欲求とスポーツ活動が満たされ、社会的プロセスが育まれる。

③教科としてのスポーツ；学校スポーツは定期的に3時間設定している。教科スポーツは学校の体育館と地域のスポーツ場、プールを使う。一方、学校チーム対抗の学校対抗競技会（サッカー、バスケットボール、バドミントン）も行っている。陸上競技は連邦青年競技会に参加し、校内ではストリートボール大会も行っている。

当校の注目すべき実践の1つに「競技大会」がある。7～10学年のすべての生徒がドッジボール、ストリートボール、卓球、サッカーに参加する。また、2つ目は「カトリック教会との共同フィットネス」である。15才以上の生徒はカトリック教会にあるフィットネス場において教師の下でフィットネスを行う。3つ目は「自転車」である。中等段階の生徒は週に一回、警察の援助の下で自転車を練習するというものである。

以上、NRW州におけるBfSの実践についてみてきた。NRW州におけるBfSは、小学校、特別支援学校、基幹学校、総合学校、ギムナジウム、実科学校と多様な学校種で実践され、その中でもとりわけ小学校での実践が圧倒的に多く、BSへの関心と実施が小学校中心になっていることがうかがわれる。「BfS NRW2004顕彰」で表彰された7校におけるBfSの実践例に見られるように、BfSはどの学校においても、学校や子どもの生活の中に意図的に、積極的に運動を取り入れることをねらいとしている。そして、それぞれの学校のBSにおける活動内容の重点には濃淡はあるものの、共通することはスポーツ授業、他教科の授業、休み時間、教科外活動、学校生活、地域と連携した活動の中でBfSが展開される点である。つまり、BfSは教科や学校の枠内にとどまらず、地域の中に広がる活動として実践されている。とりわけ、表彰された学校で注目実践として紹介されている実践はユニークな実践が多い。例えば、「国際スポーツイベント」「ワールドカップ学校」への参加、「ダンス劇」、「州のスポーツ祭」への参加、「12校共同のダンスパーティ」、「カヌーイベント」、「サーカス団との共同サーカスプロジェクト」、「アフリカ・デイ」、「カトリック教会との共同フィットネス」など、保護者や地域とつながるイベントとして楽しめるBfSが組織され実践されている。この背景には、BfSや学校スポーツの正当性を学校内外に訴えようとする意図があるように思われる。

5．まとめ

本節では、90年代以降ドイツのスポーツカリキュラム改革が展開される中でスポーツ教育学の重要なテーマとして論議、実践されてきたBSに着目し、とりわけNRW州のBS構想と実践について考察した。

BSは、子どもの生活に多くの運動を取り入れるため、学校を運動空間と捉え、学校生活全体で日常的に運動ができるようにすることを主要なねらいとしている。そして、BSは教科スポーツという教科の枠内にとどまらず、他教科、休み時間、学校生活全体に運動を取り入れる学校プログラム開発や学校づくり、さらに地域の活動とリンクさせて構想しようとしている点にその特徴がある。その背景にはBfSおよび学校スポーツの「正当化」問題があると考えられる。

NRW州では、BfSがBSのコンセプトになっており、BfSを実践している約7割の学校がそのコンセプトを学校プログラムの中に位置づけている。また、小学校、特別支援学校、基幹学校、総合学校、ギムナジウム、実科学校など多様な学校種で、多様な活動内容を持つ実践が展開されていることが明らかになった。BSとしてのBfSが学校スポーツカリキュラム開発につながる積極面は、ブッパタール大学研究グループ（Wuppertaler Arebeitsgruppe, 2008）が指摘するように、BfS開発が学校づくりプログラムに調和よく統合され、「運動・プレイ・スポーツ」が学校での共同的な関心事となったこと、学習活動にとっての運動の存在価値が共感的に評価されたことであろう。一方、BfS開発には、①「運動・プレイ・スポーツ」が学校プログラムに具体的にかつ適切に根づいていない、② BfSを担う人材不足がBfS開発を妨げている、③学校条件の不十分さがBfS開発を困難にしている、④ BfS開発が学業主要教科の優位性との比較の中で苦悩しているという問題点も存在する。BSが学校スポーツカリキュラム開発の中に正当に組み込まれるためには、上記の問題点と、BSの目的論に関わる運動と教育の関係（運動のもつ教育的機能）、運動とスポーツの関係（運動の持つ文化機能）について、スポーツ教育学・教授学の立場から理論的および実践的に明らかにしていく必要があろう。

第４節

ドイツにおける教師による スポーツ指導要領の評価

Stratemyer, F. B.（1947）は「評価はカリキュラム編成の統合部分であり、カリキュラム編成とカリキュラム評価は連続的でなければならない」と述べ、また天野（2004）によれば、カリキュラム評価は教師の主体的実践を支えるための基本となる要であり、教師によるカリキュラム開発においては実践主体である教師の評価行為の自覚化が重要かつ不可欠であるにも関わらず、カリキュラム研究においてはカリキュラム評価の問題が未開拓な現状にある。その意味で、今日カリキュラム開発を進めていく上で実践主体である教師によるカリキュラム評価は重要な課題になる。同時にカリキュラムは、学習指導要領―学校カリキュラム―教科カリキュラム―年間計画―単元計画―授業計画という階層構造をなしており、この階層構造を視野に入れて、カリキュラムの自己創出性という観点から、教師によるカリキュラム開発の方法やカリキュラム評価の問題を明らかにしていく必要がある。

とりわけ、日本では法的拘束力を持つ学習指導要領によって各学校現場で作る学校カリキュラムや体育カリキュラムは強く規制され、そのことが日本のカリキュラム開発や評価の研究を停滞させてきた要因であるとされる（天野，2006, pp.35-38；出原，2006）。一方で、今日の学校現場では学習指導要領を無視しては実践を基盤にしたカリキュラム開発が困難であると考えれば、まずは現場の教師が目の前の子どもや学校の実態・状況に照らし合わせて学習指導要領を正面から評価する必要があるように思われる。海野（1998）は、文部省が学習指導要領改訂作業のために行った『調査報告書』（文部省，1997）を分析する中で、以下のように文部省による学習指導要領評価の問題点を指摘している。それは体育科の場合、調査研究協力校として委嘱された僅かな小学校のケースだけで現行学習指導要領のもとでの日本の体育の学習状況が語られている点、さらにそこでの児童の学習状況の評価がすべての学年、すべての単元、すべての評価観点で、目標に対して「特に良好」または「良好」となっている点である。本来、学習指導要領の評価は、各学校で目の前の子どもや学校の状況に照らし合わせながら事実や実践に基づいて教師によって自由闊達に行われるべきであり、こうした学習指導要領評価の結果がオープンにされ交流されて各学校のカリキュラム開発に活かされたり、学習指導要領の改訂に活かされていくべきであろう。その意味でも教師による学習指導要領評価はカリキュラム開発研究の重要な課題となる。1958 年を境に体育においてもカリキュラム研究が停滞していく中で、体育実践に視座を置き教師たちが関わった総合的な体育カリキュラム開発として挙げられるのは、1976 年に日本教職員組合中央教育課程検討委員会が提案した『教育課程改革試案』と学校体育研究同志会教育課程自主編成プロジェクトによる『教師と子どもが創る体育・健康教育の教育課程試案』（2003）にすぎない。さらに、教師による学習指導要領の評価やカリキュラム評価の研究は不十分であったと言わざるを得ない。

一方、ドイツでは 1990 年代に入り各州（16 州）でスポーツ指導要領改革が積極的に展開された。こうしたスポーツ指導要領改革の背景には学校スポーツに対する危機意識があり、その中で学校スポーツの存在根拠を示す論議を展開しながら、各州のスポーツ指導要領改訂作業が行われている。そしてこの改訂作業の中で問題として浮かび上がってくるのがカリキュラム開発の方法やカリキュラム評価の問題である。Balz, E.（1993）は「指導要領改訂のためには、様々な経験、データ、洞察が必要であり、その重要な観点は指導要領を教師がどう評価しているかである。実践的な観点からは注目に値する具体的な示唆が得られ、スポーツ教師による指導要領評価の再構築が今日重要な課題となっている」（ss.5-6）と述べている。こうしたスポーツ指導要領改革の背景や問題意識からドイツでは教師によるカリキュラム評価の経験科学的・実証的な研究が積極的に行われるようになった。これらの先駆的な研究からは、我が国の体育カリキュラム開発の方法やカリキュラム評価研究にとって貴重な示唆が得られると思われる。

そこで本節では、ドイツにおける近年のスポーツ指導要領評価の研究を整理・検討する中から、教師によるスポーツ指導要領評価のあり方やその方法について考察する。

1．ドイツにおける教師によるスポーツ指導要領評価に関する研究の経緯と特徴

ドイツにおけるカリキュラム研究（教科スポーツも含む）は、70 年代から 80 年代初頭にかけて活発に展開されたが、80 年代以降に停滞していったと言われる（Aschebrock, H./ Hüber, H.1989）。その中で、70 年代以降におけるドイツのスポー

表 2-5　スポーツ指導要領の受容と実践への導入についての経験科学的・実証的研究（Vorleuter, 1999）

＊研究者 ＊発行年 ＊州：実行年、調査対象	＊抽出者	＊問題設定	＊方法	＊評価
A．指導要領の受容と実践への導入についての基礎的調査研究				
・Altenberger（1974） ・オーストリア；1972/73 ・教師によるその時々の有効な指導要領やスポーツ授業の多様な観点の見解	・教師 200 名 回収率 62.2％	・指導要領の使用 ・指導要領の受容 ・指導要領による制限 ・指導要領の機能 ・指導要領過程の共同作業	・記述式アンケート 質問数 67、その内 11 の質問は指導要領に直接かかわるもの	・パーセンテージ ・パーセンテージ 2 次元の Kontingenztafeln ・統計的保障のない関係説明
・Gehnen, Pache & Kuntze（1983） ・ＮＲＷ州；70 年代終盤 ・教師による指導要領の必要性、遵守、役割についての見解（1973 年以降の小学校）	小学校教師 243 名 Koeln 地域の現職教育研修に参加した教師 回収率 94.5％	・スポーツ指導要領の必要性、意義、義務性 ・スポーツ授業における指導要領の実際の遵守、注意、役割 ・その遵守の点検とコントロール ・授業計画づくりにおいて指導要領が与えうる援助	・教師による 34 の陳述の記述による評価 その内 18 の質問が問題設定に直接かかわる	・パーセンテージ ・18 項目の要因分析的分類
・Inde（1988） ・ニーダーザクセン州；1985/86 ・多様な学校種に対するスポーツ指導要領（1982-85）についての教師の見解	・すべての学校種の教師 147 名 ・Hannover 地域の現職教育研修に参加した教師 回収率 91.3％	Gehnen ら（1983）の問題設定の再分析	・Gehnen ら（1983）が使ったものの修正版	・パーセンテージ
・Brautigam（1986） ・NRW 州 ・授業計画における指導要領の存在意義（1982）	・すべての学校種の個人的知り合いの 30 名	・スポーツ指導要領の受容と実践への導入についての標準化されていない質問	・主観的分析 非構造的インタビュー	・解釈的評価
・Stegeman（1986） ・オランダ ・課題なし；授業準備の要因	・すべての学校種の教師、約 1000 名。オランダスポーツ教師連盟構成員から回収 ・回収率約 50％	・何が計画されました？ ・どのように計画されましたか？ ・計画にどのような要因が影響を与えましたか？	・授業準備の 26 の要因についての記述的評価	・パーセンテージ ランク付け
B．狭い意味での評価研究				
・Engler, Hecker & holter（1981）、州委員会（1985） ・NRW 州（1974-78）；小学校指導要領の目標設定に関する教師の見解	・生徒 2500 名 ・小学校教師 95 名（その内指導要領のコンセプトについての 53 名に質問）	・指導要領の構築、組織 ・包括的な目標設定 ・物質的前提条件とメディアの使用	・53 名の教師へのインタビュー ・生徒；運動能力テスト、スポーツへの関心や授業の雰囲気に対する一般的質問	・パーセンテージ ・関係の分析はない
・Rheinland-Pralz 州の委員会（1981） a　基礎段階のスポーツ授業のための指導要領草案の開発とテスト b　中等段階 I のスポーツ授業のための指導要領の開発とテスト（1972-76）	a　対象学校 39 の学年（1972-74）州の全学校への拡大 b　33 の学校	a　構造化された問題設定なし b　課題なし	a　一般化されない所見 b　開かれた質問カタログ	a　解釈的評価 b　解釈的評価

・Baden-Wurtemburg 州の委員会（1985） 基礎段階のスポーツカリキュラム開発とテスト（1976-78）	・選択された 6 つの学校の 47 学級における教師 41 名	・構造化された問題設定なし	・一般化されない教師の所見。生徒へのアンケート	・教師の所見への解釈的評価 ・生徒のデータは処理されていない
・Muller（1992） Bayem 州 1987；1978 年以降のカリキュラム指導要領についての教師の見解	・すべての教科のギムナジウム教師 2968 名。 回収率 96% その内スポーツ教師 133 名。教師はそれぞれの学校長が選んだ。	・ギムナジウムの陶冶、訓育目標 ・教科間の関係 ・指導要領モデル ・教科固有の質問	・記述質問 17 ・カリキュラム・スポーツ指導要領については 4 つの質問	・パーセンテージ ・インタビューと授業観察の解釈的評価
・Fischer（1996） Bayem 州、1992-94；教科スポーツ指導要領の評価と実施（1992）	・ギムナジウム教師 261 名 回収率 61% インタビュー 20 名 授業観察、42 時間	・指導要領草案の評価 ・指導要領の実践への導入 ・健康教育の観点からの実践への導入	・記述質問 17 ・20 区分されたインタビュー ・5 つのギムナジウムでの授業観察、42 時間	・パーセンテージ ・インタビューと授業観察の解釈的評価
・Balz, Benning, Neumann & Trenner（1993） NEW 州、1991，1980 以降のスポーツ指導要領の評価	総合制 - 実科 - ギムナジウム教師 133 名。 回収率 41.7%	・指導要領の使用 ・指導要領の評価 ・改革への希望	記述質問 22	・パーセンテージ ・序列化 ・差の検定

ツ指導要領の評価に関わる研究は、主として指導要領の受容と実践への導入に関する研究として展開されてきたと思われる（表 2-5. Vorleuter, H.1999）。ドイツ語圏において授業計画と結びつけたスポーツ指導要領の意義についての教師の見解を実証的に解明しようとしたのは Altenberger（1974）の研究が最初であった。この研究は体育教師（308 名）に質問調査を行ったものであり、調査研究の目的は、将来的にスポーツ指導要領開発に寄与できるように、授業や指導要領に対する教師の見解を多様なアスペクトから探るものであった。例えば、そこでは授業づくりのために指導要領を利用するかという質問に対して“はい”と答えたのは高齢教師（53 才以上）では 88%、若手教師（37 才以下）では 57%、また指導要領に刺激を受けているかという質問に対して“はい”と答えは高齢教師では 50%以上、若手教師では 17%に過ぎなかった。指導要領の改変を望んでいるかという質問に関して“はい”と答えたのは高齢教師 54%、若手教師 77%であり、特に若手教師は具体的なスポーツ種目に関連した学習目標や成績に関する具体的示唆を望む傾向にあった（Altenberger, 1974, s.80）。このように彼の研究は、スポーツ指導要領の受容や改訂に関して教師の年齢層による違いの問題を浮き彫りにした。その後、この Altenberger の研究の影響を受けながら 80 年代に入り、Gehen ら（1983）によって小学校教師への調査研究が展開される。それは NRW 州のスポーツ指導要領に対して教師が抱く指導要領の必要性、遵守、役割等について明らかにしよ

うとしたものであった。この研究の結論として、小学校教師の多くはスポーツ指導要領を重要かつ必要なものと考え、またその拘束性を適切に受け入れていると思われるが、それに対して一方で、スポーツ指導要領の現場的視点が不十分であると評価している。そして、スポーツ指導要領が示す高い要求に対して研修機会の不足、不十分なスポーツ種目、組織上の困難、指導要領における方法上の支援不足、不十分な授業時間が問題として挙げられている（Gehen. 1983, s.249)。この研究は Ihde（1988）に継承され、他の学校種においても同様の調査研究が展開された。さらにそれに続く興味深い研究として、スポーツ教師の授業準備に対する指導要領の存在価値に関するものがある（Bräutgam, M.1986, Stegeman, H. 1986)。これらの研究はスポーツ指導要領の教師への直接的影響と授業計画づくりへの影響に関わる評価であり、Bräutgam, M.（1986）の調査研究ではスポーツ指導要領の授業計画決定への間接的作用のみが確認された。つまり、スポーツ指導要領は主として学校計画づくりにおける教科会議の話し合いで開発されるものであり、現場では学校全体の計画が指導要領よりも重要視されていることが指摘された。

また、上述したスポーツ指導要領の受容と実践への導入に関わる基礎的調査研究と並行して、70 年代に改訂・実施された各州のスポーツ指導要領に対して教師による評価問題に絞った調査研究がとりわけ 80 年代に入り展開される。まず第 1 に、Engler, H. ら（1981）による「NRW 州の小学校スポーツ指導要領」に関わる評価プロジェクト（1974-1978）が挙げられる。この調査研究では、スポーツやスポーツ授業に関わる子ども（2850 名）への質問とスポーツ指導要領のコンセプトに対する小学校教師（95 名）へのインタビューがなされ、その結果小学校スポーツ指導要領に対して、一般教育目標と教科固有の目標との結合が不足していること、技能を高めるようなスポーツ授業が減少していること、スポーツ指導要領のコンセプトを一面的に理解しているという批判点が引き出された（Engler, H., 1981.s.438)。

また、他州でもこの時期に中等段階 I を対象にした 3 つの評価プロジェクトが研究指定校において展開された。1 つは Rheinland-Pfalz 州におけるオリエンテーション段階（5 年 -6 年）のスポーツ授業のための指導要領試案の開発と試行への取り組み（1972-1976)、2 つ目は同じ Rheinland-Pfalz 州の中等段階 I における学校種を越えたスポーツ指導要領の開発と試行への取り組みである。3 つ目は Baden-Würtemberg 州におけるオリエンテーション段階のスポーツ指導要領の開発と試行への取り組み（1976-1978）である。

さらに、Müller（1992）とBayern州立研究所は、ギムナジウムのスポーツ指導要領についての評価プロジェクト研究（1986-1991）を行った。このプロジェクト研究の目的は、滞っているスポーツ指導要領改革に対する情報を得ることであった。明確な結果が得られたとは言いがたいが、多くの教師がスポーツ指導要領と適度に折り合い、スポーツ種目に方向づけられるカリキュラムの内容編成を望んでいること、成績証明の数を減らしてほしいこと、4つの教授学的学習目標・学習内容を授業実践の中でスポーツ種目に結びつけることの難しさを感じていることが引き出された。しかし、この研究が新しいスポーツ指導要領開発に影響を与えることはなかったと言われている（Vorleuter, H., 1999, s.32）。

以上のスポーツ指導要領評価研究を基礎とし、またそれを批判的に継承しながら、90年代ドイツ全州に広がる各州のスポーツ指導要領改革の中で、新たに経験科学的・実証的なスポーツ指導要領評価の研究が展開されることになる。

2．90年代以降における教師によるスポーツ指導要領評価の研究

90年代に入ると各州（16州）においてスポーツ指導要領の改訂作業が積極的に展開される。その背景には、東西ドイツ統一（1990）という政治的改革による教育制度改革やドイツが抱える経済的危機、社会におけるスポーツや学校スポーツへの期待、眼差しの変化、言い換えればドイツにおける「学校スポーツの危機」という状況があると考えられる（丸山，2005）。このような動向と絡んで90年代において教師によるスポーツ指導要領の評価研究が展開される。その中で、これまでのスポーツ指導要領評価研究の成果と課題を踏まえ、さらに新しいスポーツ指導要領作成を意識した、教師によるスポーツ指導要領評価の注目すべき研究として、① Balz, E. ら（1993）の研究、② Fischer, P.（1996）の研究、③ Vorleuter, H.（1999）の研究、④ NRW州立教育研究所（2000）の調査研究が挙げられる。ここでは、これらの研究からスポーツ指導要領を教師がどのように評価し、そこからどのような知見や課題が引き出されたのかについて述べてみたい。

（1）Balz, E. ら（1993）の研究

Balz, E. ら（1993）の研究は、NRW州の滞るスポーツ指導要領改革作業のもとで、教師による有効なスポーツ指導要領の受容や改革要求を明らかにしようとしたものである。彼らは、これまで毎日学校で教師がどの程度指導要領を利用し、どのような批判を言い、どのような改訂を必要と思っているのかについて明らかにさ

れてこなかったと指摘した上で、「指導要領の実践化を自由に決定するのはとりわけ教師である。教師の意見表明のない指導要領についての議論は成功しない。NRW 州のスポーツ指導要領の改訂にはこのような経験的実証的な基礎が必要である」（Balz, E., 1993, s.8）という前提に立って教師によるスポーツ指導要領評価の調査研究（アンケートとインタビュー）を展開した。この研究結果をまとめれば以下のようになる。まずスポーツ指導要領の学校現場での使用に関しては、ほとんどの学校（84.1%）が指導要領を利用して学校固有のカリキュラムを作っているが、同僚との指導要領についての議論は少ない。スポーツ指導要領に対する批判という点に関しては、NRW 州スポーツ指導要領の教育学的指導理念＝「スポーツにおける行為能力」については 62.8% の教師が「まあよい」と答えているものの、「学校スポーツの新しい課題」（教育学的課題）とスポーツ種目固有の内容との間の実践的結合をきわめて限定的に捉える傾向にあり、ここでは指導要領が有効に働いていない。また、スポーツ指導要領におけるスポーツ種目の選択領域には同意する傾向にあるが、一方で理念の強制を批判している。種目領域においてはバドミントンやサッカーを積極的に評価し、器械体操とテニスにはネガティブな評価を与えている。さらに内容として「コンディション」「組織」「知識」「戦術」よりも「技能」というカテゴリーを教師は高く評価している。スポーツ指導要領の改訂に関わっては、教師はスポーツ指導要領をよく利用すると積極的に評価する一方で、その指導要領の「要求や義務」の減少を望むというアンビバレントな傾向にあること、また教師の継続研修が学校でのカリキュラムづくりや授業づくりにとってより重要であるという評価が指摘されている。そしてこれらの調査研究の結果から、NRW 州スポーツ指導要領の改訂に向けて、以下のようなパースペクティブを持つ課題を提起している。彼らの調査研究の結果や問題提起は、1994 年から本格的に始まる NRW 州のスポーツ指導要領改革に少なからず影響を与えたと思われる。

—学校スポーツの課題の再編成と教育学的強調
—様々なスポーツ種目／領域における内容の減少（ex. 器械体操）
—一定のスポーツ種目／領域における理念の統制を広げる改訂
　（ex. ハンドボール）
—教育学的課題とスポーツ内容との組み合わせ
—時代に沿った、それぞれの現場の特徴を生かした選択可能性と自由裁量の拡大
—一般的疑問とコンフリクト（男女共修、性別分離、外国人など）を考慮に入

れること
—アビトゥア（大学入学資格試験）における統一的な試験要求。
とりわけテスト形態と価値ある内容の一覧表を再編成すること。

（Balz, E., 1993, ss.26-27）

（2）Fischer, P.（1996）の研究

Fischer, P.（1996）は、「指導要領の有効性は受け入れ側に依存している」（s.27）という立場に立ち、徹底的に教師の側からスポーツ指導要領を捉えようとする。彼の研究は、バイエルン州のギムナジウムのスポーツ指導要領実施について261名の教師へのアンケートとインタビューによって評価を試みている。研究の主要目的は、スポーツ指導要領の目標と内容を教師がどのように受け入れ実践に活かされているかを明らかにすることであり、これとの関連で特に指導要領実施に関わる教師の継続研修が論議されている。彼の研究の特徴は、以下のような4つの問題仮説を設定しそれを検証しようとした点にある。

〈仮説1〉：スポーツ指導要領実行に対する教師のレディネスは教師の年齢、性別、勤務年数に関係している。
〈仮説2〉：スポーツ指導要領実行にあたっては、日常のスポーツ授業おける基本条件（スポーツの場所、用具、設備、時間数等）や教科の存在価値の影響は大きい
〈仮説3〉：スポーツ指導要領と授業の関係の問題。教師の授業は具体的にどうなっているのか。新しい適応への準備性はあるのか。授業は学校スポーツの目標や内容領域、教師の年齢、学年に関連して方向づけられる。
〈仮説4〉：継続研修が不十分である。

（Fischer, P., 1996, ss.52-54）

Fischer, P.（1996）は、以上の仮説を調査研究において検討する中で、そこから引き出された問題を以下のようにまとめとている。

＊スポーツ指導要領が「学校実践において“手づくり”で“刺激的”である」（Brehm, 1984, s.410）ものにほとんどなっていないという意味で日常のスポーツ授業における指導要領の意義はそれほど大きくない。
＊継続研修の提供は量、質ともには新しいスポーツ指導要領の要求にかなって

いない。

＊学校現場における条件の悪さが新しいスポーツ新指導要領の受容を困難にしている。

＊指導要領導入の際に教師の年齢が考慮されておらず、とりわけ 40 歳以上の教師に対しての呼びかけが不十分である。

（Fischer, P., 1996, s.192）

（３）Vorleuter, H.（1999）の研究

Vorleuter, H.（1999）は、評価研究というものは指導要領の受容と実践化への展望が開けるように構想すべきであるという立場から、この調査研究の意義・特徴を以下のように述べている。

●調査研究は、すでに開発と実行されている新しいスポーツ指導要領のプログラムを評価するためのデータを集めることをねらっている。

●調査研究は、一方で教師の観点からはプログラムの意図、内容、構造の質および実践化の可能性の評価を探り出し、他方では生徒への影響の評価を探り出すことである。

●調査研究は、新しいスポーツ指導要領との関わりにおいて、プログラム作成者の経験と見解を把握することである。

●改訂プログラムの評価と並んで、研究はスポーツ指導要領がスポーツ授業においてどのような存在価値があるのかという問題を追求する。

●最終的に、スポーツ指導要領を開発している担当部局（州文部省、州研究所）に対して合理的で根拠ある決定を援助するという目標が追求される。

（Vorleuter, H., 1999, s.72）

そして、以下のような 6 つの問題設定をして調査研究を展開した。

①ギムナジウムの教師にとってスポーツ指導要領はどのような存在価値があるのか？

②教師は新しいスポーツ指導要領の導入に応じてどの程度影響されて取り組むか？

③新しいスポーツ指導要領コンセプトはどのように評価されるのか？

④一般的に新しいスポーツ指導要領の構造、目標、内容と特に 4 つの学習領域をどのように評価するか？

⑤新しい学習領域目標の生徒への影響をどのように評価するか？

⑥新しいスポーツ指導要領は授業実践にどのように反映させられるか？（ebd. s.73）

調査研究の結果として、上記 6 つの問題設定に対して以下のような 18 のテーゼが引き出された。

〈テーゼ 1〉：ギムナジウムのスポーツ教師はスポーツ指導要領を意義あるものと見なしているが､実践においては部分的にしか守っていない。

〈テーゼ 2〉：多くの教師は新しいスポーツ指導要領と同様、旧指導要領にしたがっている。

＊受容の一般的評価＊

〈テーゼ 3〉：スポーツ教師がスポーツ指導要領の多くの新しい点を積極的に評価するか、または消極的に評価するかはまだ不確かでる。

＊序文の評価＊

〈テーゼ 4〉：新しいスポーツ指導要領の序文の意味内容については、ほとんどの教師が十分だと評価している。

＊基礎および発展的授業の評価＊

〈テーゼ 5〉：教師の見解からは新しいスポーツ指導要領になってスポーツ種目の技術、戦術の指導が少なくなっているが、一方でそれは他の学習領域に対して強く優先されている。

〈テーゼ 6〉：学習領域「フェアネス／協同」「達成／形成／プレイ」の目標や内容には大きな意義を認めるが、学習領域「環境」はあまり意義を認めていない。

〈テーゼ 7〉：教師は学習領域「健康」において生徒に求めている要求を高すぎると評価している。

〈テーゼ 8〉：学習領域「健康」の衛生、栄養のカテゴリーについては教師と生徒の間にわずかな同意しか見いだせない。

〈テーゼ 9〉：学習領域「フェアネス／協同」のカテゴリー内容には大きな同意が得られている。その場合その判断には性差が見られ、学習要求が高すぎると評価されている。

〈テーゼ 10〉：教師と生徒間では学習領域「環境」の中の 3 つのカテゴリーは部分的に同意されているが、要求は総じて高すぎると評価されている。

〈テーゼ 11〉：学習領域「達成／形成／プレイ」の教授学的コンセプトは部分的にのみ実践化されているに過ぎない。

〈テーゼ 12〉：学習領域「達成／形成／プレイ」において受け入れられているスポーツ種目の評価はきわめて同質である。新しくスポーツ指導要領で取り入れられている女子のサッカーは女子教師によって、男子生徒の体操／ダンスは男教師によっておおかた拒絶されている。

〈テーゼ 13〉：ウィンタースポーツ、スケート、リュージュ、スキーは１週間ごとの基礎スポーツ授業の枠内ではまれにしか実行できない。

＊選択スポーツ授業の評価＊

〈テーゼ 14〉：教師は選択スポーツ授業の場合、種目の技術・戦術の教授に際してスポーツ種目を越える、また教科を越える教育目標を与えている。

＊指導要領の実践化＊

〈テーゼ 15〉：多数の教師は基礎スポーツ授業の年間プランのためにスポーツ指導要領を使っている。それに対して選択授業ではあまり指導要領に基づいて計画されていない。

〈テーゼ 16〉：新しいスポーツ指導要領の導入は多くの場合同僚とのコーディネートされた話し合いなしに行われている。

〈テーゼ 17〉：教科を越えた教師の協同活動はわずかしか行われていない。その場合、発起人はなによりもスポーツ教師である。

〈テーゼ 18〉：スポーツ指導要領の実践化はクラスが大きすぎると妨げられる。

（Vorleuter, H., 1999, ss.201-222）

（４）NRW 州立教育研究所（2000）の調査研究

この調査研究は、新しいスポーツ指導要領が施行して１年後、教師がそれをどのように受容し実践に反映させているのかをみるために、NRW 州立教育研究所のカリキュラム開発部門・スポーツ課が行った調査研究である（2000,「ギムナジウム上級学年における新しいスポーツ指導要領の受容と実践化 ― Arnsberg 地域のギムナジウム、総合制学校における教師の評価―」）。調査研究の意図は、新しいスポーツ指導要領がどの程度教師に受け入れられているのか、学校におけるスポーツ指導要領の情報に関する状況、新しいスポーツ指導要領導入に対する企画イベントへの期待、またどんな学習領域に対して継続研修の要求があるのかについての情報を得るものである。そして将来的に新しいスポーツ指導要領の実践化に対する対策と企画イベントを効果的に行うことである。

この調査では、以下のような8つの主導的質問がなされた。

①教師はどんな社会的経歴的指標によって特徴づけられるか？

②スポーツ指導要領が施行されて1年、スポーツ教師はどのような情報を持っている状態にあるのか？

③スポーツ教師は現段階の個人的知識で新しいスポーツ指導要領をどのように評価しているか？

④スポーツ教師は新しいスポーツ指導要領をどのように受け入れているか？

⑤新しいスポーツ指導要領の教授学的意図に関わってスポーツ教師の知識状態はどの程度か？

⑥新しいスポーツ指導要領は授業にどのように反映させられているか、またその際にどのような困難があるのか？

⑦スポーツ教師の継続研修に対してどのような要求があるのか？

⑧スポーツ指導要領施行後のスポーツ教師たち（同僚）の「雰囲気」はどうか？

そしてこの調査研究の主な結果は、以下のようにまとめられる。スポーツ指導要領施行後1年において新しいスポーツ指導要領を持っているスポーツ教師は6割強（64.8％）にすぎない。新しいスポーツ指導要領に関する情報は指導要領の現物と教科会議から入手する場合が多く、地域行政官や委員、セミナーからの情報は少ない。また現段階での個人的評価では、約9割（91.8％）の教師が新しいスポーツ指導要領を比較的ポジティブに評価し、新しい教授学的試み＝教育学的パースペクティブと教科スポーツへ導入に対しては教師の約3/4（76.9％）が賛成、約1/4（23.1％）が拒絶している。その中で、とりわけ新しいスポーツ指導要領施行に対して問題ありと批判された点は以下であった。

・新しいスポーツ指導要領はその内容についての事前知識なしに始められた。

・実施に対して企画イベントが遅すぎる。

・新しい教授学的理念に関わって、体系的な継続研修のコンセプトがない。

・依然として継続研修の企画イベントは、新しい教授学的試みに対してというよりもスポーツ種目固有のものであり「非生産的」である。

・高齢教師は新しいコンセプトに適応するのに労力を必要とするので、すべての同僚の労働負荷が高まった。

（Landesinstitut für Schule und Weiterbildung, 2000, s.12）

また、スポーツ指導要領施行後のスポーツ教師たち（同僚）の「雰囲気」調査の中から、多様な批判的意見を取り上げている。例えば、学校条件の悪化状況の中でのフラストレーションの増大、スポーツ指導要領の中の「反省的スポーツ行為」というコンセプトに対する説明要求、継続研修の重要性や要求、指導要領の実践化に対して学校の外的条件（設備、クラス規模、時間割等）が疎外しているという状況などが問題や課題として取り上げられている（ebd. s.19-20）。

以上、90 年代以降における教師によるスポーツ指導要領の評価に関わる代表的な研究から、指導要領の実践への導入の際の問題点や課題が浮き彫りにされた。ドイツにはこのように教師によるスポーツ指導要領の評価を正当に位置づける風土があり、指導要領改訂作業のプロセスでこのような教師の声（評価）を活かすシステムを構築しようとしている点、とりわけ指導要領の作成・執行側が新しいスポーツ指導要領実施についての教師の声を調査し、多様な批判的意見を取り上げている点は注目に値する。

３．教師によるスポーツ指導要領評価の調査方法の検討

ここでは、前述した教師によるスポーツ指導要領評価研究（Balz, E.1993, Fischer, P.1996, Vorleuter, H., 1999）、NRW 州立教育研究所（2000）の調査研究における調査（質問）項目を検討してみたい。

これら 5 つの調査研究における質問項目をすべて取り出せば 80 以上に及ぶ。それぞれの研究の主眼点の置き方によって質問項目にはいくつかの違いは見られるが、共通する項目も多い。まず第 1 に、スポーツ指導要領開発に教師の評価をどのように活かすべきか、スポーツ指導要領を教師がどのように受容し実践に反映させるのかという点がすべての調査研究に共通する問題意識であった。そして、

表 2-6　スポーツ指導要領評価研究における質問の分類

1）教師及び学校の属性
2）スポーツ指導要領の情報把握
3）学校の条件・状況と学校内の合意形成
4）教師の継続研修に関するもの
5）スポーツ指導要領の一般的評価
6）理念・目標・テーマに関するもの
7）スポーツ種目・学習内容（領域）に関するもの
8）スポーツ指導要領の実践への反映に関わるもの

これらの調査研究の質問項目を大きく分類すると表2-6のような8つの領域に整理することができる。

1)「教師および学校の属性」については、具体的には教師の性別、勤務年数（教師歴)、職業区分（学校種)、担当学年、担当時間数、学校における教師のポジションが質問項目になっている。この質問の背景にはとりわけ教師の属性がスポーツ指導要領評価に影響を与えているという仮説があり、教師のどのような属性が指導要領評価にどのように影響を与えているのかを明らかにすることがねらいとなっている。特に、教師の性別、勤務年数(教師歴)に着目していると思われる。2)「スポーツ指導要領の情報把握」については、まず指導要領を実際に持っているのか、読んだことがあるのか、またどこで接したかという基本的な情報把握と教師の現段階での指導要領知識の把握をねらいとしている。3)「学校の条件・状況と学校内の合意形成」については、学校独自のカリキュラム・教科スポーツカリキュラムの存在と指導要領との関係、校長・管理者・同僚・生徒・親の評価、同僚との議論・合意形成、教育的自由裁量や生徒との共同決定の問題が取り上げられている。4)「教師の継続研修に関するもの」については、スポーツ指導要領に関わる継続研修の必要性、参加の有無、継続研修のテーマ・内容に関する関心や要求が問われている。質問領域の1）～4）は、スポーツ指導要領に関わる教師を取り巻く条件についての質問である。以下5）～8）の質問領域は、スポーツ指導要領の中身や実践化に関わる質問となっている。5)「スポーツ指導要領の一般的評価」は、指導要領の全体的特性を教師がどのように評価しているのかを把握しようとする質問である。例えば、指導要領の良否、指導要領の遵守、必要性や要求、教師の行為の指針となっているのか、詳しさやわかりやすさと概念の明確性・科学性の評価、教授学的コンセプトや分量の適切性の評価、男女共修の問題などが質問として取り上げられている。6）と7）の質問領域はスポーツ指導要領の内実に関わるものであり、6)「理念・目標・テーマに関するもの」においては、スポーツ指導要領の理念と目標の意義に対する具体的評価、とりわけスポーツの教育学的パースペクティブに対する評価の問題が取り上げられる。7)「スポーツ種目・学習内容（領域）に関するもの」については、スポーツ種目（領域）の必修・選択の内容や割合の問題、学習領域の内容カテゴリー（技能、戦術、知識等）の意義や配分の問題、学習内容の具体的評価、学習内容（領域）に対する生徒の要求などが質問として取り上げられている。8)「スポーツ指導要領の実践への反映に関わるもの」は、教師のスポーツ指導要領評価において重要な質問として位置づけられている。その背景には、スポーツ指導要領が教師の授業実践の創造と結びつかなければ意味がないという共通認識があり、その意味で指導要領が実践にどのように反映しているのか、いないのか、そこにどのような問題が潜んでいるのかという問いがドイツにおけるスポーツ指導要領評価研究の重要なテーマになっているものと考えられる。例えば、スポーツ指導要領の実践への導入の実現度と困難さ、指導要領の授業コンセプト・課題との関係、指導要領導入による授業づくりや教材の変化、指導要領と年間プラン・授業プランへの利用とその問題などが重要な質問として取り上げられている。

以上、ドイツにおける教師によるスポーツ指導要領評価研究に見られる主な質問領域と質問項目について述べてきた。その調査内容は、8つの質問領域から構成されていることが明らかにされた。その中で、スポーツ指導要領に関わる教師を取り巻く条件についての質問領域の設定からは、指導要領の実践化に影響を与える教師の属性、学校の条件、教師・生徒・親との合意形成がスポーツ指導要領評価において重要な視点となること、さらに教師の継続研修がスポーツ指導要領の評価と開発をつなぐ重要な役割となることが示唆される。また、スポーツ指導要領の中身や実践化に関わる質問領域からは、指導要領における理念・目標や教育学的パースペクティブ、そして学習内容（領域）の意味づけに対する批判的評価が重要であること、とりわけ指導要領の実践への導入・反映に関わる具体的な評価がスポーツ指導要領評価の重要な課題であることが示唆される。これらの指摘は、我が国の体育におけるカリキュラム（指導要領）研究に重要な課題を投げかけてくれる。

４．まとめ

本研究から引き出された主な知見をまとめれば以下のようになろう。

まず第1に、教師によるスポーツ指導要領評価の研究に向かうスタンスの問題である。Balz, E.（1993）が「指導要領の実践化を自由に決定するのはとりわけ教師である。教師の意見表明のない指導要領についての議論は成功しない」(s.8) と述べ、Fischer, P.（1996）が「指導要領の有効性は受け入れ側（教師）に依存している」(s.27) と述べているように、教師が自身の学校条件や実践との関係の中でスポーツ指導要領をどのように評価し、その評価をスポーツ指導要領開発にどう活かしていくのかという立場に立った指導要領評価研究の必要性が示唆された。

第2に、ドイツでは教師によるスポーツ指導要領の評価を正当に位置づける風士があり、指導要領改訂作業のプロセスでこのような教師の声（評価）を活かすシステムを構築しようとしている点、とりわけ指導要領の作成・執行側が新しいスポーツ指導要領実施についての教師の声を調査し、多様な批判的意見を取り上げている点は注目に値する。

第3に、教師によるスポーツ指導要領評価の調査方法（質問調査）に関わって、調査内容は、1）教師および学校の属性、2）スポーツ指導要領の情報把握、3）学校の条件・状況と学校内の合意形成、4）教師の継続研修に関するもの、5）スポーツ指導要領の一般的評価、6）理念・目標・テーマに関するもの、7）スポーツ種目・学習内容（領域）に関するもの、8）スポーツ指導要領の実践への反映に関わるものという8つの質問領域から構成されていることが明らかにされた。その中で、スポーツ指導要領の実践化に影響を与える教師の属性、学校の条件、教師・生徒・親との合意形成がスポーツ指導要領評価において重要な視点となること、さらに教師の継続研修がスポーツ指導要領の評価と開発をつなぐ重要な役割となること、またスポーツ指導要領における理念・目標や教育学的パースペクティブ、そして学習内容（領域）の意味づけに対する批判的評価が重要であること、とりわけ指導要領の実践への導入・反映に関わる具体的評価がスポーツ指導要領評価の重要な課題であることが示唆された。

本研究で明らかにされたドイツにおける教師によるスポーツ指導要領評価のあり方や調査方法をもとに、今後の研究課題としては日本における教師による体育の学習指導要領評価の研究を展開していく必要があろう。

【注】

1）戦後、連邦制を採用したドイツでは邦、州 、市町村で様々な権限を分散した。ナチスドイツの極端な文化政策の反省から、文化領域への国家権力の関与を極力排除しようと考えられた概念が「文化高権（Kulturhochheit)」である。小林（1996）によれば、「〈文化高権〉は、文化に関する権限が専属的に州に属していることをもっていう。それは、憲法の規定で、文化に関する規定が連邦の専属的立法権、連邦と州の競合的立法権のいずれにも属さないという点をもって、導きだされている」(p.41)。「文化高権」が国家による文化の一元的統制を抑制して、州や地域レベルでの多様な文化活動を促進してきた意味は大きい。（小林真理（1996）：ドイツにおける《文化国家》概念の展開，文化経済学会論文集第2号）

2）戦後ドイツでは、学校スポーツを方向づけ規定する「勧告」が3度出されている。それらは、学校体育促進勧告（1956)、学校スポーツ促進勧告（1972）並びに第2次学校スポーツ促進勧告（1985）である。とりわけ第2次学校スポーツ促進勧告（1985）は、産業社会の中で商業化するスポーツの問題点を認めつつも、現代社会の諸問題への対処においてスポーツが持つ多様な価値や子どもの発達に寄与するスポーツの教育的価値に目を向けた勧告を行っている。この「勧告」では、社会に見られるスポーツに批判的に対峙しスポーツの中で行為できる能力を育成することをねらいとし、教科外スポーツの位置づけ、学校外スポーツとの関係を重視している。学校スポーツが社会のスポーツ発展の鍵を担っているという認識に立脚し、スポーツ授業に対して、＊授業時間の維持・増加（原則として週 3 時間）、＊授業欠落の防止、＊専門的資質を有した教師が授業をすること、＊学習集団をスポーツ実施、また教育学的に相応しい規模にすること、＊生徒の自主性を促す競技形態の授業への導入、＊教科枠を越えた授業のテーマの設定、＊評定は有意味に行うこと、＊スポーツ授業は学校外でのスポーツに関する知識提供と実践的経験を保障する、＊男女共修、＊授業外スポーツの多様な形態提案（スポーツクラブ、校内競技大会、学校スポーツ祭、遠足など）、＊障害児に対する授業の保障などを提案している。このように「勧告」は、学校スポーツやスポーツ授業に関わる制度や条件の整備、目標や内容を規定するものになっている。

3）90 年代のスポーツや学校スポーツへの厳しい眼差しやネガティブな評価に対して、1997 年にドイツスポーツ連盟、ドイツスポーツ教師連盟、連邦 PTA 連合、ドイツ労働組合総同盟など多種多様の 22 団体によって『学校スポーツは国家の責務！―ドイツにおける学校スポーツ決議―』が表明された。この決議において、「学校スポーツは、＊子ども・青年の人格とアイデンティティの発達を支えている、＊健康侵害に抵抗し、成長期の子どもの精神的身体的健康を促している、＊生活の自主的要素である運動、遊び、スポーツ活動を伝えている、＊次世代を社会への競争的、批判的参加に誘っているという点において決定的に貢献している」とし、以下のような要求が提示されている。例えば、学校スポーツは国家的な課題として維持され、教育学的に基礎づけられて発展させられるものであり、学校外組織への委譲とは相容れないとして、最低週 3 時間のスポーツ授業の保障、日常的運動時間のスムーズな導入の努力、職業教育学校における定期的なスポーツ授業の保障、多様な教科外学校スポーツ（学校活動共同体（生徒会）、学校スポーツ祭、学校競技会、スポーツ活動的なプロジェクトや旅行）への参加する可能性の創造、学校とスポーツクラブ間の協同の促進、アカデミックな職業資格を持つスポーツ教師の育成、学校スポーツの必要不可欠な空間的、物質的な条件の整備などである。

4）Klafki,W. は、現代社会の重要な課題としてクローズアップされる平和問題、人権問題、健康問題、環境問題、多文化問題等を「解放的テーマ」としての「鍵的問題」として捉え、この問題を新しい学校教育やカリキュラムの構想の中に位置づける。現代的課題としての「鍵的問題」を取り上げる授業は、「テーマ型学習」として展開される。こうした学びの中で子どもたちは世界や社会を問い直し、時代と社会の中で自分を主体として位置づけるようになるとされる。また、Klafki, W. の「テーマ型学習」構想と同様に、ドイツでは生活世界に通底する問題状況に取り組みながら学びを豊かにしようとする「プロジェクト授業」も展開されている。「プロジェクト授業」は、久田（2005）によれば「①問題自体の選択、②共同による問題解決の計画化、③問題への行為的な取り組み、④現実での検証といったステップで行われ、『状況に関連づけること』『参加者の興味に従うこと』『実践の社会的関連性』『共同計画』『自主的組織化と自己責任』『多くの感覚の取り入れ』『社会的学習』『作品づくり』『学際性』などの特徴の下に、教師と子どもの共同ならびに子ども相互の学びの共同性を追求する」(p.198) 授業である。(H. グードヨンス著 / 久田敏彦監訳 (2005):『行為する授業─授業のプロジェクト化を目指して─』ミネルヴァ書房)
こうした「鍵的問題」•「テーマ型学習」や「プロジェクト授業」の教授学的構想は、とりわけ北部の学校スポーツやスポーツ授業構想にも影響を与えることになる。

第3章

実践を基盤にした
教師による
体育カリキュラム開発
の実現過程

第１節

教師による協同的カリキュラム開発の活動原則

1．なぜ教師たちの手で『体育の教育課程試案』を創ろうとしたのか

1998年に現行の学習指導要領が告示され、2002年4月に実施に移された。その際、学習指導要領改訂の特徴の一つは「特色ある学校づくり」「教育課程の大綱化・弾力化」であるとされた。この方針の背景には、日本固有の中央集権的な指導要領体制や画一化した学習指導要領が多様な問題を抱える教育現場で行き詰まってしまったという状況があるものと考えられる。一方で、「教育課程を構成する目標や領域や内容が、法的拘束力を持つとされた学習指導要領によって詳細に規定され、学校教師の自由な判断に基づく教育課程創造の意欲が弱められてきた。…中略…　学習指導要領の改訂がなければ、教育課程の存在が意識されにくく、論議の対象にもならないところに、わが国の学校教育の大きな問題が潜んでいる」（天野, 1993）というような問題状況が存在し、それが昨今の教師のカリキュラムづくりへの意識の低下やカリキュラム研究の停滞に影響を与えてきたものと考えられる。

したがって、このような問題状況の中で、今日の学校体育における焦眉の課題はそれぞれの地域や学校に応じたカリキュラムづくりであり、体育科教育学においてもカリキュラム研究はとりわけ重要な今日的課題になる。その場合、日々教育現場に身を置く教師たちによるカリキュラムづくりが重要な実践課題となる。体育のカリキュラムを教師たちの手で創るということは、教師自らが目の前の子どもたちのリアルな姿を確かめ合い、学校体育の目標・内容・方法・評価を、また学校教育全体と体育教科の関係を問い直すことを必然化させる。

近年民間教育研究サークルの一つである学校体育研究同志会（以下、体育同志会と略す）が、学習指導要領に対するオルタナティブとして『体育・健康教育の教育課程試案』1巻・2巻（学校体育研究同志会教育課程自主編成プロジェクト, 2003／2004, 以下『試案』と略す）を教師たちの手で創り提起した。今日の日本のカリキュラム研究者の代表的な一人である梅原（2004）は、このような教師

たちの手によるカリキュラムづくりは日本の教育研究において画期的なことであったと、このカリキュラム（『試案』）づくりについて以下のように高く評価している。

> 学習指導要領づくりの最大の欠陥は、密室での駆け引きの中で文章が書かれることであり、子どもに関わる発達論が貧弱なことであり、教科に関する科学性と整合性が発揮されていないことにある。この欠点を克服することをめざして、しかも権力も金力もない一民間教育研究団体が果敢に挑んだ作品がこの『試案』であると思う。そのためには、組織の力を結集させて（つまり大会決定のレベルで取り組まれ）、徹底的に公開され会員との往復運動がなされ、会内外の力を結び合わせる努力がなされてきた。私もその中で関係を取り結ばされた一人である。この間に開催されたプロジェクトの会合に出された資料やレジュメ類、交わされた討論（激論）、何回も書き直された原案文書の山は、出来上がった『試案』からは想像もできない程に大量のものであったろうと推察される。私は、ここ（この壮大な創作過程で交わされた『試案づくり』文化の量と質）にこそ、同志会の貴重な財産が埋まっていることを実感している。
>
> （梅原利夫，2004，p.166）

そして、梅原（2004）は、この『試案』が日本の教育研究運動に対して積極的な意味を持つものとして提起している点は①教育課程に関わる総論部分の確かさ、②総論の魅力として、運動学習の側面から、また自己意識や自我の発達、からだの自己意識や集団での運動文化づくりの面から子どもの発達論が描かれていること、③教育課程の構築にとって不可欠な課題である階梯性や評価論の提案がなされていること、④各論としての実践のユニークさと豊富さであると指摘した(p.167)。

この教師たちの手によるカリキュラム（『試案』）づくりは、「すべての子どもに豊かな体育の学力」を保障し、「運動文化の主人公」を育成しようと願う教師たちが今日の教育や体育に対する危機意識を持つ中で、学校教育における体育の重要性や存在意義を自覚し、現場を励まし、体育実践を活性化・発展させようと果敢にチャレンジしたものである。

本章では、教師たち（学校体育研究同志会教育課程自主編成プロジェクト）が実践を基盤にして創り上げた体育のカリキュラムモデルの一つである『試案』の開発プロセスを研究対象とし、カリキュラムの自己創出性という観点から、体育実践に基づく教師による体育カリキュラム開発の実現過程ついて考察する。なぜこの『試案』が事例モデルとして引き出されたのか。近年の日本の体育科教育においては、教師による教科論レベルでのカリキュラム開発がほとんど見られず、『試案』は貴重なモデルとして位置づけられる。さらに、体育実践を基盤にして教師たち自らが教科論レベルでの体育カリキュラム開発を実際に展開し、ひとつのまとまった「作品」を創り上げげたという点で『試案』づくりの実現過程は、序章の図序 - 1に示された「学校レベルのカリキュラム開発と教科論レベルのカリキュラム開発のサイクル」の内実を明らかにする上で重要なモデルになりうるものと考えられる。

2.『試案』はどのように創られたか

（1）教育課程自主編成プロジェクトという組織と活動

1998 年 12 月に、以下のような問題意識と決意を共有した体育同志会の有志が集まり、自主的な研究プロジェクトの性格を持つ「教育課程自主編成プロジェクト」（以下、プロジェクトと略す）を発足した。

1998 年の学習指導要領改訂の特徴として謳われたのが「教育課程基準の大綱化・弾力化」や「特色ある学校づくり」である。これらの強調は、公教育のスリム化論や「生きる力」論の範囲内での弾力化、特色づくりになる危険性がある一方で、今日の子どもや教育の問題状況に対してこれまでの学習指導要領や管理統制的な指導要領体制が行き詰まり、その問題解決の先行きが見えないことを露呈しているとも考えられる。例えば、学習内容と授業時間数の大幅削減を盛り込んだ新学習指導要領実施当初から学力低下への不安が広がり、学力低下問題が社会問題化する中で、文科省は「学習指導要領＝最低基準」であり、具体的な取扱いにあたっては各学校における弾力的取扱いが可能であることを強調した(文科省,「確かな学力向上のための 2002 アピール：学びのすすめ」, 2002)。この発言により中央集権的統制に変化が起きる可能性が生まれたとも言える。このように考えると、今日の学校教育（学校体育）における問題の焦点は学校づくりと結びついたカリキュラム開発であり、教師たちの手による自前のカリキュラム開発＝「教育課程の自主編成」こそが今日の教育改革の突破口になるものと考えられる。その意味で、今回の教育課程基準の大綱化・弾力化や特色ある学校づくり政策を教師たちの手によって現場で活かすことが今求められている。危機の時代は改革の時代でもある。体育同志会はこれまで学習指導要領におもねず、子どもや国民の側に立って「創意工夫」や「特色ある教育」を実践において自主的に追求し、優れた財産を多く残してきた。『試案』づくりの契機は、今日の学校体育のカリキュラム開発や実践・研究をこれまで以上に活性化させ発展させたいという思いからである。この『試案』はそのための「たたき台」であり、同時に『試案』づくりは教師たちの挑戦でもあった。その教師たちは、「たたき台」としての性格を持つ『試案』が全国各地の多くの実践によって検討され創り変えられていくことを『試案』づくりの意義として自覚していた。さらにプロジェクト設置にいたる契機としては、体育同志会の教育課程分科会における 20 年に渡る研究の蓄積があった。教育課程分科会は、カリキュラム研究のフレームワークと方法論を明らかにする作業を行いつつ、実験的実践と集団的批評を丹念に重ね、教育課程の自主編成に向けて確かな「実践―研究―運動のシステム」を構築してきた。言い換えれば、その時既に『試案』づくりに踏み出すプロジェクトの主体的条件は整っていたと思われる。

このプロジェクト（1998 ～ 2004）は、以下のような大学の研究者 10 名、高校教師 4 名、中学校教師 4 名、小学校教師 10 名、特別支援学校教師 1 名の計 29 名で構成され、世話人体制を作って運営にあたった。

■教育課程自主編成プロジェクトメンバー
代表世話人：丸山真司（大学）《副》海野勇三（大学）
事務局：安武一雄（小学校）《副》前田雅章（小学校）
世話人：森敏生（大学）、中瀬古哲（大学）、堤吉郎（小学校）、大貫耕一（小学校）
大学：口野隆史、鐘ヶ江淳一、中西匠、久保健、原通範、三浦正行
高校：成瀬徹、殿垣哲也、吉田隆、平野和弘
中学校：塩貝光生、制野俊弘、澤豊治、矢部英寿
小学校：岩崎英夫、黒野佐智子、岨和正、福川斉、中村ひとみ、西口和代
特別支援学校：大宮とも子

そして、幼年体育、小学校低学年、小学校高学年、中学校、高校の５つのワーキング・グループに分かれて作業に取りかかり、同時に「総論」づくりのグループもそれらのワーキング・グループと並行して作業を展開した。さらに、『試案』の骨格が固まってきたところで、「健康教育」、「障害児体育」、「教科外スポーツ」、「体育理論」、「からだづくり」などの課題別グループを組織して各グループでの検討・作成作業を行い、そしてそれらをプロジェクト全体会議で幾度も検討・議

論し、『試案』を形作っていった。その際、「現場教師と研究者が共同する開かれた対等平等関係」をその組織特性として貫いた。例えば、議論における対等・平等性はもちろんのこと、全国各地からプロジェクト会議に「手弁当」で集まってくるメンバーに対して、交通費用を参加者全員で案分し、一律平等負担として研究費用の公平性を確保するという原則を立ててプロジェクトを運営した。

プロジェクトは1998年に活動をスタートし、1年半にわたる議論および作業を費やして2000年8月にまず『試案』(中間報告)を発表した。プロジェクトでは、2000年8月の全国研究大会(中標津)に『試案』(中間報告)を提起することを第1ゴールに定め、プロジェクト活動全体を大きく5期に区分をして、以下のようなスケジュールで計画的に作業を進めた。

1期・2期(98年12月～99年6月)は〈学習〉を中心に展開し、2期・3期(99年2月～10月)は〈学習〉とワーキング・グループによる課題別作業、集団検討を行った。さらに、4期(99年12月～2000年4月)はワーキング・グループによる課題別作業と中間報告の素案の作成、集団検討、5期(2000年5月～8月)では4期での修正案を検討し、『試案』(中間報告)をまとめた。

中間報告発表(2000年8月)までの具体的なプロジェクト活動のプロセスは以下の通りである。

■教育課程自主編成プロジェクト活動経過(1998～2000年8月)

〈第1期〉

① 1998年12月

「教育課程の原則1」

＊日教組「76年教育課程試案総論」の検討(担当:中瀬古・丸山)

＊同「試案体育編」(各論)検討(小学校:安武・大貫、高校:成瀬)

② 1998年12月

「教育課程の原則2」

＊「浦和の教育課程づくり」の検討(田中新治郎)

〈第2期〉

① 1999年2月

＊「ドイツのスポーツ科における教育課程改訂の動向」(岡出美則)…《学習》

＊「障害児教育の地域と結びつく教育課程(教育計画)づくり一京都・よさのうみ養護学校づくりから学ぶもの一」(大宮とも子)…《学習》

② 1999年5月

＊「ワーキング・グループ別作業 1」

・小学校階梯の見直し作業（安武・堤・黒井・大貫）

・「教科外活動（部活）の位置づけについて」（中西匠）…《学習》

③ 1999 年 6 月

＊「ワーキング・グループ別作業 2」

・各ワーキング・グループの具体的作業

・今後の作業プラン（海野）

＊「イギリスの教育課程改訂の動向」（木原成一郎）…《学習》

〈第 3 期〉

① 1999 年 8 月

＊「ワーキング・グループ別作業の交流と検討 1」

・試案作成のフレームワークおよび作業方法の確認

・階梯間の「接続」問題、領域（類型）問題の検討

＊「からだの教育の位置づけをめぐって」（久保健）…《学習》

② 1999 年 10 月

＊「ワーキング・グループ別作業 3」

＊「学力の形成と教育課程」（田中耕治）…《学習》

〈第 4 期〉

① 1999 年 12 月…ワーキング・グループ別「試案」の作成作業

＊「ワーキング・グループ別作業 5」

＊「ワーキング・グループ別作業の交流検討 2」

② 2000 年 2 月

＊「ワーキング・グループ別作業 6」

＊「ワーキング・グループ別作業の交流検討 3」

③ 2000 年 4 月

＊「ワーキング・グループ作成「試案」の中間報告・批評」

〈第 5 期〉

① 2000 年 5 月

＊「ワーキング・グループ別作業 7」

＊「教育課程試案の集団検討」

② 2000 年 6 月

＊「ワーキング・グループ別作業 9」

＊「教育課程試案の合評会」

③ 2000 年 8 月

「私たちの教育課程試案」（中間報告）の発表

『試案』（中間報告）作成までのプロジェクト活動の特徴は、カリキュラム（開発）に関わる「学習」とワーキング・グループ別作業およびその集団検討がセットで展開されたことである。会内外の専門家を招いての集団的学習が『試案』づくりに取り組む教師たちを刺激してモチベーションを高め、同時にカリキュラム開発の力量形成に影響を与えたと思われる。この事実は、現場の教師たちが自前のカリキュラムづくりを手掛けようとする場合、このような「集団的学習」が不可欠な要素になることを示してくれる。2000 年の『試案』（中間報告）発表後に、会内外からの批評を受けながら、さらに 3 年間の議論・検討を重ね、『試案』の内実を修正していった。そして、2003 年に『教師と子どもが創る体育・健康教育の教育課程試案』第 1 巻（創文企画）を、2004 年に実践編としての第 2 巻を刊行した。5 年間もの長きにわたる継続したプロジェクト活動においては、全体のプロジェクト会議が 28 回持たれた。また、その全体会議とは別に各階梯、障害児体育、健康教育等のワーキング・グループ会議が持たれ、研究討議には体育同志会内外から多くの研究者、教師が参加し、『試案』づくりのための開かれた議論が展開された。そして幼年から高校に至るまでの 15 年間の体育カリキュラムや健康教育、障害児体育、教科外スポーツを含む実践を基盤にした教師たちの手による体育・健康教育の総合的なカリキュラム試案が創り上げられたのである。

（2）『試案』の性格

学習指導要領が告示され法的拘束力を持った 1958 年以降、日本におけるカリキュラムの自主編成が組織的に試みられたのは 1976 年の『教育課程改革試案』（日本教職員組合編，1976）に過ぎず、その後教師たちの手による組織的な教育課程の自主編成案はほとんど見られないと言ってよい。こうした状況の中で、今回体育同志会が提起した『試案』は教師と子どものリアルな実践状況を振り返りながら、それを次の実践へと反映させていくという実践的根拠を大切にした、教師たちの手によって創られた試案であるという点で重要な意義を持つものと考えられる。そして、この『試案』の性格は以下のようにまとめられる。

まず、学習指導要領を数多くあるカリキュラムの中の “one of them” として相対化し、学習指導要領のオルタナティブとしての『大綱的試案』を幼稚園（保育園）から高校までの 15 年間にわたる「学力と人格形成のプログラム」として具体的に描き出している点である。それはあくまでも現場教師の手によって提起された「手引き」としての体育の「教育課程試案」であり、決して教育実践に対して拘束力をもつものではない。言い換えれば『試案』は自由で主体的な現場の教師と実践を励ますものでなければならならず、実践の自由と創造性の確立に寄与するものであると理解している。また『試案』では、カリキュラムを「実践を通じて絶えず教師の手によって創り変えられ再構成されていく力動的過程」として、絶えず子どもたちと共に創造探求的な実践によって、また父母や地域住民、同僚の教師によって検証され、より豊かな実践創造へフィードバックされていく過程であると捉えている。

プロジェクトメンバーが共有したこの『試案』の性格規定は、プロジェクトメンバーのカリキュラムについての考え方やカリキュラム研究の立場を表明したものである。それは以下の『試案』づくりの原則へと繋がる思想である。

（3）『試案』づくりの原則

カリキュラムの自主編成に取り組もうとするとき、原則的な立場や課題を明らかにし、それを踏まえながらその取り組みの指針となる原則を共通に確認し合うことが必要となる。プロジェクトでは、以上のような性格を持つ『試案』を創出していく過程で、その主体である教師たちは表 3-1 に示されるような原則を確認し合い、『試案』づくりに取り組んでいった。

教育現場では「個性重視」のもとで学力格差の拡大や学びからの逃走という深刻な事態が進行している。そのような状況の中で、原則の第 1 は「すべての子どもたちに豊かな学力を」という原則的立場を貫くこと、つまり教育や学習の結果としてすべての子どもに平等に学力を保障することである。

第 2 の原則は、すべての子どもに「国民的共通基礎教養」を獲得させるという学力保障を実現しつつ、同時にその中で子どもたち一人ひとりの個性の形成をも保障していくような学びのプロセスを創り上げることである。

第 3 に、「教育課程」という用語は、学校での教育活動が教科学習の他に教科外の活動（学校行事、学級活動、生徒会活動、クラブ・部活動など）を含んだ概念であり（柴田，2000，pp.5-6)、それは教科学習と教科外学習が両輪となって教育課程を構成し教育活動が営まれることを示している。授業時間数削減、教育内容の削減の中、教科の学習をどのように保障するのかが問われる一方で、教科の枠の中だけに閉じこもった学習を追求することの限界や問題も明らかにされている。こうした意味でここでの原則は、教科と教科外の自治的・集団的諸活動を

表 3-1 『試案』（づくり）の原則

(a) 教育の結果における平等という原則 すべての子どもたちに豊かな学力を保障する体育の教育課程づくり
(b) 共通基礎教養の獲得と個性化の統一という原則 国民的共通基礎教養の獲得と子どもの個性の発揮を統一的に保障する学習の組織を組み込んだ教育課程づくり
(c) 教科と教科外の統一的構成という原則 教科の学習と豊かな自治的・集団的諸活動（行事・部活等）の統一的保障
(d) 内容構成の原則 文化の継承・発展と子どもの発達、生活と結びついた教育課程づくり
(e) 教師の自立と成長を励ますという原則 教師の高い専門性を基礎とした教育研究の自由を確立し、共同的個性的な教育実践の創造へと動機づけ励ますような教育課程づくり
(f) 学びと学校、地域を結ぶという原則 子どもと父母と教師、そして地域と学校を結ぶ架け橋として「教育実践における共同」を創出する教育課程づくり
(g) 多様性の保障と教育課程自主編成運動の促進という原則 『試案』は、学校づくり、地域づくり、文化づくりと結びつき、地域の条件や住民の意見等による多様性を保障し、全国各地の教育課程自主編成運動を促進するもの

統一的、相互補完的に構成していくことや、教科の枠を越えた総合学習との有機的な関連をはかることを視野にいれながら教科のカリキュラム開発に取り組むことである。

第 4 の原則は、体育における学習を「運動文化の継承・発展」に向かう学びとして組織し、そうした諸活動が子どもの生活課題や発達課題と切り結ぶような教科内容を体系的に組み立てることである。

第 5 の原則は、教育課程の自主編成への取り組みが、教師の専門性に根ざした教育実践や研究の自由と自立を確立することを促し、学校の教師集団の共同的で創造的な教育実践を励ますようなものになっていくことを求めることである。

第 6 の原則は、教育課程の自主編成を学校内の教師の活動に閉じこめることなく、子どもとの共同、父母との共同、そして地域との共同を志向したものにすることである。学校と地域を結ぶ教育実践における「参加と共同」を新たに創出する営みとして教育課程の自主編成を捉えることである。

第 7 に、私たちが追求する教育課程の自主編成活動は、唯一絶対のプログラムをつくろうとするものでもない。ここでの原則は、各地域や学校における個性的で多様なカリキュラム開発の取り組みを保障し励ますものであり、その結果全国各地域の学校で自主編成運動が促進されていくことを目指すことである。

（4）「集団討議―情報公開―批評」サイクル

さらにこの『試案』づくりの特徴として挙げられるのは、「集団討議―情報公開―批評」というサイクルをその方法として重視したことである。対等平等関係の中での集団討議をベースにしながら、『試案』づくりの過程で「学習」を組み込んだ研究討議を組み入れ、会内外の研究者（体育教育の研究者、教育学者）を招いてカリキュラム開発に関する学習会を継続的に展開した。そこではメンバーが理論を学び、『試案』（づくり）の理論的根拠を確認し合った。さらに、研究討議結果の情報公開を進め、会内外からの批評を積極的に受け止め活かそうとした。例えば、体育同志会の機関月刊誌『たのしい体育・スポーツ』や研究年報（『運動文化研究』）においては、その都度のプロジェクト活動報告や議論の内容紹介を 4 年間に渡って継続的に掲載したり、会外の研究者からの批評も掲載（9 回）した。会外に向けては雑誌『体育科教育』や関連学会等での報告･検討（2001 ～ 2004，計 6 回）を行い、研究討議結果の情報公開を積極的に進めていった。例えば、教育学や体育学の研究者、他教科の教師からの批評は以下のようにまとめられる。

○「試案」提起の意義の積極評価

・教育実践の創造に向けて「手応えと希望」を感じさせてくれた。

・「教科および教科外を通した教育活動の全体計画」を構想している視野の広がりは決定的に重要。（梅原利夫，教育学）

それぞれの発達課題をしっかり捉え､それに対応させた再編。この点で「試案」は用意周到。（内海和雄，スポーツ社会学）

「3 ともモデル」把握は、「文脈」において学ぶという観点と共同性を浮きだたせている。（子安潤，教授学）

内容の領域構成は大変優れている。国語で言えば物語･説明文･作文といった領域区分か。（中垣清人，国語教育）

△「試案」提起の問題や課題の指摘

△スポーツ文化の構造的把握とスポーツの分類基準の分析

文化内容と教科内容の峻別と文化内容から教科内容を導く原理原則の解明。（草深直臣，体育史）

△「からだ」（領域）の位置づけの問題。（梅原利夫）

△「評価」の問題

・到達度評価のない出口論の弱さ。(内海和雄)
・教師の願いや思いでなく、成果をクールに判断できる評価基準の必要。
カリキュラム評価という視点から、教材評価、時間配分、運営方法の評価やカリキュラム修正手続きの評価について考える必要がある。(岡出美則,体育科教育学)

△高校体育(第4階梯)の未整理
・高校体育の学校教育における固有の意義を明確に。(梅原利夫)
・内容的展開がない。(子安潤)
・記述の欠如。(岡出美則)

△「わかりにくさ」と各階梯間における用語(概念)の未整理。
△誰に向けての「試案」か?(岡出美則,坂本桂・小学校教師)
△目標記述における育てたい力と学ぶべき知識・技術が混在。
△内容と育てたい力の関係が不明確(実践の課題追求(「3とも」)と教科内容の領域構成(技術性・組織性・社会性)の関係をクリアにする。(森敏生)
△各階梯のねらいの具体化と系統化(ねらいのつながり)を図ること。
△「技術性に関わる内容」をクローズアップさせ、膨らみを持たせ、その発展の道筋を明確に記述すること。
△スポーツの現代的状況と子ども状況を関係づけてさらに詳しく。
…など。

(草深(2000),内海(2001),梅原(2001),岡出(2001),子安(2001),中垣(2001)他)

『試案』づくりでは以上のような多方面からの批評のフィードバック―集団討議―修正作業を5年間継続して貫いた。この点は、学校スポーツの「正当化」に向けて批判を含む議論、情報公開、共同決定という原則に基づいて展開されているドイツのNRW州におけるスポーツ指導要領開発の方法(丸山,2005)と同様、カリキュラム開発におけるきわめて重要な手続き論を有していたと思われる。

第２節
『試案』における目標・内容構成の理論的基礎

1．運動文化論をベースにした体育教科観

カリキュラムを構成しようとする際、どのような教科観に立脚するのか、カリキュラム論の中心にどのような視座を置くのかが決定的に重要となる。例えば、ドイツでは以下のような多様なスポーツ教授学的コンセプト（Größing, S.2001, ss.11-52）＝教科スポーツ観が存在し、これらのコンセプトに基づいて多様なスポーツカリキュラムが開発され、またスポーツ教育の論争が繰り広げられている。言い換えれば、ドイツの個性的なカリキュラム開発の背景には多様性の受容と相互批評・論争による発展という原理が受け入れられる教育的風土がある。一方でこうした個性的で多様なカリキュラムの存在は、固有のスポーツカリキュラム開発の土台となるスポーツ教授学的コンセプトなしには困難であることを物語っている。

- スポーツ種目コンセプト：Söll, Hummel, Volkamer
- 開かれたスポーツ授業：Frankfurt 学派グループ：Hildebrachndt/ Laging
- スポーツ教育コンセプト：Kurz, Balz, Ehni
- 身体経験コンセプト：Funke-Wieneke
- 運動教育コンセプト：Kretschmer, Zimmer, Moekling
- 運動文化コンセプト：Größing

（ドイツにおける多様なスポーツ教授学的コンセプト（Größing, S. 2001））

さて、上記のカリキュラム（『試案』）開発においては、カリキュラム論の中心に「文化と人間形成」という視座を置いている。つまり、この『試案』の基礎には「運動文化論」（序章の注 2）を参照）をベースとした体育教科観がある。

1960 年代のはじめに、体育同志会の創始者である丹下（1963）は、体育という教科を成立させる根拠として「運動文化」という概念・構想を提起した[注1)]。

丹下は、戦後の学習指導要領に一貫して流れてきた「下請け体育」「運動を手段と考える体育」観は体育独自の本質を見失っていると批判し、体育を「運動文化の追求を自己目的とした教育」「体育独自の役割は運動文化そのもののもつ価値を体得することである」と規定した（丹下，1960）。そして現実社会の諸課題と学校体育の関係を問いながら学校体育を「国民運動文化の創造」の中に位置づけ、一方で運動文化論を構築しながらそれに基づく体育を構想していった。それは当時体育の本質的規定のコペルニクス的転回であったと言われる（高津，2004, p.57）。その後、運動文化論や運動文化論に基づく体育教科論は体育同志会によって継承・発展されていく。

丹下の考えを継承した体育同志会では、1970 年代に入り「体育・スポーツの民主的・科学的教育方法を確立し、体育科教育の教科構造を明らかにする」という課題を「運動文化の民主化・科学化」の文脈に位置づけて研究活動を積極的に展開した。その中で、1973 年の第 54 回夏季研究集会（白浜大会）において伊藤（1973）は「国民の教育権」論を運動文化論の立場から豊かな内容にしていくことが課題であると提起し、同年、草深（1973）は「国民のスポーツ権は、運動文化を構成する諸側面（基本的には技術的側面と組織的側面）、すなわち、身体、身体運動、技術体系、表現形式・体系（ルールを含めて）、組織、体制、思想の全面にわたって、国民が主人公になる権利概念」（pp.27-28）であるとスポーツ権を規定した。また中村（1971）は、丹下に始まる運動文化論と体育教科論を引き継いだ体育同志会の当時の議論をまとめつつ、それらを体育実践に引き寄せながら「学校体育は何を教える教科であるか」と自問し、体育とは「運動文化の継承・発展に関する科学を教える」あるいは「運動文化に関する科学的研究の成果と方法を教える」教科であると自答した。そして高校体育に限定しつつも「歴史領域」「技術領域」「組織領域」から構成される教科内容の領域試案を提起した（表 3-2，1973）。これは教科の成立根拠を運動文化論に求める立場の内実を一層具体的な教科論、教科内容論として展開した先駆であった。

体育同志会は、上記のような 1970 年代初頭からの論議の中で、「（1）子どもを国民として捉え直して位置づけること、（2）スポーツの主権者の育成の見地から、運動文化論の構築作業を土台に、教科教育の創造を目指すこと、（3）そのために、国民のスポーツ要求・運動を教科内容に取り組んでいく努力と、現実のスポーツ状況の革新、とりわけ地域のスポーツ力の回復を目指し、地域住民、父母などとの統一、共同をつくりあげることを新しい課題」として位置づけ、「スポーツ権に基づく、国民スポーツの創造にこたえる主体者の形成の課題」を自覚して、

表 3-2　中村試案（1973）

歴史領域	技術領域	組織領域
この領域では、人類のそれぞれの時代、社会、階級における運動文化の諸特性と、新しい運動文化創造の歴史的必然性について指導する。	この領域では、運動文化の技術の分析・総合を、実験、実習も含めて指導する。	ここでは、運動文化を享受し、また変革、創造してきた組織的な活動の歴史、およびこれからの集団や社会における組織的活動のあり方について指導する。
1. 古代、中世における運動文化の諸特性 2. スポーツの発生、発展における社会的条件 3. スポーツに内包されているイデオロギー 4. 日本における体育やスポーツの発展 5. 国民運動文化創造の目的と意味	1. 運動文化の技術における文化的諸特性 2. 運動文化の技術に内包されている諸矛盾 3. 運動文化の技術の分析・総合の視点と方法 4. 国民運動文化における技術の条件 5. 実習 ①運動文化の技術の歴史的追跡と追体験 ②運動文化の技術の実験的分析研究	1. 古代・中世における組織的活動の実態 2. スポーツクラブの発生と市民運動の展開 3. 国際的なスポーツ組織の発生とその発展 4. 国家のスポーツ政策と国内スポーツ組織の関係 5. 国内スポーツクラブの組織と活動 6. 今後の社会における組織的活動の在り方 7. 実習 ①国内・国外のスポーツ組織の実態調査 ②組織活動における方法原理

1976 年の第 9 回総会において体育科教育の任務（目的）を「スポーツ分野における主権者の形成」であると規定した（学校体育研究同志会，1976)。そして、運動文化・スポーツの本質や構造を客観的・総合的に明らかにする試みを行いつつ、同時に体育の授業でスポーツの権利主体を形成するためにどのような学力や教科内容を措定すればいいのかという、言わばスポーツ権論と主体形成論を結ぶ環としての学力論や教科内容構成論が探求されていった。その中で草深(1983)は、体育の学力の全体像をスポーツの技能習熟や技術認識を核とする「技術的能力」、集団についての組織論的な認識を核とする「組織・運営・管理能力」、社会科学的な認識を核とする「社会的統治能力」という 3 つの能力で捉え、それに対応する形で体育科教育における学習内容領域構成案(表 3-3)を提起した。この提起は、先の中村の教科内容領域試案を運動文化論と体育の学力論と結びつけて発展させ

表 3-3　体育科教育における学習内容と領域（草深、1983）

Ⅰ　技術的分野（教材・道具の理解と習熟）	Ⅱ　組織論的分野（メンバーの合意形成）
(A) Body・Tool Control（個体レベル）身体運動そのものの動力と制御の矛盾 ①動力技術（運動達成量の変化）；トラック競技 ②制御技術（運動形態の変化）；マット ③結合技術の転化；器械体操 (B) 時空間認知・構成 主として、移動性道具と Body の矛盾 a) 対人的レベル　b) 集団的レベル ①道具操作と認知　①同左 ②空間認知と構成　②同左 ③対他的認識と戦術戦法 ex. テニス　③連係技術と情報 ex. サッカー、バレー (C) トレーニング法	(A) 組織の運営・管理 ①メンバーの確定と分業 ②ルール（広義）の策定と遵守 （ルールの矛盾についての理解と構成原理） (B) ゲームの運営 ①審判方法の決定 ②ゲームの管理 (C) 評価と鑑賞

↓

Ⅲ　技術論的分野（技術の社会的発展の認識）
(A) 一般技術史 ①技術の発展要因 ②技術とルールの関係と矛盾 (B) 技術学史 (C) 技術の交通論
Ⅳ　社会論的分野（スポーツ文化の社会発展史）
(A) スポーツ文化史（主として、近代スポーツ史を中心に） ①「スポーツ禁止令」から「近代クラブ」の成立 ②「近代スポーツ」の理念 ③「近代アマチュアリズム」の成立 (B) スポーツ制度と運動 ①統轄組織 ②大衆的運動と組織 (C) スポーツ法と政策・行財政

た内容領域構成案として画期的なものであった。それが『試案』の教科内容領域構想の重要なたたき台となった。

さらに、80 年代に入り運動文化論に立脚する体育の理論的・実践的な研究課題は、図 3-1 に示されるような「8 系 4 群」と呼ばれる研究領域や課題として深化・拡大していった。80 年代の運動文化論を基盤とした体育実践研究に引き寄せれば、「みんながわかる―できる」実践、異質協同のグループ学習実践が数多く蓄

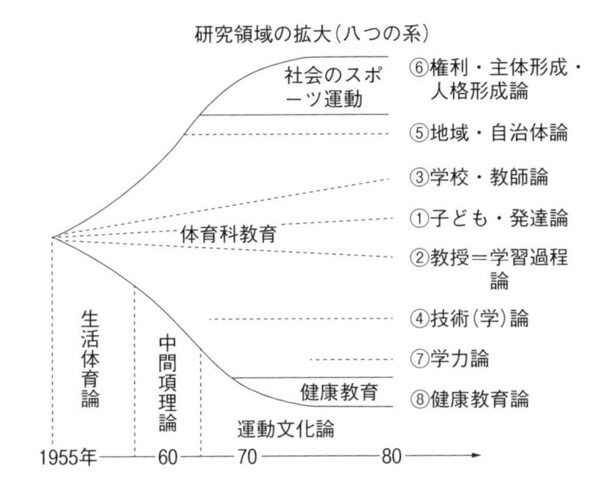

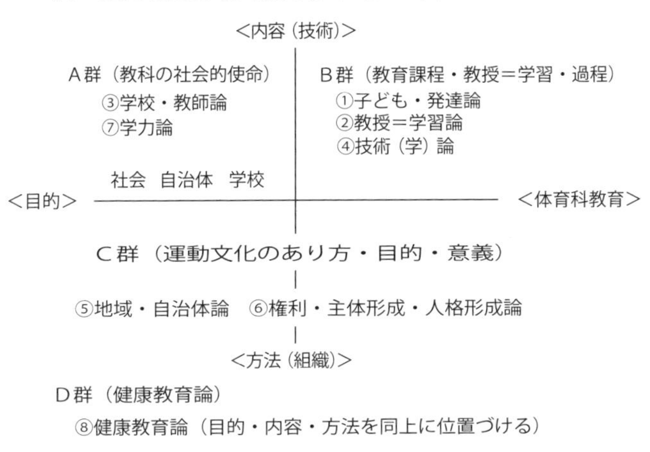

図 3-1　研究領域・課題における８系４群（体育同志会）

積された。しかし、授業方法研究は深められたものの、教育課程づくりへの展開という点ではまだ萌芽的な試みにとどまっていた。90 年代に入り、教育課程づくりに向かう研究として、体育における教科内容研究の重要性が改めてクローズアップされ、運動文化研究の成果を生かした教科内容研究を授業づくりにどのように反映させるかが重要な実践課題となっていった。そしてこうした教科内容研究の視点に基づく様々な実験的実践が展開され蓄積されていくことになる。その教科内容研究や教科内容研究に基づく実験的実践研究を理論的にリードしたのは出原泰明であった。出原は教科内容研究と授業改革を結びつける研究課題として、第1に体育における教科内容と教材を明確に峻別する教科観の確立、第2に体育における教科内容とは何か、第3にそれぞれの教科内容にふさわしい教材は何かの吟味を挙げ、体育における教科内容として以下のような3つの柱を立てた。①「スポーツ文化の発展」論（スポーツ文化の発展史論。スポーツと社会、スポーツの社会的条件など）、②競争・勝敗（コンペティション）（スポーツ文化の特質Ⅰ）、③技能、技術、戦略、戦術（スポーツ文化の特質Ⅱ。技術学を軸とした自然科学的内容も含む）。そしてその新しい教科内容の検討の結果、ひとまず中学校に限定してではあるが、中学校3年間にふさわしい教育課程試案（表3-4）を具体的な問題提起として投げかけた（出原，1993，pp.2-17）。この問題提起が現場教師の教科内容研究や教科内容研究に基づく授業実践研究に刺激を与え、多くの実験的実践が展開された。同時に教育課程づくりへの意識が高まっていくことになったと思われる。さらに、出原（1996）はこのような教科内容研究の進展に伴う実験的実践の蓄積を土台にしながら、それらを運動文化論のフレームワークで束ねながら、「文化としてのスポーツを教える体育」という教科構想（体育授業の全体イメージ）を提起した（pp.60-63）。そこでは「文化としてのスポーツを教える体育」授業のイメージを、①これまでの「できるようにする」「うまく

表3-4　中学校の教育課程試案A（出原、1993）

中学校の教育課程（試案A）				
	教科内容	1学期	2学期	3学期
1年	①下手とは何か（能力観）	器械／水泳	水泳／	
	②系統学習と技術の発展史		／陸上（ハードル）	
	③みんなでうまくなる（集団観）			サッカー
2年	④競争／記録とは何か	陸上（短距離）		
	⑤技術の分析・総合		バレーボール	
	⑥勝敗とは何か			剣道（柔道）
3年	⑦鑑賞・表現	民舞		
	⑧創造・創作		集団マット	
	⑨戦術・戦略			タッチフットボール（バスケ）
*1　すべての授業はグループ学習で行う（グループ学習の指導の力点は学期に一つ程度）				
*2　「体育理論」は別枠で行う				
*3　「クラブ活動」重視／同好会多数／各種スポーツ大会				

する」だけの体育から脱却し、文化としてトータルに教えることを目指す授業、②スポーツの技術学（技術や戦略・戦術の科学）を教える授業＝「できる」「うまくなる」ことに加えてその原理や法則、構造を教科内容として持つ授業、③スポーツが他の文化と区分される固有の特徴である「競争」「勝敗」の意味や原理を教える授業、④スポーツと人間の関係を歴史や哲学、政治・経済との関わりを土台にして、スポーツの価値や文化としての発展論を教える授業であるとした(p.62)。「文化としてのスポーツを教える体育」は、「運動文化の継承と発展」に

表 3-5　新しい体育授業の全体イメージ（出原、1996）

授業の場所		基本性格	教科内容	配当時間の比率	
グラウンドや体育館で行う体育授業	A	「できる」（技能習熟）を中心とする時間。	各種スポーツの基礎的技能の獲得をめざす。系統的な技術指導によって「みんながうまくなること」を実現する。	小学校 60%	中学高校 40%
	B	「わかる」（技術認識）を中心とする時間。	スポーツの技術学を教える。技術や戦略・戦術などの原理・法則を学習。授業は「実験、実習」的、探求的授業として展開される。	20%	20%
教室でやる体育授業	C	「教材種目」単元のなかの一部の時間。	オリエンテーションやまとめの授業のうち、教室が授業の場所にふさわしいもの。系統的な技術学習と密接な関連があり、それを深めるうえで必要な内容を持つ。「バスケの歴史」「プールは水泳をどう変えたか」など。	10%	20%
	D	「教材種目」単元に含まれない独立した時間。	直接、技術学習と関わらない内容を教える。主としてスポーツ文化的内容のもの。たとえば小学校では「ボールの授業」「ゴールの授業」「ラインの授業」など。中学、高校では「技術論」「文化論」「主体形成論」など。	10%	20%

（注）
1. A と B は一つの単元や 1 時間のなかで混在することもある。
2. 配当時間比率（年間授業時数に対する）はあくまでも考え方を示す一つの目安にずきない。
3. このようなカリキュラムモデル作成の土台として、現在の教科外でのスポーツ活動（各種スポーツ行事、グラブ・部活、課外スポーツ活動等）を「子どもの自主的、自治的活動」の視点から授業で学んだことを生かし、発展させる場として再生、強化することが不可欠であるとの認識をもっている。

内包された「変革や創造」を強調し「スポーツにヒューマニズムを刻み込む子ども」（出原, 1997）を育てる体育であるとし、出原はスポーツの技能習熟（できること）、スポーツの技術的認識に加えてスポーツの文化的認識を中核とする学力を保障できるような教科構成の、実践現場に即した教育課程試案（新しい体育授業の全体イメージ、表3-5）を提起した。この新しい試案提起によって、とりわけ運動文化論に基づく教科内容から体育授業を構想すること、体育における技能習熟の位置づけの変化（配当時間の比率）、文化的認識の学習のために小学校から高校までの「教室でする体育」（体育理論）の意図的・計画的な位置づけ、教科学習と教科外スポーツ活動（各種スポーツ行事、クラブ・部活動、課外スポーツ活動等）との関係が意識化されるようになった。

こうした提起に触発されて「教室でする体育」（体育理論）の実験的実践[注2]、教科内容や教育課程を意識した授業実践が展開され、その成果の蓄積が図られた。近年出原（2001）は、「運動文化の継承と変革・創造の主体者」にはスポーツの現代的問題点を探り当て、この文化の民主主義的変革を実現するためのクリティカルな文化的能力が求められると指摘し、「この文化的能力は変革の対象である運動文化やスポーツ文化に対する確かな認識がないと生まれてこない。90年代に入って改めて主張された『スポーツ文化研究』や『教科内容研究』はこのような対象に対する研究の必要性を強烈に自覚するもの」（出原，2002，p.17）であったと述べている。

以上のように体育同志会における運動文化論の深化・発展と研究・実践課題の広がりによって、教科構成についての理論的構築が進められた。さらにその過程で試みられた実験的実践によってその理論に実践的根拠が与えられ、理論と実践の往還の中で運動文化論をベースとした体育教科論が強化されていった。『試案』づくりは、こうした体育教科論・体育教授学的コンセプトに基づいて展開された。

2．3つの実践課題領域

『試案』づくりでは、学校体育の目的を「すべての子どもが運動文化の主人公になること」＝「運動文化の継承・発展・創造の主体者形成」と考えている。そこでは、すべての子どもを運動文化の主人公にすることを目指す学校体育においては幼年から高校までを貫く実践課題はいったい何か、どのように構想すべきかが問われ、その際にとりわけ運動文化実践の総合性に応じた実践課題を設定する必要性が意識された。つまり、子どもたちを「運動文化の主人公」にするため

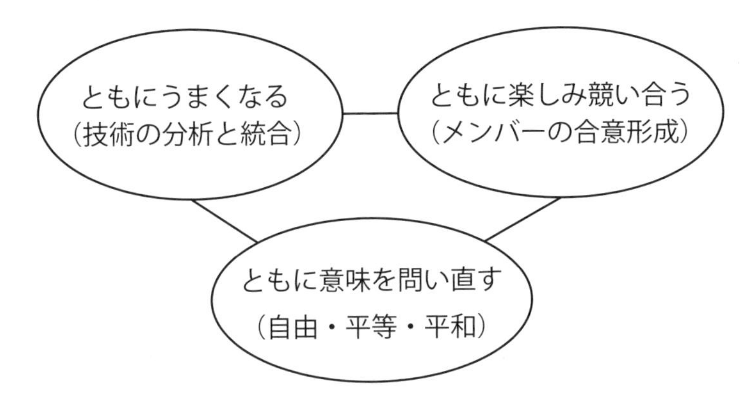

図 3-2　スポーツの主人公の実践的課題領域
（3 つの実践的な課題の追求と方法）（体育同志会，2003）

に、子どもたちが運動文化をまるごと“わがもの（Aneignung）”にしていく学びが必要であり、言い換えればそこでは運動文化が持つ技術性、組織性、社会性に関わるすべての領域の獲得対象の広がりと「できる・わかる・生きる」という獲得の質的発展を包み込む実践課題構想が生まれた。その結果、『試案』においてはこうした実践課題を 3 つの領域から構成し、図 3-2 のような課題追求モデル（「3 ともモデル」）が示された。このモデルの特徴は、幼年から高校までの子どもたち、あるいはスポーツをする人間すべてが運動文化を総合的に学びながら「運動文化の主人公」になっていくという主体の側から追求すべき文化実践の共通課題を浮き彫りにしたことである。「3 ともモデル」という表現には、異質で多様な性質を持った者同士が共同して創り出す「場」とその中で保障される実質的平等性という原理を土台にして、第 1 に当事者としての主体同士の関係性、第 2 に具体的な相互の関係性、第 3 にその具体的な相互の関係性が新たな関係性を創出することに開かれていること、つまり「主体と主体の具体的な関係が発展的に広がりながら、まさに主体としての力量を高めていくという変化・発展のイメージ」（森，2001，p.165）が込められている。

「3 ともモデル」における実践課題の第 1 の領域「ともにうまくなる」は、スポーツの技術や戦術を獲得し発展させていくという課題領域である。内容論から見ればうまくなることを目指す技術的内容がその中心に位置づく。この領域の目標の骨格は、主として技術や戦術に関わる技能や認識の獲得とそれを協同によって可能にする方法についての認識を獲得することである。スポーツ活動の中核である技術や戦術について「みんながわかってできる」ことが目指される。

第2の領域「ともに楽しみ競い合う」は、スポーツをともに楽しみ共有する人間関係や組織の中で生じる問題を民主的な手続きや合意形成によって解決していく課題領域であり、組織的内容がその中心に位置づく。この領域の目標は、スポーツをみんなで楽しく豊かに実践するために、民主的で自治的な意志決定や合意形成に基づく組織づくりを進める力を身につけることである。そのためには自らの手で組織を管理・運営する方法や、ルールづくり、競技会の企画・運営などについての認識の獲得が必要となる。

第3の領域「ともに意味を問い直す」は、学びの対象であるスポーツという文化―自己―他者の3つの次元の関係の意味を学びの主体である子どもたちが問い直すことを課題とする領域である。この領域は、スポーツという文化が抱える問題や価値を子どもたちが自分自身の問題に引きつけて素朴に意味づける段階から、歴史的、社会的レベルで問い直し、その文化的価値や社会的意義を明らかにしていくまでの広がりを持つ課題を追究する領域である。言い換えればこの領域は主に子どもの価値形成と深く関わる領域になろう。ここでは、スポーツの文化的価値や意味をめぐってお互いに合意を形成していくことが求められ、そこにスポーツや運動の意味が付与されていくことになる。内容論的には発達段階が上がっていけばとりわけ社会的・文化的内容がその中心に位置づくものになる（図3-3）。

同時に、これら3つの実践課題領域は、実際のそれぞれの課題を追究する上では固有の方法を持っている。「ともにうまくなる」という実践課題追究において

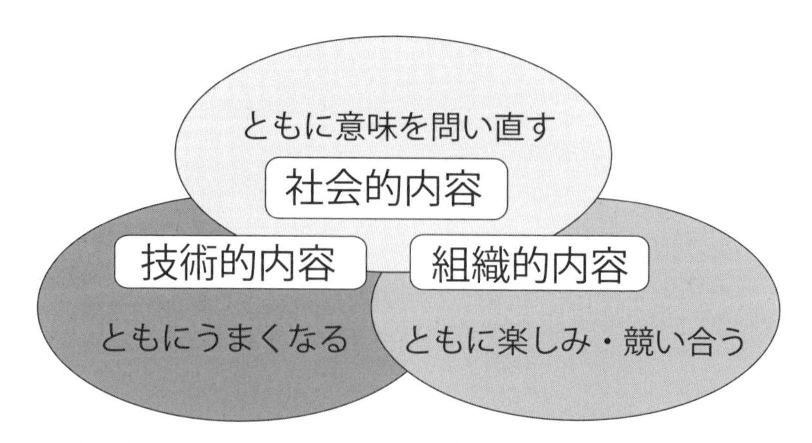

図3-3　実践的課題領域と教科内容の領域との関係（体育同志会，2003）

は「技術の分析・総合」が重要な方法として位置づく。子どもは運動文化の中核である運動技術を分析―総合する中で「みんながわかる―できる」世界を広げていく。この領域は体育学習の中心として位置づけられる。同時に、すべての子どもが運動文化を享受し楽しむためには、運動技術を媒介にして子ども同士が対等平等の関係を作り合意を形成していくことが不可欠であり、したがって「ともに楽しみ競い合う」という実践課題追究では「メンバーの合意形成」が重要な方法になる。「ともに意味を問い直す」領域では「自由・平等・平和」等の価値を追究する方法が重要となる。運動文化を人類の価値ある文化として継承・発展・変革・創造していくためには、子どもたちが持っている素朴な価値判断から自由、平等、平和、人権などの人類の普遍的価値までを視野に入れて、運動文化の学びを展開する必要性がある。

以上のような「3 ともモデル」は、幼稚園（保育園）から高校までの体育を貫くベースとなる課題追求の方法であり、“ともに”はスポーツ文化実践における子ども同士の共同、教師と子どもの共同、子ども・教師・保護者・地域住民との共同を重視するという意味合いが込められている。

３．教科内容の領域構成試案

先述した 3 つの実践課題領域を解決しながら運動文化の主人公に相応しい力を獲得していくためにどのようなことを学んでいけばいいのか、言い換えれば「ともにうまくなる」「ともに楽しみ競い合う」「ともに意味を問い直す」領域ではいったい何を学ぶ必要があるのだろうか。

この問題に答える手掛かりとなる第 1 の視点は、運動文化（スポーツ）の総合性に相応しい教科内容の領域編成をすることである。つまり、学校体育で学ぶべき内容を構想しようとする際には、運動文化実践の総合性（構造）に基づき、先述した 3 つの実践課題に方向づけられた教科内容の設定が必要になるということである。『試案』においては、運動文化（スポーツ）の全体構造に対応した内容構成、教科内容の階層的構成、先の 3 つの実践課題領域における課題追求に相応した内容領域の構成、実践化への見通しがもてる内容構成が構想された。内容領域の最も大きな枠組みとしてまず「スポーツの技術性に関わる領域」「スポーツの組織性に関わる領域」「スポーツの社会性に関わる領域」が設定された。

第 2 に、いくつかの階層レベルの「教科内容」が相対的に区別され体系化されて構成されるという点である。ここでは、「領域構成のレベル」、「教科の共通基

表 3-6　内容の領域構成試案（2003）

<table>
<tr>
<td>Ⅰ　スポーツの技術性に関わる内容（領域）
1. 技術的内容
（運動技術、戦略・戦術の認識と技能習熟）
①運動の場（時間・空間＝対象的諸条件）および場の特性（媒質）に応じた身体コントロール
②わざ、表現様式をもった身体コントロール
③運動手段（道具）の特性に応じた身体コントロール
④ゲーム場面に応じたコンビネーションの構成（戦術）
⑤試合・ゲーム・レースプラン（戦略）の構成
2. 技術指導（技術学習）の系統性
（うまくなるには筋道があること）
①基礎技術の規定
②系統性とスモールステップ
③指導（学習）と言語化
3. パフォーマンス（できばえ）の分析方法
（技術・戦術分析）
①パフォーマンスの観察方法
②パフォーマンスの記録・記述の方法
③結果の分析と総合（事実、原因、手だて）</td>
<td>Ⅱ　スポーツの組織性に関わる内容（領域）
1. グループ（組織）づくり
①グルーピングの方法
②グループの機能（役割）分担
③グループミーティングの方法
2. グループの戦略・プランづくり
①グループ目標の立案
②試合・練習計画の立案
③計画の評価と調整
3. ルールづくり・ゲームづくり
①ルールの基本原則の理解
②ルールづくりの意味
③ルールの仕組み・内容
④ルールを守ること
4. 競技会・発表会（大会）の企画と運営
①競技方式とその特徴
②競技会・発表会の企画
③競技会・発表会の運営と管理
5. スポーツ（表現作品）の評価と鑑賞
①よいプレイ・よい試合とは何か
②技術美
③作品づくりとしてのスポーツ表現の様式
④スポーツ批評</td>
</tr>
<tr>
<td colspan="2">Ⅲ　スポーツの社会性に関わる内容（領域）
（この領域は必ずしも理論学習で扱う必然性はない。実践学習に関連する内容として学習する場合もある。内容によっては理論でしか扱えないものもある。）
1. 技術の社会・歴史的な性質と発展（「うまい」「へた」を社会的歴史的に認識する）
①スポーツ手段（道具）や対象（場）の変化と技術・戦術の変化
②ルールと技術・戦術の関係（矛盾とその解決）
③練習やトレーニング方法の科学的な研究と開発
④技術・戦術を普及し発展させる組織の取り組み
2. スポーツの発展史と発展論（運動文化の発展をどう捉えるのか）
①近代的な理念・様式の成立と発展
②文化の普及と変容や発展の様相（ローカリゼーションとグローバリゼーション）
③人類の現代的な価値追求（平和、自由と平等、人権、環境など）とスポーツの理想や理念
④スポーツ振興法と政策・行財政の展開
3. スポーツの主体の成立と形成（スポーツの主人公が担うこと）
①文化の担い手の拡大と組織化（クラブ、協会、連盟）
②スポーツ組織の自治と自立（手段、ルール・規範、財政の管理運営）
③スポーツ権の生成と展開（理念、体系、法的根拠）
④現代スポーツの社会問題を解決する主体の形成(様々な事例と主体形成の可能性)</td>
</tr>
</table>

礎となるような基本的内容事項レベル」、「基本的内容事項を構成する具体的な内容事項」という3つの階層レベルを想定して内容構成が試みられた。3つの階層レベルの内、「領域構成のレベル」はカリキュラム全体（各階梯間や階梯毎）の年間計画における領域配分を判断するというような性質のレベル、「基本的内容事項レベル」は教材単元の枠を越えた共通の教科内容のレベル、そして「基本的内容事項を構成する具体的な内容事項」は各教材単元の授業づくりにおいて教材特性と関わって具体化され単元計画に盛り込まれて構成される内容のレベルである。

第3に、教科内容を構成する手掛かりとしてこれまで提起されてきた教科内容領域構成試案（中村試案、草深試案、出原試案）の内容（領域）を参考にした点である。

第4に、実践的な根拠を重視し、これまでの体育同志会の実践的蓄積から内容を引き出したという点である。そして現段階で、仮説的に導き出したのが「内容の領域構成試案」（表3-6,『試案』, 2003）である。

「スポーツの技術性に関わる領域」には、主として「ともにうまくなる」ための技能、認識や方法を配置しており、「基本的内容事項」としては①運動技術、戦略・戦術といった技術的内容の認識や習熟、②技術指導・学習の筋道（系統）、③自分たちのパフォーマンス（技術・戦術のできぐあい）を対象化し分析するための方法が挙げられる。「スポーツの組織性に関わる内容」には、主として「ともに楽しみ競い合う」ための認識や方法を配置し、その「基本的内容事項」としては①グループの組織化の方法、②グループ活動の計画立案・実施・調整の方法、③自分たちが楽しむスポーツのルールづくりとその原則・方法・意味、④自分たちが行う競技会や発表会の企画・管理・運営の方法、⑤プレイや表現の共同的鑑賞・評価が挙げられる。「スポーツの社会性に関わる内容」には主として「ともに意味を問い直す」ための社会的・文化的・歴史的認識を配置する。その「基本的内容事項」としては①スポーツ技術の発展史、②スポーツ技術に関する科学（技術学）の発展史や実践との関係、③近代スポーツの成立・発展史、④スポーツ文化特性に反映される地域性や国民性、国際化による受容や変容、⑤現代スポーツの社会的なあり方や社会との関わりで直面する諸問題・諸課題が設定される。

以上のような教科内容の階層システムに基づいて、実際の現場では子どもたちの発達課題や実践条件を考慮し、各学校において体育カリキュラム、年間計画、単元計画、授業計画のそれぞれのレベルでの内容が特徴づけられ体系づけられて構成されることになる。

第３節

『試案』づくりを可能にした組織的研究活動の展開

前節で論じた目標・内容の理論的基礎によって『試案』の総論部分の骨格が完成した。これに基づき各論が組み立てられることになる。『試案』づくりを可能にしたのは、以上のような運動文化論をベースにした教科論や目標・内容構成の理論的根拠を持っていたこと、そして同時にその理論的根拠を確かめ検証する数多くの実践や実践研究を支えた組織的研究活動があったからだと考えられる。ここでは、その組織的研究活動の中心となった体育同志会教育課程分科会における活動（活動の特徴と中心課題の推移）について述べてみたい。

1．学校体育研究同志会教育課程分科会における研究課題の推移

（1）80年代後半（1986-1989）に提起された課題

教育課程分科会における80年代後半（1986-1989）は、主として教育課程づくりの枠組みの模索の時期であったと言える。80年代後半における分科会の課題を方向づけたのは、久保（1986）および長谷川（1987）の基調提案であったと思われる。長谷川（1987）は、教育課程は単なる年間の教材配列表を意味するのではなく、「学力と人格形成プログラム」であり、「スポーツの技術性・組織性・社会性に対応した一定の諸能力と、それらの諸能力を国民のスポーツ権の実質的保証に向けて自覚的に発達させ発揮することのできる価値意識との統一体としての人格の形成をする筋道」（p.244）と捉え、教育課程づくりはそれぞれ困難や矛盾を内包する3つの側面（実践的側面―運動的側面―政策的側面）を関係づけて捉え推し進めていくことを主張した。そして、多元的に発達段階を押さえること、価値意識形成の道筋、諸能力と価値意識の統一のメカニズム（逆説的には不統一や分裂のメカニズム）の解明の必要性、人格の発達をふまえた目標・内容の構造化を分科会の課題として提起した。

この提案をベースに、1989年の全国研究大会（京都大会）において岨（1989）が以下のような「教育課程づくりの枠組みを構造化する8つの視点」を提起した。それは、①学習指導要領の批判的検討、②教材と教育内容の区別と関連およびそ

の系統性の研究、③技術指導と集団づくりとの関わり、④学校（学級・学年）づくり、教師集団づくり、地域づくり、⑤「スポーツの主体者像」と「スポーツの国民的教養」の明確化、⑥教育課程づくりの３側面（政策的側面・運動的側面・実践的側面）、⑦日々の教育実践と教育課程づくりの道筋、⑧発達論的視点である。

（２）90 年代初頭（1990-1991）に提起された課題

90 年代初頭のテーマは、教育課程づくりの筋道の精緻化を授業レベル（教材と教科内容の関連）で問題にすることであった。この時期には、教材と教科内容を区別しつつ教科内容をどのように構成するのかという教育課程づくりの中核的問題に焦点が当てられ内容試案が提起された。全国研究大会（高知大会，1990）では、塩貝実践（1990）を手がかりにして、①場所・時間・道具、②仲間・相手、③技術、④ルール・約束という項目を設定し、「自治的・集団的能力の系統的発展過程に関する系統図の素案」が作成された。ここではこの素案づくりが、教育内容と育てたい具体的な子ども像を問い返すという意味を持つこと、個々の授業実践レベルでは①〜④の項目がいろいろな配分を取りながらトータルに構成されているという点が明らかにされた。

全国研究大会（埼玉大会，1991）では、則元（1991）が教育課程の道筋として、以下のような５つのレベルを提起した。それは、①教材配列表をつくるレベル、②到達目標が設定されたり、教材単元での授業づくりの方法や指導内容が実践的に蓄積されていくレベル、③教材と教育内容の区別と関連が明確にされ、各教材間共通内容や教材個別の内容の設定および系統的な構成が行われ独自の教材づくりが試行されるレベル、④獲得させる学力や育てたい子ども像が明確になるレベル、⑤学校全体の教育的働きかけや地域生活と関連しながら子どもの発達段階を考慮しつつ、上記の①〜④を点検し深化させていくレベルであった。また、この提案を意識しながら、先の高知大会の「系統図の素案」作成を通して自覚された教材と教科内容の区別が実践的に検討された。つまり、目標―内容―方法―評価の一貫性という視点から実践レベルでプランが検討され、マイプランからアウアプランづくりへの発展が課題にされた。

（３）90 年代初 - 中頃（1991-1994）に提起された課題

この時期は、「教科内容研究を軸にした教育課程づくり」が課題となった時期である。1991 年に出原によって「教育課程試案（私案）」（出原，1993）が提起され、それがその後の体育同志会の教科内容研究や教育課程（づくり）研究に強い影響を与えた。出原は教科内容と教材の峻別を強調し、スポーツ文化の主人公にふさわしい国民的教養の基礎にあたる部分、つまり教科内容の3つの柱＝①「スポーツ文化の発展」論（スポーツ文化の発展史論。スポーツと社会、スポーツの社会的条件など）、②競争・勝敗（コンペティション）（スポーツ文化の特質Ｉ）、③技能、技術、戦略、戦術（スポーツ文化の特質Ⅱ。技術学を軸とした自然科学的内容を含む）から教科内容を構成することを提起した。さらにそれに基づいて「みんながうまくなること」を教える体育がすべての子どもに「スポーツの国民的教養の基礎的部分の形成」を保障するものと捉え、義務教育の出口である"15歳のスポーツの国民的教養のイメージ"の実現を目指して、まずはじめに教科内容を設定した。それにしたがって9つのユニットで構成した中学校の教育課程（試案A，表3-4）が具体的な形で大胆に提起された。この出原提案に触発され、教育課程分科会では、①「教材から教育内容を引き剥がす」というアプローチ、②教育内容をスポーツの文化的内容から設定し、そこからそれに相応しい教材の選択・教材づくりをしていくという教育内容（教科内容）構成の2つの方向からのアプローチによって教育課程づくりを推し進めていこうとした。その流れの中で、則元（1994）によって「教科内容研究を推進するための実験的実践の蓄積とそれを軸にした教育課程づくり」が提起され、分科会の中心的課題が教育課程づくりを視野に入れつつも教科内容研究に基づく実験的実践の開発・蓄積に移行していったと考えられる。

（4）90年代中頃以降（1995-1998）に提起された課題

この時期の分科会における課題の特徴は、「競争」を軸にした教科内容研究と実践化およびその教育課程への位置づけ（教科内容の体系化・構造化）であったように思われる。とりわけ、体育同志会大阪支部の継続的な「競争」研究とその実践研究（1995-1998）は、スポーツ文化の重要な特質の一つである「競争」の文化的価値を明らかにしながら、それを教科内容として構造化して授業実践を集団で検証しつつ創り出した点に価値がある。教材と教科内容を峻別し、教科内容を設定して構造化したうえで授業を創り出すという新しい授業づくりの具体的なイメージを描いてくれた点が大きな成果であった。同様に、東京支部による「スポーツの授業」の教科内容試案の提起も教育課程における教科内容の体系化・構造化への道を切り開くポイントを与えてくれた。教科内容研究と教育課程づくりがリンクして、実践レベルで語られるようになったことがこの時期の分科会の大きな成果であったように思われる。ただ教育課程の具体的な「試案」づくりにまで作業が進展しなかったのは、カリキュラム（開発）の原理原則を具体的に明らかにし、それとの関わりの中で教科内容研究が位置づけられてこなかった点にあった。そこで、こうした弱点を乗り越えるため、会員の有志をもう少し広く募って教育課程試案の作成を目的とする「教育課程自主編成プロジェクト」の発足（1998）に向かったわけである。

２．カリキュラムの自主編成に向けての課題

当時、これまでの教育課程分科会の成果と課題を跳躍台として、教育課程自主編成プロジェクトが『試案』を作成しようとする上で以下のような多くの課題を自覚していた。

①各階梯における「出口」としての育てたい子ども像（運動文化の主体者像）の明確化とその共有。

＊育てたい像がどのように発達していくのかがまだ不鮮明。

＊教えるべき中身（教科内容）と「出口」として育てたい像の関係を明らかにすること。

②教育課程の階梯区分をどうするか。区分した根拠は何か。

③「共通基礎教養」の内実を明らかにする作業。

＊科学や文化の基礎的概念にあたるものをスポーツ文化領域で抽出・構造化→教科内容の確定・構造化。

＊基礎学力を構成する「スポーツ文化に関する基礎的認識」とは何か。

＊大胆な教科内容の精選・合理化を試みる。

④「共通」と「選択」を教育課程においてどのように構成していくか。

＊構成原理は何か。

＊各階梯にどのように「共通」部分と「選択」部分を組み入れていくのか。

⑤体育同志会の実践研究の成果（典型実践）の教育課程における位置づけと整理。

⑥体育と保健（健康教育）の関係を明らかにし、内容を整理・構造化すること。

⑦教科と教科外（部活・行事）の関係を整理し教育課程において構造化すること。

＊教科外（行事・部活）を含むトータルな教育プランを構想する。

⑧私たちの教育課程試案を“実現可能なもの”にしようとするとき、現行制度との関わりをどこまで意識するのか。

⑨私たちが創った教育課程試案の有効性と問題点を検証する方法の確立。

＊教師の力量形成（自立と成長）という視点の堅持。

＊「実践を通して常に変化・発展し、再構成・再組織されていく力動的過程」としての教育課程。そのような教育課程として叙述する。

＊「手引き」として利用できるように可能な限り「具体性」と「多様性」を追求する。

＊“これしかない”型のワンパターンにはしない。

⑩子どもや父母（地域住民）が教育課程づくりに参加できるようなシステム（手続き）を創りあげるという課題。

＊各学校で教師集団がこのような手続きを創りあげる（地域と結びつく学校づくり）。

＊教育行政へ働きかける運動。

＊各学校の教育課程づくり（教育条件の整備も含めて）を支援する市町村レベルの「ローカルセンター」設立運動。

以上のような課題群や課題意識が土台となって「教育課程自主編成プロジェクト」活動の動機と方向性が生まれたのである。

第４節

自前の体育カリキュラム開発の方法

1．「体育実践カタログ」づくりからカリキュラム開発へ

（1）「体育実践カタログ」づくりのねらいと意味

「体育実践カタログ」（以下、「実践カタログ」と略す）は表 3-7 に示されるように、①「タイトル」（単元名）、②「教材名」、③「実践者」、④「学年」、「学習者数」、⑤「授業の目標」（「教えたい内容」「育てたい力」「目標の実現状況（学んだ内容・育った力）」）、⑥「教材解釈・教材づくりの特徴」、⑦「授業展開・指導過程の特徴」、⑧「実践のモチーフ（実践者の願い・力点）」、⑨「実践者の総括」、⑩「実践の批評」、⑪「どんな子どもたちか（生活と学びの実態または発達課題）」、⑫「教育課程づくりへの示唆」というカテゴリーを用いて、一つの授業実践報告を一つの表にまとめて記述したカタログである（『試案』, 2003）。

この「実践カタログ」は、各地域・各学校において教師たちが自分たちの授業実践を相互に分析・批評するための重要な“ツール（武器）”となる。「実践カタログ」は自分自身の実践を対象に自らが作る場合もあるし、他の教師の実践を対象に作る場合もあるが、どちらの場合も「実践カタログ」を材料にして教師間で相互分析・批評を展開することが重要である。各学校におけるこうした「実践カタログ」づくりと相互分析・批評活動が自前のカリキュラム開発の始まりであり、言い換えれば自前のカリキュラム開発は、自分自身の授業実践を見つめるところから出発すると言ってもよい。そして、集積された「実践カタログ」の分析から、各階梯毎の子どもの生活課題や発達特性、実践の特徴（ex. 目標、教科内容、方法、教材解釈・教材づくり、単元構成、学習活動の組織等）が抽出され、そこから各階梯の特徴やカリキュラム開発の示唆が引き出されるのである。例えば第１階梯（小学校１～４年）を例に挙げると、この「実践カタログ」からは、(a)〈教科内容の設定〉、(b)〈教材づくりへの視点〉、(c)〈学習活動の組織と単元構成〉、(d)〈教え合い学び合う関係の組織〉、(e)〈子どもの学びの姿〉という側面から具体的に以下のような第１階梯の特徴が引き出された。

表 3-7　体育実践カタログ例（2000）

第2階梯（小5、6）「走る」　　　　記録者　岨　和正

<table>
<tr><td colspan="2">実践タイトル（単元名）
70m 曲線走の実践</td><td>教材名
70m 曲線走</td><td>実践者
井上宗子
（山口県伊陸小学校）</td><td>学習者 21 人 ○共習
第6学年　　別習</td></tr>
<tr><td rowspan="2">授業の目標</td><td>【教えたい内容】
①自分の走りのイメージを描いて（作戦をたてて）走れるようになる。
②そのために自分の走りの全体像とその特徴を分析し、わかる。
③意図的に競争を仕組むことによって、相手との「かけひき」を学ぶ。</td><td>【育てたい力】
・子どもの心にいつまでも残る実践を
「できた」「おもしろかった」だけでなく、「できる・わかる」、「○○ちゃんが○○をしてくれたからできるようになった」「○○をみんなで考えていったからできるようになった」を

【目標の実現状況（育った力）】
・お互いの走りを見ながら作戦を練り直す中で新しい発見をし、記録も伸ばしていった。
・人と競争することをいやがっていた子も好んで競争をしたがった。
・○○だから負けた、勝ったと自分の走りを振り返ったり、友達の走りを批評でき、競争を楽しむようになった。</td><td>【実践のモチーフ】（実践者の願い・力点など）
・クラスの中にいじめを許さない空気をつくる。
・ジュンをよきリーダーにする。
・まさしにものを言わせる（自己表現させる）。
・70m という空間を自分のイメージ（作戦）通りに走れたらさぞかし気持ちがいいだろう。そして、二人で走るということになったら、相手との「かけひき」のおもしろさも味わうことができる。走った後にタイムがどうであったか、勝敗がどうであったかということのみにこだわらず、自分の走りがどこでどうだったから、作戦のどこがどうだったから、結果がどうだったと考えるようになるのではないか。</td><td rowspan="2">【どんな子どもたちが（生活と学びの実態または発達課題）】
・山間部、素直だが排他的傾向が強い。
・保育園から中学校まで人間関係が変わらず序列がはっきりしている。
・持ち上がりの子（5年の時に短距離走に取り組んだ子）と初めての子がいる。
・ジュン（ボス）やまさし（右手、右足が不自由な子）もいる。
・ジュンのいじめが表面化してきた時期。</td></tr>
<tr><td>【目標の実現状況（学んだ内容）】</td><td>・研究するという考え方が日常化してきた。
・書くということが苦にならなくなった。
・「三人寄れば文殊の知恵」協力し合うことの大切さがわかった。</td><td>【実践者の総括】
①試しの対決をもっとたくさん入れれば作戦がもっと増えたのではないか。
②距離を 10m 伸ばして 80m にすればカーブを出てからの「かけひき」もできたのではないか。
③カーブでぶつかることが起きたのでセパレートコースにしておいたほうがよかったのではないか。
④タイムの同じ子同士を対決させたが、遅い子でも速い子に挑戦させてもよかったのではないか。</td></tr>
</table>

教材解釈・教材づくりの特徴	授業展開・指導過程の特徴（全73時間）	【実践の批評】	【教育課程づくりへの示唆】
・曲線走にした理由は、5年の時に50m直線走を学習した子も初めての子も同じスタートラインに立って新しい課題に取り組めるから。 ・スタートのところから14mのところをカーブの入り口になるようにした。最高スピードになるところにした。 ・カーブの走り方を子どもたちに研究させたい。 ・カーブの出口は50m。ここも「かけひき」の対象になる。 ・残りは20m直線。 ・残りは20m直線。カーブの作戦には失敗しても入り方しだいでは逆転可能では…。 ①スタートしてからカーブの入り口の入り方 ②カーブ部分の走り方 ③カーブを出てからの直線の走り方 を学ばせたい	第一次　70mの空間を作成を立てて走る。 10mごとのスピード曲線を書く。 第二次　どうすれば、カーブをうまく走ることができるか探る。 研究テーマを見つけるために2人ずつ、うまい子、へたな子の走りを比べる。各班ごとに実験研究して中間発表会。 第三次　中間研究発表会をもとに、研究を深め研究発表会を開く。学校の先生方に全員招待状を出す。 第四次　自分に合った走りを見つけ、イメージ通り（作戦通り）に走れるようにする。班がえ【ここまでに51時間】 第五次　2人で走る。（班のみんなで作戦を練り対決をする。）10時間程度の練習計画を立てて練習。（ためしの対決も入れる） 第六次　学習のまとめをする。作文「今度の6年生に70 m曲線走を教えようと思いますが、どんなことを教えたらよいと思うか」 【ここまでに22時間】	・この実践は前年の50m走「50m走のひみつを探る」の実践に続くもので体育の学習はある道筋にしたがって学んでいけばどんな子もかならず「わかり、できる」ようになるという「系統性」への信頼が前提となっている。 ・この実践の生命力「たった70m、たった数十秒間の作戦をどうたてていくか。面白いことがわかりそうな気がする。…わからないことだらけの手探りお楽しみ実践であったが、それだけに興味深く、胸をわくわくさせながら」授業を楽しんでいる。 ・仮説－実験－結果－発表のサイクルでかなりの部分はグラウンド以外の教室等で行われていて体育の授業スタイルやイメージの転換を促している。 【久保健（宮城教育大）】	・この実践では「戦略・戦術」の本質は「迂回」だというが、この実践においても、まず単独で70mの曲線を走る各自の理想の設計図が確立された上で、対決相手との関係で自分の設計のどこを犠牲にして、かわりにどこをとるかという「迂回性」がもっと自覚される必要があったのではないか。 ・体育の授業スタイルやイメージの転換 ・「これだ」と確信した単元は長時間かけて行うことにより、子どもが変わる（他教科や生活の中でも生きてはたらく学力をつけるために） 【久保健（宮城教育大)】 ＊久保氏の主張を岨が教育課程づくりへの示唆と読み替えた。

（著書「体育実践に新しい風を」、タイトル「教科内容を軸に体育実践を創る」1993年、学校体育研究同志会編、出版社：大修館書店より）
※表は『試案』(2003)，p174より作成。

(a)〈教科内容の設定〉

＊「できる」ことのなかに「わかる」を位置づけること

・教科内容として技能習熟以外に技術の分析(技術認識)を位置づけた(1年)

・「わかる」も重要だが“命中した”(的当て)という「できる」喜びも重要(2年)

・体育独自のできる喜びをどのように位置づけるか(4年)

＊共同・参加・自治の基礎的能力

・チームで話し合って準備・片づけ、簡単な練習が自主的にできる(2年)

・練習の方法を知りある程度見通しを立てて自主的に練習(3年)

・課題をみんなで見つけ方法を共に考えていく力(3年)

・グループ学習が方法であり学びの対象になる(4年)

＊技術以外の教科内容

・「採点競技」における『鑑賞・表現』を学ぶ(4年)

＊教材別(水泳の例)

・小学校6年間で水泳の文化的内容を学年毎に膨らませていく必要(3年)

1年：ドル平への感覚づくりに必要な内容(息こらえと息継ぎ、水中歩行、顔つけ、沈む、潜る、浮く)。泳げることをねらいにするのは3年からでよい。

2年：ドル平の習得を急がずに、色々な浮き方をつなげて集団で表現、身体を水中でコントロール

「浮き姿勢」技術がわかる・できる。

3年：リラックスしたドル平ができる。

「お話し水泳」は技術認識課題が曖昧

技能習熟だけでなく、泳法の変遷の学習が3年生に理解できるか。

4年：ドル平泳法を基礎泳法とした泳力(1000 m)の保障

ピッチングドル平における「うねり」、クロールにおける「ローリング」うねりのあるバタフライができる。

(b)〈教材づくりへの視点〉(教材別：水泳を例に)

・急いで泳がすだけの授業からの脱皮

浮いたり潜ったりの活動中心の授業(1年)

浮きながらの息継ぎ、身体コントロールをドル平のステップと考えるだけでなくシンクロ文化として位置づける発想の必要(2年)

・地域学習と関連させて泳法の存在に気づかせる(3年)

・即時達成性(水泳が持つ教育力としての泳げたときの感動)を重視(4年)

・技術内容が明確にできそれを泳法という教材で仕組める（4 年）
・「集団お話水泳づくり」
　遊び的要素の中に「浮く」「水中での姿勢制御」の内容を含む（1 年）
　動物歩きと浮き技の組み合わせたお話づくりが効果的（1 年）
　いかにリラックスして浮くかに焦点化しやすい（3 年）
　低学年でのグループ活動が組織しやすい教材（1 年）
　お話づくりで子どもの関わりが必然的に（3 年）
「お話シンクロ」＝集団で合わせて楽しむスポーツとしての文化の可能性（2 年）

(c)〈学習活動の組織と単元構成〉
・「具体物」を通してわかる・できる（1 年）
・運動経過を言語化（言葉や作文）する学習。学習の時間を追って自分の感想を時系列的に書ける（1 年）
・子ども同士の関わりを深め、課題を具体化させる体育学習カード（1 年、4 年）
・与えられた技術ポイントに沿っての比較による分析（1 年）
・創造的な楽しさを通して技術の習得が実現（1 年）
・どの子にも技能習熟時間の保障の必要（1 年）
・言葉と動作をつなぎ合わせるイメージを視覚的に捉えさせるところに学習のポイント（2 年）
・データを取る力。ノートへの記述が分析力アップ（2 年）
・学習活動を促す「発問」（3 年）
・仮説を「実験」で確かめることができる（3 年、4 年）
・「聞き取り」（父母・祖父母への）が可能（3 年）
・子どもの技能レベルに合わせた丁寧な系統に沿った指導が大切（3 年）
・この時期にこそ子どもの本音を引き出す体育が必要（3 年）
・「とことん子どもに寄り添うこと」と「厳しい姿勢」（本音と建て前の矛盾に正面から立ち向かわせる）が必要（3 年）
・3 年にも「技術以外の教科内容」を教えることが可能（3 年）
・単元のボリュームが多くなれば年間の単元数は減る。何をこそ教えるかの選択が重要（4 年）
・年間プランの中に大単元を（4 年）

(d)〈教え合い学び合う関係の組織〉

・書くことで友達と考えや感じ方を共有（1年）
・低学年でもグループ学習が可能（1年）
・できない子を中心に考えながら練習することができる
・観察をするとき見るポイントを具体的に教え、伝える言葉を簡潔に統一（1年）
・全員シュートで最後の1人ができるようになること自体が特別の意味を持ち、クラス全体の雰囲気が変わる（2年）
・1年に比べグループノートの記述が具体的になりアドバイスができるようになる（2年）

(e)〈子どもの学びの姿〉
・1年時はその場その場で満足であったが、ある程度長いまとまりのある中で力を合わせることができるようになる（2年）
・3•4年ぐらいまでは追求課題を明確にするための具体的な教材なり働きかけがないと学習の「自己運動」は起こらない（3年）

以上のように、「実践カタログ」づくりから教師の手による自前のカリキュラム開発への展開は、実践を相互に省察し、その実践の中からカリキュラム開発の課題をつかみ出す試みを重視したもので、それは教育現場から距離を置く行政官や研究者が机上で作れるものではなく、日々教育現場で子どもたちと悪戦苦闘している教師集団の力で創り上げていくという点に意味を持つ。「実践カタログ」づくりは、そうした実践現場を重視した、実践（研究）をベースにしたカリキュラム開発を進める重要な方法の一つになると考えられる。「実践カタログ」づくりから自前のカリキュラム開発への展開は、カリキュラムと実践の絶え間ない往復運動であり、カリキュラムはその創り手である現場教師によって実践というフィルターにかけられながら吟味されより良いものへと変えられていくのである。そこではカリキュラムが実践を変え、個々の実践がカリキュラムを変えていくというサイクルが生まれる。

（2）「実践カタログ」づくりを介した教師集団の相互分析・批評

自分自身の実践記録、あるいは他の教師の実践記録を紐解き、「実践カタログ」を実際に作ってそのカテゴリー毎の記述内容を見れば、それぞれの授業の特徴や問題点・課題が浮き彫りにされる。「実践カタログ」は「実践記録」の特徴や質を的確に映す鏡であると同時に、分析する教師の力量を的確に反映する鏡でもある。例えば、「実践カタログ」において十分に記述できていないカテゴリー項目があった場合、それは「実践」の側に問題がある場合と分析・記述者の力量に問題がある場合が考えられる。「実践カタログ」を書くということは、授業を読み取り分析しまとめる力が必要なわけであるが、教師個々人でそうした力量を育てていくことは難しい。つまり、個々人が書かれた「実践カタログ」を教師集団で相互に分析･批評する中でこそ、授業の特徴や課題が多様な角度から鮮明にされ、そこからカリキュラム開発への示唆を引き出されるのであり、同時にその集団的相互検討過程でこそそれぞれの教師の専門的力量が高められていくものと考えられる。言い換えれば、「実践カタログ」づくりは教師が綴り手になりかつ読み手にもなるという実践記録の相互交流であり、その交流が教師を鍛え、そして教師を自前のカリキュラム開発の主体に育てていくことになる。

２．体育カリキュラムにおける新たな階梯（論）の提起

『試案』開発において重要な問題となったのは、小学校～高校段階をどのように区分するかという問題であった。旧学習指導要領においては、小学校、中学校、高校それぞれが各学年で区分された。現行の学習指導要領においては、小学校は低学年・中学年・高学年と区分され、中学校および高校では各学年で区分されている。また、1976 年の日本教職員組合中央教育課程検討委員会編の『教育課程改革試案』においては、小学校 1 ～ 2 年を第 1 階梯、小学校 3 ～ 6 年を第 2 階梯、中学校を第 3 階梯、高校を第 4 階梯と区分し、「2-4-3-3」制カリキュラムを編成している。

そして『試案』（2000）においては、小学校 1 ～ 4 年を第 1 階梯、小学校 5 ～ 6 年を第 2 階梯、中学校を第 3 階梯、高校を第 4 階梯と区分し、カリキュラムを編成した。この『試案』開発においては、階梯区分の規準や原理を以下のように考えた。第 1 に、この階梯区分は学年毎の区分ではなく、内容や発達・学習課題の指標が重要な基準となり、さらにそれは子どもの発達的特徴（主として身体・運動能力、認識、感情・意欲、社会性）および現場教師の経験知（実践成果）に基づくものである。第 2 に、この階梯区分は今日の教育現場への受け入れられ易さや有効性という視点を重視し、現行の学校制度を考慮した。第 3 に、階梯区分は機械的・固定的区分とはせず、実践諸要因による変動や幅を許容し、現場での裁量（自由度）を持たせるものであると考えた。それは、育ちそびれの回復や学びの経験保障を意図するものであり、現場の実態に応じた運用を重視するという

表 3-8　小学校段階における階梯区分のイメージ（体育同志会，2000）

あそび		運動文化財	
1　2	3　4	5　6	中 1 ～
特質につながる楽しさの学習	ちょっとまとまっている特質遊び	まとまった特質学習	
たのしさ 間隔づくり うまくなる （技能） をベースにした技術認識		技術認識＋ α	総合的内容への本格的なスタート
	技術以外の文化的内容の感性的認識		

基本姿勢を示すものである（表 3-8）。

とりわけ『試案』開発における階梯区分で問題となったのが第 1 階梯と第 2 階梯の区分であった。その際、小学校段階における第 1 階梯と第 2 階梯の区分の根拠は以下の通りである。第 1 に、それは発達理論に基づく「9・10 歳の質的転換期（壁）」である。小学校段階の階梯区分はこの質的転換期を全員が越える 4 年生と 5 年生の間で区分することができる、また「知的興味」や「自治的能力」「プランニング能力」においても 4 年生と 5 年生の間が転換期になるという判断である。第 2 に、表 3-8 に示されるように、小学校における体育学習は「遊び」的要素を含んだ学習から「運動文化」の特質の学習へと発展する学習であると考えた。とりわけ、第 1 階梯における小学校 1・2 年は「運動の特質につながる楽しさの学習」、小学校 3•4 年は「ちょっとまとまっている特質学習」（第 2 階梯への「橋渡し」）として位置づけ、そして第 2 階梯（5・6 年）をそのスポーツの特質を本格的に学ぶという意味で「まとまった学習」として位置づけている。第 3 に、小学校段階における中心的な教科内容を「技能習熟」と「技術認識」と考え、第 1 階梯では「運動機能の発達、運動技能の基礎」を養い、「技術認識の基礎」に目を向けていくこと重視し、第 2 階梯では「技術認識の基礎」との関係で「スポーツの基礎技能」を獲得し、技術以外の文化的内容（組織•運営やスポーツ権など）にも目を向けていくことを中心課題とした。

以上のような根拠に基づいて、小学校 1 ～ 4 年を第 1 階梯とし、5 ～ 6 年を第 2 階梯として区分したわけである。

【注】

1）「運動文化」の用語・概念をはじめて用いたのは丹下保夫（1961，1963）であった。運動文化とは簡潔に言えば遊技、体操、スポーツ、ダンス、レクリエーション活動等、人類が歴史的・社会的に創り出した身体運動の総称であるが、唐木（1987）によれば以下のような特徴を持った概念として理解される。第１に「運動文化」は現状の変革と創造を意図した概念である、第２に「運動文化」はスポーツを歴史的に捉えるための概念である、第３に「運動文化」はスポーツを社会的に捉える概念である（p.68）。

2）「教室でする体育」の授業が目指すのは、体育が単に「できる」や「うまくなる」だけでなく、子どものスポーツに対する文化的認識を組み替え、子どもを文化としてのスポーツの世界に誘うことである。出原（2000）は、文化的基礎概念や文化的特徴の学びが子どもの今持っているスポーツ観をゆさぶり、スポーツ文化の発展と変革を志向する力を育てると述べ、その理念に基づいて多くの実験的実践や実践プランが試行された。例えば､小学校の授業としては「ボールの授業」（和田範雄）､「決着のつけ方」（才藤久雄）､「スポーツの中の男と女」（林俊雄）､「コートの授業」､「ルールが変わればスポーツは変わる」（岨和正）、「人はなぜ走るのか」（堤吉郎）の授業等がある。中学校の実践（小山吉明）ではスポーツの仕組みを学ぶための「ボールの授業」「ゴールの授業」「ルールの授業」やスポーツのあり方を考える「オリンピックの歴史と精神」「スポーツと国の問題」「スポーツとお金の問題」などの授業がある（出原泰明編（2000）『教室でする体育』の小学校編および中学校編，創文企画を参照）。

第4章

教師による
体育カリキュラム開発
の波及効果

第1節

カリキュラム（づくり）の視点を持つ実践研究の意識化

教師たちの手による『試案』づくりの過程で、そこに関わった教師たちの教育実践に対する問題意識や眼差しに変化が見られた。それは自らの実践をカリキュラム（づくり）という視点で問い直すようになったという点である。これこそが教育実践を変えていく重要な契機になる。本節では、『試案』開発による教育実践への波及効果について考察する。

1．子どもたちのリアルな生活課題・発達課題への視座と授業づくりへの反映

榊原（1995）は、90年代の体育同志会の教科内容研究に基づく授業やそれに続く『試案』に対して、一貫して子どもや生活の視座からのアプローチの弱さを鋭く指摘し、「文化から引き出される内容は子どもから引き出される課題に導かれて構造化しなければならない。内容の構造化の動機は子どもでなければならない」（p.79）と子どもの必要と切り結んだカリキュラム開発や授業づくりを求めた。『試案』は、これを読んだ教師が各学校で体育のカリキュラムを構想する際にその手掛かりとなるように、主として体育の目標・内容・方法を構造的に示したものである。『試案』には各階梯の子どもの生活課題や発達課題が記述されているが、それはあくまでも一般的特徴を示すものであった。榊原はこの点を『試案』の弱点として指摘した。確かに『試案』をたたき台にして実際にカリキュラムや授業を実践に移そうとするとき、このことが重要な問題として浮かび上がる。プロジェクトメンバーは『試案』作成時に、子どもの生活課題や発達課題を決して軽視していたわけではない。カリキュラム開発の第1の原則は、目の前の子どもたちの実態把握から出発することであった。つまり、カリキュラム開発は目の前の子どもたちが今日どのような社会状況やスポーツ環境の中に置かれ、その中でどのような生活課題や「可能態」としての発達課題をもっているのかについて教師集団で把握し共有することから出発することである。教師がカリキュラム（づくり）という視点を持つことは、まず第1に今を生きる子どもたちの生活課題と

発達課題の問い直しを必然化させ、そこで子どもの再発見につながるということである。そしてその結果、①生活課題・発達課題と育てたい力（育てたい子ども像）をつなぐ→②育てたい力と教えたい内容をつなぐ→③「重点化」教材の選択・教材づくりという連携の中で単元計画や年間計画を構想するようになるものと考えられる。

『試案』が提起され、それをたたき台にした実践化が試み始められた頃から、体育同志会内で今を生きる目の前の子どもたちの生活課題や発達課題が具体的な姿で語られ検討されるようになった。そして『試案』とその姿を付き合わせながら自分たちのカリキュラムや授業づくりを構想しようとする意識が高められた。例えば、その一つの事例として「川崎実践」（中学校）がある。川崎慶子（2001）は、『試案』に学びながら①生活課題・発達課題と育てたい力（育てたい子ども像）をつなぐ→②育てたい力と教えたい内容をつなぐ→③「重点化」教材の選択・教材づくりという連携の中で、以下に示されるような授業づくりを構想し実践した。

○生活面：〔子どもの様子〕〔子どもを見て感じること〕
↓
〔生活課題〕「できる」「できない」に閉ざされた能力観
固定的に捉えた能力観
人間関係の希薄さ（本音が言えない）
群れることでの安心感
自立の力が弱い（自分で判断できない）
仲間との関わりが少ない

○発達・体育において：〔子どもの様子〕＝発達特性、体育の技能
〔アンケート結果を見て感じたこと〕
↓
〔発達課題〕観察、比較したものを整理し分析する力
能力主義・勝利至上主義
固定的に捉えた能力観
（集団—助け合うことはできるが、ともに学び合う仲間関係ができていない。）
体育の授業として技術認識を媒介にしてこれらの課題に取り組みたい（ややもすると、道徳的になるので注意）

○「3 ともモデル」にしたがって、子どもにつけさせたい力、育てたい力
①『ともにうまくなる』ことを通して…

・科学的な道筋をたどることで誰でもうまくなることが可能だということの実体験、グループ学習の中でできない子に教えられたり友達をうまくさせた経験、相互批判しあうことでうまくなった経験を通して「能力」は変わるものであり、時間がかかるかかからないかの違いであること、変わっていくんだという見方や考え方に気づかせたい。

・「わかる―できる」には必ず仲間の力があり筋道があることに気づく。

・グループ学習を通して、気がつかなかった友達の良さを知り相手の値打ちが分かる。

②『ともに楽しむ』ことを通して…

・「採点基準」「でき具合を見比べること」で、マットの上で技ができる「表現」できることが楽しいと感じ取らせたい。

③『ともに意味を問い直す』ことを通して…

・今ある運動文化は社会や歴史、そして環境とどこかで必ず関わりを持ちながらその時代の人々に受け継がれ常につくりかえられ、今後も変化していくものであることをわからせたい。

○教材選択＝器械運動（マット運動）

教材としての特徴

・技術学習の系統性、うまくなるための原理を発見しやすい。

・科学的な道筋にそって、「わかり」ながら「できる」の関係をつなげやすい。

・マット運動は身体表現（空間表現）の美しさを追求しやすい。

・側転は、子どもたちマット観や中学1年生の女子の持っている力から考えると前転より成就感もあり、発展的につくりかえていける技である。

○到達目標（教えたい中身）…具体的な授業のねらいとして

(1) 様々な形のスポーツがある中、器械運動（体操競技）における競争、ルールとは何かを理解して、発表会を視野に入れて練習することができる。

(2) 仲間と技術を観察、比較・分析し、うまくなるための原理や法則をみんなで見つけることができる。

(3) できないのには原因があり、それを克服すれば誰もができるようになることがわかる。

(4) 個人の技能を高めるためには集団での関わり（助け合う仲間から科学的事実に基づいた相互批判ができる仲間へ）と互いの立場や思いを理解することの必要性を学ぶ。

(5) 側転ができるようになる。

(6) 表現のしかたを知り、マットの上で表現を楽しむことができる。

川崎は、自らの実践（単元）づくりに引き寄せながら『試案』を読み取り、教師仲間との集団的批評・検討の中で上記のような授業構想を作り上げていった。子どもの生活課題・発達課題—育てたい力—教えたい中身・教材をつないで授業（単元）を構想し、子どもたちへの漠然とした自分の思いを『試案』の内容と照らし合わせて検討することから意識的で意図的な授業構想を描くことができるようになったと言う。確かに、マット運動の技術構造や系統的な技術指導についての考察不足､『試案』を手がかりとした実践課題（育てたい力）がマット運動（側転）を教材とした授業の具体的な目標として構造化できていない、教えたい内容や育てたい力の「重点化」が明らかでない、到達目標の構造化ができていないなどの問題点はある。しかし、『試案』を集団的に学ぶ中で､「あえて『側転』という本来ならば小学校で学習すべき教材を目の前の中学生たちの実態に合わせて意図的に（確信を持って）仕組んだのである。また、これまではどのように授業を構想し、組み立てていったらよいのかもわからなかった彼女が、今回は授業で何を大事にし、そのための課題は何で、それを学ぶのにふさわしい教材は何なのかということを意識しながらワークづくりができたことは画期的だった」と、この実践構想を共に検討した澤（2001, p.27）は述べている。

このように『試案』に学びながら、一方で目の前の子どもたちの実態を意識的に捉え直しつつ授業を構想し実践する中で、『試案』の有効性と不十分さを自覚したことが子どもたちのリアルな生活課題・発達課題と育てたい子ども像とを結びつけようとする意識、カリキュラムと授業づくりをつなげる意識を醸造したと言える。こうした実態こそが『試案』の波及効果であり、たたき台としての『試案』が創り替えられていく契機になっていくものと考えられる。

2．教科内容を柱にした年間計画づくりと学年・単元間の接続の意識化

『試案』をたたき台にして、種目主義から脱皮し、教科内容を柱にした年間計画やカリキュラムづくりが各地で生まれてきた。例えば、中学校で独自の体育カリキュラムづくりを展開した小山（2002）は、中学校３年間の出口像として以下のようなねらい（願う姿とつけたい力）を設定し、「スポーツ分野の主体者形成に向けた教育課程」を構想した。小山の体育カリキュラム（教育課程）について

は第 5 節で詳細に述べる。

〈ねらい〉

①スポーツの合理的な練習方法がわかり､努力すれば誰でも上手くなり､スポーツを楽しむことができる。

②上手くなり楽しんでいくためには仲間の協力が必要であり、自分だけでなくみんながで きるようになるとスポーツはもっと楽しくなる。

③スポーツのルールや技術は歴史的に変化してきており、自分たちにあった文化として作り変えていくことができる。

④スポーツ活動の意義や価値を理解し、自分たちで練習の計画を立てたり、試合の企画や運営ができる。

こうした学習は体育の授業としての実技だけの時間だけで進められるのではなく、教室でする体育理論（体育に関する知識）の学習も必要である。また生徒会のスポーツ企画、日々の部活動との関連も大切に考えていきたい。

小山は、中学 3 年間の出口像を明確に設定した上でその達成に向けて、各学年のテーマを設定（1 年「スポーツ文化への目覚め、仕組みを調べ、わかればみんながで きる→ 2 年「スポーツのあり方を考え、集団の中で生きる」→ 3 年「生涯スポーツに向けて、計画・運営を自分の手で」）し、それに基づいて 3 年間にわたる各学年の具体的な単元内容や教材を構造化している。また体育理論も固有の領域として位置づけ、1 年「スポーツの仕組みを学ぶ（ボール、ゴールの授業など)」→ 2 年「スポーツのあり方を考える（勝敗･競争、五輪の歴史と精神など)」→ 3 年「みんなのスポーツ（スポーツ権・生涯スポーツ、スポーツ行財政など)」というねらいを設定し実技授業と関連づけて構造化している点も注目すべき点である。

このように各学年の出口―単元の出口を明確にして構造化しようとする中で、学年間の関係や年間計画における単元間の関係に教師は触れざるをえなくなり、その結果それぞれの単元や授業の位置づけを問い直すようになる。つまりカリキュラム開発の観点から、長期的な展望の中で、子どもの育ちそびれ、急ぎすぎ、ねらいの設定、内容や教材選択、指導の失敗成功等が見えてくる。言い換えれば、それは授業や教材の位置づけが変わるということである。学校教育全体の中で授業や教材を捉える視点が意識され、長期的な視野に立って授業づくりができるようになるということであるし、教師は授業がカリキュラムの実践の場であると同時に､そのカリキュラムを媒介として子どもとの相互作用を通じ,新たなカリキュラム開発に必要な条件（施設・道具・予算・時間・人材・組織など）を作り出していく場として位置づけるようになる。

３．「育ちそびれ」の回復と内容、教材の重点化

『試案』づくりのプロセスでは、教師たちは15年間の筋道の中で子どもの「育ちそびれ」を発見し意識するようになった。海野ら（2007）は、今日の体育実践における子どもの学びと育ちの実態調査（「学びの履歴」調査）研究の中で、小学校から高校までの体育において「社会的スキル」「心の健康」「運動有能感」「体育授業への態度」「体育の有能さの認知」の二極化現象、すなわち「育ちそびれの全般化」が進行していると指摘する。ここで言う「育ちそびれ」とは、体育という教科が保障すべき学習意欲、身体・運動能力、認識能力、有能感などの子どもの発達の停滞・遅れを意味する。「育ちそびれ」は子どもの側の問題としてではなく、教師の指導の問題として捉えるべきである。さらに「育ちそびれ」は個々の単元や授業だけの問題ではなく、カリキュラムの問題として引き起こされたものである。先述した階梯—学年—単元の接続問題は、「育ちそびれ」の格差拡大の解消に向けた学び直しをカリキュラムの中にどう組み込むかという問題でもある。この「育ちそびれ」をいかに回復していくかはすべての子どもに学力を保障していくという問題であり、公教育にとってきわめて重要な問題である。子どもの「育ちそびれ」の回復やすべての子どもに体育の学びを保障するためには、まずは学校でゆったりと学べる学びの時間を保障することである。例えば、『試案』における階梯区分では、小学校１年～４年を第１階梯として括った。これは子どもの発達特性を踏まえてのことではあるが、低中学年を括ることによって４年間かけてじっくりと体育の学習を展開できること、そのことによって体育学習の初期段階で引き起こされる子どものつまずきや「育ちそびれ」を回復することが可能であると判断したためであった。さらに子どもの「育ちそびれ」の回復やすべての子どもに体育の学びを保障するためには、必然的に各階梯・学年で教えたい中身や育てたい力の“濃淡”を明確にし、それを具体的な単元や授業の目標・課題に反映させて構造化する必要が生じる。内容や教材の重点化は避けては通れない問題となる。言い換えれば、カリキュラム（づくり）という視点を持つことは、内容や教材の重点化を意識し問題にするようになるということである。

目の前の子どもの生活課題・発達課題と階梯・学年の出口像、そしてその関係、それぞれの教師の持ち味などを各学校の教師たちが相互に合意し共有する中で、

表 4-1 『試案』における重点化の例

第一階梯（小学校 1 ～ 4 年）	第二階梯（小学校 5・6 年）	第三階梯（中学校）
＊神経系の発達が後半には大人並みになり、その特徴を生かした教材の用意。 ＊「具体的思考から抽象的思考の橋渡しの段階」であり、グループ学習の視点から子ども同士で技の観察がしやすい教材を選ぶ必要。 ＊発達特性やグループ学習における観察分析の基礎を考え、器械運動（マット・鉄棒）を重点的に取り扱う。	＊この時期は運動文化（スポーツ）の成立条件や特質を本格的に学び始める初期段階に位置づき、運動のできる喜びを大切にしながらも単にできるだけでなく、わかる内容としての運動技術や組織性・社会性についての内容が重要。 ＊パワーよりもコントロールを主体とする運動技術を中心とする運動素材の選択とその教材化。 ＊運動技術・戦術・ルールの分析が可能であり、分析結果を記録することができる運動素材の選択。	＊この時期の特徴として分析力の深化、自己の対象化、学習の総合化があげられ、総合的な内容をより多く含んだものに学習の重点を置く必要。 ＊個別の技術や集団での技術学習とともに、学習集団に内在する問題や文化に対する見方の学習を展開する必要。 ＊より科学的、客観的な世界を共有し、データの分析や検証など集団での問題解決を図るという意味で、この時期において球技は重要教材となる。

内容や教材の重点化が可能となる。『試案』においては、子どもの発達特性との関わりで重点化の例を示している（表 4-1）。このような重点化によって“ガラクタ教材”は整理され、細切れ単元から大単元の授業が展開されていくことになろう。例えば、先述した小山は、年間 6 教材程度の大単元方式でゆったりと体育学習を展開し、また教科選択体育の中に必修体育の補習的な意味を持つ講座（2 年）、補充コース（3 年）を設置し、「育ちそびれ」の回復のための授業を位置づけている。この点も注目される点である。このようなアイディアはどこの学校においても実現可能な試みである。

またこのような実践研究が展開される中で、後述（第 4 章第 2 節）するが、例えば小学校教師の山内（2003）は、器械運動において子どもの育ちそびれを発見し、器械運動に共通する基礎的感覚づくりを養うための「ねこちゃん体操」という典型教材や跳び箱運動・鉄棒運動・マット運動を総合的に系統的に指導していく「器械運動のクロスカリキュラム」を開発した。このように『試案』をたたき台にしながら教材別のカリキュラム開発も促進されることになる。

4．カリキュラム（づくり）の視点を持つ実践研究への意識化

『試案』（中間報告）提起1年後の体育同志会全国研究大会（白浜大会、2001）においては、17分科会のうち13分科会（76.5％）がカリキュラムづくりの視点をもった基調提案が行われた。この現象は2000年以前には見られなかった傾向であり、『試案』提起以降、体育同志会全体がカリキュラム開発の視点から実践研究を組織的に展開するようになっていったことを示している。特に2001年～2003年においては各階梯の分科会では、主に階梯毎のカリキュラムの構造や方法､「出口像」（育てたい力)､教科内容が議論の中心課題となっている。とりわけ、授業実践（実践提案）をめぐる議論では、カリキュラム開発という視点を持つことで、各階梯あるいは学年の「出口」像や各階梯・学年・単元間の接続を意識し問題にするようになってきた。少なくとも1年間というスパンの中で個々の授業実践が位置づけられ､その内容を吟味するという意識が高まってきたと思われる。また、子どもの「育ちそびれ」の回復やすべての子どもに体育の学びを保障するためには、必然的に各階梯や学年で教えたい中身や育てたい力の“濃淡”を明確にし、それを具体的な単元や授業の目標・課題に反映させて構造化する必要意識が強まったことも『試案』の影響だと思われる。つまりカリキュラム開発という視点を持つことで、内容や教材の重点化を意識し問題にするようになったということである。さらに、各階梯の分科会でこのような議論を重ね、カリキュラム開発をそれぞれの教師の具体的な授業実践とリンクさせようとしたとき、子どものリアルな生活課題や発達課題の問題が避けて通れない問題として、とりわけ2003年以降にクローズアップされるようになった。これも自前のカリキュラム開発の必然的帰結であった。

第2節

教材カリキュラム開発の促進と典型教材の開発

―器械運動のクロスカリキュラムを例に―

また、『試案』提起後、体育同志会においてはカリキュラム開発の視点を意識した実践研究が積極的に展開されるようになってきたのと同様、各教材のカリキュラム開発も教材別分科会を中心として展開されるようになった。『試案』の中では、各教材のカリキュラムについては課題として触れられたものの十分に吟味されていなかった。しかし『試案』が提起され、体育同志会全体が自前のカリキュラム開発を積極的に押し進めるといううねりの中で、教材別分科会においても教材カリキュラム（とりわけ小学校段階での）の議論が展開され、実践で検証しながら幾つかのユニークな教材カリキュラムが創り上げられていった[注1]。これも自前の『試案』づくりの効果であったと考えられる。これらのカリキュラム開発を可能にした背景には、教師たちがカリキュラムの視点を持ったという点だけでなく、体育同志会（教材別分科会）にその教材に関わる多くの優れた実践が蓄積されていたこと、そして実験的実践を通して教材カリキュラムの内実が検証されるというシステムがその基盤としてあったことが挙げられよう。

1．器械運動のクロスカリキュラムの特徴と背景

山内基広は、70年代後半より体育同志会の中で技術指導の系統性を学び、そして系統的技術指導と異質協同のグループ学習を統一した実践研究にのめり込み、さらに90年代に入り堤吉郎らによる跳び箱の教科内容研究（学校体育研究同志会愛知支部，1995）に触発されて器械運動指導の問題点に気づいていく。それは「ヘッドスプリングを意識してマット運動や鉄棒運動を指導すると、とび箱運動だけの学習でヘッドスプリングに挑戦させるよりはるかに早く、しかも多くの子どもたちが技術獲得していくということ」（山内，2007a，p.10）であった。そして「マット運動に6時間、鉄棒運動に4時間、とび箱運動に4時間、こんなカリキュラムでは到底みんなにヘッドスプリングの面白さを味わわせることはできない。そうだ、この3つを有機的にクロスさせてトータルに器械運動そのもの

を学習したらどうだろう」と考え、18 時間の器械運動カリキュラムを構想し実践した。ここから山内による「器械運動のクロスカリキュラム」の骨格が誕生した。その後 10 年かけて、体育同志会の器械運動「表現」分科会において実践の中でこの器械運動のクロスカリキュラムを修正・検証し、「器械運動のトータル学習プラン（マット・鉄棒・跳び箱の技術ポイントを総合的に組み立てた学習プラン)」＝「器械運動のクロスカリキュラム」（図 4-1）を創り上げた。さらにこ

鉄棒の技術系統	マットの技術系統	とび箱の技術系統	学習内容と評価
ねこちゃん体操			1．感覚養成期
②こうもりふり 	①熊さんコンニチワ ③大また歩き前転	・踏みこしとび ④山とび 	♥楽しく活動する。 ♦逆さで頭を動かす。 ♠みんなと合わす。
⑦ひざかけ回転 	⑥側方倒立回転 	⑤横とびこし  ・反転横とびこし	2．基礎技術養成期 ♥器械運動の基礎的な技のおもしろさ（技術ポイント）を楽しむ。
・両ひざかけ回転  ⑩支持回転	⑧ホップ側転 ・ロンダート ・屈身とび前転	⑨かかえこみとび ・開脚とび  台上前転	♦頭の入れ、起こしによってあふり、身体操作できる。 ♠準備・観察・教え合いができる。
⑪ふりとび 	・ネックスタンド ・アラビア転回	⑫台上ヘッドスプリング 	3．グループ学習展開期 ♥器械とその空間に自己表現することの楽しさとその方法を知る。
・グライダー 	⑬側転 90° 前ひねり ⑮ハンドスプリング	⑭ひねり横とびこし 	♦「あふり・はね・しめ」の技術がわかり、できる。 ♠分析、総合ができ、みんながうまくなるために力を合わすことができる。
・け上がり 	⑰前方宙返り ・伸身とびこみ前転 ・側方宙返り	⑯台上屈腕ハンド  ⑱台上伸身ハンド	4．主体者形成期 ♥器械とその空間に自由に自己表現する。 ♦運動方向に対し、自分の体をコントロールする方法がわかり、できる。
⑲大ぶり逆上がり	⑳バック転回	・台上側転とび	
・大ぶり上がり ・後方宙返りおり ・大車輪	バック宙返り ・伸身バック宙返り	・台上ハンド半ひねり ・山下とび	♠リーダー中心グループ学習を主体的に展開する。

♥＝器械運動独特の面白さの追求　♦＝器械運動技術特性の追求　♠＝学習力の向上

図 4-1　器械運動クロスカリキュラム略案（山内，2007a）

の「器械運動のトータル学習プラン」づくりの中で、山内は子どもの発達差を克服するために2つの課題を発見した。1つは、「器械運動のカリキュラムを単に簡単な技の順に組み合わせるのではなく、マット、跳び箱、鉄棒で追求する器械運動の体幹コントロール技術と表現を追求するためのものに組み替え直すこと」（山内，2007b，p.46）、2つ目はそのために通常では獲得しにくく時間がかかるその「体幹コントロール技術」を楽しく練習する方法はないかというものである。

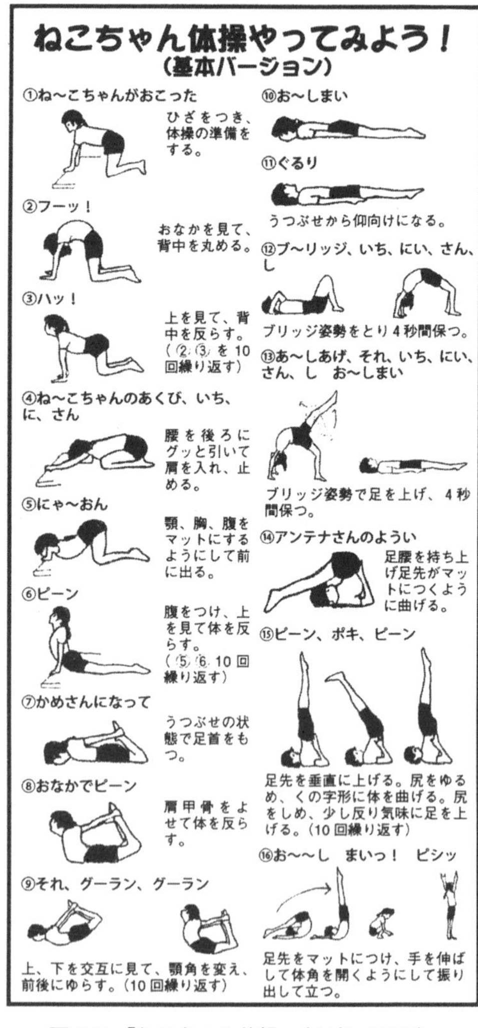

図4-2 「ねこちゃん体操」（山内，2005）

そこから「器械運動に最も大切な共通動作感覚は『あふり』動作による体幹の重心移動感覚と身体コントロールだ」（山内，2007a，p.10）という仮説を導出した。その探求過程において今日の子どもたちの不器用な身体操作の実態を分析する中で、器械運動に必要な「あふり」「はね」「しめ」「ひねり」の感覚と身体操作を抽出して、器械運動の基礎的感覚づくりとして図4-2のような「ねこちゃん体操」という典型教材を創出した。

（1）器械運動のクロスカリキュラムの特徴

器械運動のクロスカリキュラムは、まず第1に小学校6年間の限られた授業時間の中で、マット運動、鉄棒運動、跳び箱運動教材を個別に扱わないで、各教材の技術系統をベースに置きながら、学習（集団）の発展像を視野に入れつつ、3つの教材を有機的にクロスさせてトータルに器械運動を学習させようと考案されたカリキュラムという特徴を持つ。

第 2 に、カリキュラム内容編成の前提として、器械運動のねらいを「器械運動の特質・技術の系統的学習によって、器械とその空間の創造的構成力と表現力を身につける」（山内，1999，p.15）こととし、器械運動の基礎技術を「姿勢制御を含む、腕と足の協応動作による体幹操作（あふり・はね・しめ・ひねり動作による、重心移動感覚と身体操作）」、基礎技を①マット運動＝前向き側転、②鉄棒運動＝後方ひざかけ回転、③跳び箱運動＝横とびこしとした上で（山内，2007a，p.53）、器械運動の「共通技術学習課題」と「特質技術学習題」を措定している点である。つまり、器械運動に共通する技術課題である「立位・逆位における頸反射の利用又は制御による重心移動と身体操作」＝「あふり・はね・しめ・ひねり」技術の追求という視点から各教材の技術系統やそれらの関連性を整理し、カリキュラムを組み立てたものである。山内(2007a)は、器械運動のクロスカリキュラムは単に簡単な技を順に組み合わせるのではなく、マット運動、鉄棒運動、跳び箱運動で追求する器械運動としての体幹コントロール技術と表現を追及するためのものに組み替え直すものであると述べている。こうしたクロスカリキュラムの発想の中で、「通常では獲得しにくく、時間のかかるその『体幹コントロール』を楽しく練習できる方法」（山内，2007a，p10）として「ねこちゃん体操」が誕生する。

第 3 に、このクロスカリキュラムは、図 4-1 に示されるように「ねこちゃん体操」に始まり、各種目（教材）の技術系統に沿いつつ、種目を横断しながら①～

表 4-2　クロスカリキュラムにおける階梯別重点教材と教材構成

<table>
<tr><th></th><th>重点教材</th><th>前半</th><th>後半</th></tr>
<tr><td rowspan="2">低学年</td><td rowspan="2">1. 熊さんこんにちは①
2. こうもりさんこんにちは②
3. 大また歩き前転③
4. ライオンさんがガォー④</td><td>1 年</td><td>2 年</td></tr>
<tr><td>1 年～③</td><td>①～④</td></tr>
<tr><td rowspan="2">中学年</td><td rowspan="2">1. 横とびこし⑤
2. 前向き側転⑥
3. 後方ひざかけ回転⑦</td><td>3 年</td><td>4 年</td></tr>
<tr><td>②～⑧</td><td>②～⑨</td></tr>
<tr><td rowspan="2">高学年</td><td rowspan="2">1. ホップ側転前ひねり⑧
2. 台上ヘッドスプリング⑫
3. 後方支持回転⑩</td><td>5 年</td><td>6 年</td></tr>
<tr><td>⑤～⑧</td><td>⑤～⑯</td></tr>
</table>

＊○番号は、器械運動クロスカリキュラム略案（山内）における教材番号に対応

⑳の技を結び系統化した指導プログラムである。このプログラムが技術学的に妥当性を持つかどうかは検討を要すが、その中で授業あるいはカリキュラム論から見れば、山内がこのクロスカリキュラムを実践に移す場合に、表 4-2 のように低学年・中学年・高学年という各階梯において重点教材を設定し、階梯のカリキュラムや単元を組み立てている点は重要な特徴である。そして、各階梯の後半には前半の復習が、中・高学年の前半では前階梯の重点教材が必ず組み込まれ、それを土台にしながら発展的に積み上げるように組み立てられている点も見落としてはならないポイントである。

第 4 に、各階梯・各学年のそれぞれの単元の終わりは、必ずマット・鉄棒・跳び箱を含んだ「発表会」でまとめ、それを 6 年間系統立てて貫いているのも特徴の一つである。「発表会」の系統を示せば表 4-3 のようになる。

第 5 に、図 4-1 に示されているように、技術系統と「学習内容と評価」がセットになってカリキュラムが構成されているところにこのクロスカリキュラムの特徴はある。技術の系統だけが問題にされているのではない。つまり、器械運動に共通する学習内容を「♥器械運動独特の面白さの追求」、「◆器械運動技術特性の追求」とグループ学習による「♠学習力の向上」に区分けし、1. 感覚養成期―2. 基礎技術養成期―3. グループ学習展開期―4. 主体者形成期という 4 つの段階で組み立てている。同時にグループ学習の発展を彼の実践経験から、「1. バラバラ期―2. おもしろくなってきた時期（グループ一緒の行動をする）―3. みんなで創ることができるようになってきた時期（同一行動がとれるようになる）―4. 教え合いができるようになってきた時期―5. 自分たちでポイント研究ができるようになっ

表 4-3　器械運動クロスカリキュラムにおける「発表会」の系統

教材（種目）	低学年		中学年		高学年	
	1 年	2 年	3 年	4 年	5 年	6 年
マット	お話マット	側転	歌声マット（集団）	ホップ側転	連続技（グループで作る）	音楽マット（集団）
鉄棒	―	お話鉄棒	個人アピール技	歌声鉄棒	連続技（グループで作る）	連続技（グループで作る）
跳び箱	―	横とびこし	回転・反転 横とびこし	回転・反転 横とびこし	横とびこし・抱え込み・ネットスプリング	ハンドスプリング

た時期（グループで学習できる時期）―6. 自分たちで授業計画を立て運営できるようになった時期（クラス全体が主体的に動ける時期）」（山内，2005，p.18）という 6 つの節に整理し、技術学習を展開する器械運動カリキュラムを構想したということである。小学校 6 年間を貫く器械運動で身につけるべき学力と学習集団の発展の長期的見通しを描いた総合的なカリキュラムである。

第 6 に、学習指導要領体制の中で、学習指導要領の器械運動カリキュラムや技術指導に追従せず、「目標―内容―方法―評価」のすべてを教師自身が決定し、実践して構想している点もこのクロスカリキュラムの重要な特徴である。教育課程自主編成の教材版である。

（2）誕生の契機

山内（1999）によれば、器械運動のクロスカリキュラムについて考えるようになったのは 4 つの契機が発端になったと言う。まず、1978 年に跳び箱運動実践で 100% できるようにさせられなかったことから「跳び箱運動の学習だけでは、全員に跳び箱運動の特質を味わわせることができないのではないか」（p.13）と考え始めたのが第 1 の契機である。第 2 の契機は「表現についての基礎課題」についての提案である（1982）。第 3 の契機は 1990 年にマットだけでなく、跳び箱だけでもない「器械運動でどんな力をつけるか」という研究課題を意識する中で、学習集団の発展を中心に教育内容を考えれば、すべてのことが解決するのではないかと考え、「器械運動の総合的教材発展試案表」を作成したことである（山内，1993, 1999）。第 4 は出原による「教科内容研究」の重要性の指摘であったと言う。とりわけ「マット運動に 6 時間、鉄棒運動に 4 時間、とび箱運動に 4 時間、こんなカリキュラムでは到底みんなにヘッドスプリングの面白さを味わわせることができない」「とび箱運動だけやっていたのではみんながてきるようにならない」という実践のつまずきと行き詰まりがクロスカリキュラム構想に向かわせた最も強い契機だったと山内は懐述している。そして当時、そのような構想に基づく実験的実践を展開し、子どもの事実でその手応え（成果）を検証している点が優れている。

器械運動のクロスカリキュラムの誕生の契機や背景には、まず山内自身の各教材（マット、鉄棒、跳び箱）の系統性研究に基づく実践についての学びや自身の継続的実践研究がある。「わかる―できる」を媒介にしたグループ学習実践の蓄積がある。その中で、実践のつまずきを契機にしながら個別教材指導の限界を看破し、それを乗り越える問題意識を醸成させていった。研究する教師の真骨頂である。さらに、90年代体育同志会の教科内容研究に触発されて、運動文化をトータルに教える体育を目指し、器械運動は何を教える教材かという自問自答を実践に反映させ、それをベースに体育同志会の「教育課程自主編成（試案）」やカリキュラムづくりという研究課題に刺激された教材研究に着手したことが現在の「器械運動のクロスカリキュラム」を創り上げたものと考えられる。

2．器械運動のクロスカリキュラムの可能性と課題

元来クロスカリキュラムは、多種多様な社会に生きる子どもの教育機会均等の保障を視野に入れ、教科を越えてクロスする必然から生まれたカリキュラムであり、教科に関連・共通するテーマや課題の学習を通して、教科に通底するスキルや能力の獲得をねらっている（野上，1996）[注2]。が同時に、クロスカリキュラム成立のベースには各教科固有の内容や学力がある。その原理は教材間をクロスするカリキュラムづくりにも適用できるのではないか。このクロスカリキュラム論に学べば、器械運動（教材）のクロスカリキュラムはどのように考えることができるだろうか。

さて、器械運動のクロスカリキュラムを考えた場合、まず、クロスカリキュラム論における多種多様な子どもの教育機会均等の保障という思想（ディメンション）は、異質協同の学びを通してすべての子どもを運動文化の主体に育てていこうとする体育同志会の考えに相通じる。教科クロスカリキュラムの構成要素である「テーマ」は器械運動のクロスカリキュラムの場合、器械運動全体のねらい・教えたい中身であり、「スキル・コンピテンス」は「3つの力」（特質を追求する力、技術を追求する力、学習を発展する力）に、「各教科の内容・学力」は「各教材（マット、鉄棒、とび箱）の技術の系統」に対応するものと考えることができよう。具体的には器械運動のクロスカリキュラムでは、器械運動全体で教えたい中身を「器械運動の特質・技術の系統的学習によって、器械とその空間の創造的構成と表現」（山内，1998，p.9）と捉え、そこでの共通技術学習課題を「立位・逆位における頸反射の利用、または制御による重心移動と身体操作の学習（あふり・回転・ひねりの技術獲得）」（p.11）に置いている。これらのねらいや課題に接近するために、「3つの力」が器械運動のクロスカリキュラムの構成要素として措定され、各教材の特質技術課題追求の中から重点教材が設定される。重点教材は各教材の系統と「3つの力」（学習内容）の視点から、子どもの発達段階に応じて構造化、系統化されていくことになる。つまり、器械運動領域が目指す目標を設定し、各種

目教材（マット、鉄棒、跳び箱）の技術系統を縦軸に置き、それを串刺す（クロスする）横軸に学習内容を置き、子どもの学習発展段階に応じて重点教材を組み立てて系統化していくことが器械運動のクロスカリキュラム編成の論理となる。

実際の授業では、各種目教材の技術学習が具体的な内容として展開されるわけであるが、それでもなお教材をクロスさせる必然性はどこにあるのか。まず、器械運動領域で何を教え、どんな子どもを育てたいのかという目標像（階梯・学年の出口像）の存在である。さらに現実の学校ではこの目標達成は、時間的制約の中で要求されるということである。現実の体育授業時間数は、90時間あるいは105時間である。その中で器械運動領域（マット、鉄棒、跳び箱）に割ける時間は、せいぜい年間20～25時間程度であろう。この時間内で個別教材を展開しながら器械運動教材全体のねらいを達成するということになる。時間的制約の中で、器械運動教材全体の目標達成するために、それに関連する共通の教科内容や学習課題を設定し、さらに階梯・学年の発達段階を考慮に入れて、重点教材を設定し系統化することは効率的・効果的なカリキュラム編成として必然的帰結である。この発想の背景には体育同志会の教科内容研究と教育課程研究の成果があるように思われる。

『試案』（2004）の中で教科内容の階層性が指摘されている（pp.187-188）。第1のレベルはスポーツ文化全体の重層的な構造に関連したトータルな内容領域、第2のレベルは共通教育的な内容、第3のレベルは授業単元レベルの具体的内容である。特に第2のレベルは「幾つかの単元間にまたがった配分によって年間計画全体の中で配置され、学校・学年の階梯間で繰り返し扱われ質的に深められていくような内容レベルである」（p.188）と指摘されている。また、これら体育の教科内容は「3ともモデル」に対応して技術的内容、組織的内容、社会的内容から構成される。このように考えると、器械運動のクロスカリキュラムは、とりわけ技術的内容と組織的内容領域から第2のレベルの共通教育的な内容を設定し、第3のレベルの教科内容をクロスした教材カリキュラムとして見ることができる。しかし、社会的内容領域（文化的内容の学習）は欠如している。

例えば、年間計画を考えたとき、体育同志会は各種目教材の細切れ単元を批判してきた。細切れ単元ではその学年の体育で目指すべき目標が達成できないと考えたからであり、そこでは運動領域（教材群）の関連や構造が問題にされない。実は体育同志会においても、大単元授業を主張しつつも、運動教材領域内の各教材間の関連や構造を明らかにして年間計画やカリキュラムづくりに意識的に位置づけてこなかった。運動文化の主体者形成を目指して、限られた授業時間数の中で、階梯・学年の目標を効率的・効果的に達成するためには教材間のクロスカリキュラムづくりは必然性を持つものと思われる。

しかし、教材クロスカリキュラムを作るためには前提がある。まず個別種目教材の技術（学習）の系統が明らかであること、個別教材間を貫くねらい、教科内容、学習課題が設定されていること、子どもの学習の発展段階が考慮されていること、発達段階に応じて重点教材が置かれていることである。その重点教材をどのような論理で結びつけて系統化していくかがクロスカリキュラムでは重要な課題となる。教材クロスカリキュラムは、技術学的発想から生み出されるものではなく、個別種目教材の技術学習を重視しつつも、教科内容研究に基づく実践論を基盤に作られるカリキュラムであると言える。山内の器械運動のクロスカリキュラムは、その内容や課題、教材間のつながりについては技術学的視点からは検討の余地を多く残しているし（平田，2011）、文化的内容の学習の欠落といった問題もあるにせよ、今後の教材クロスカリキュラム研究にとって意味ある、そして可能性のあるモデル提起である。

第３節

授業デザインからカリキュラム開発へ

―大宮とも子の障害児体育実践研究に学ぶ―

学習指導要領改訂の度に、日々目の前の子どもたちのことを考え授業実践をしている教師たちは学校現場で戸惑い、右往左往する。それは歴史が示してきた事実であろう。そのような状況の中で、体育の授業をどのようにデザインし、いかに実践すればよいかといった問いが常に教師には突きつけられる。授業デザイン力とは、簡潔に言えば授業を構想し形づくる力である。その授業デザイン力を高めるための有効な方法は、まず優れた教師、優れた実践に出会い、その教師が授業を創り上げるプロセスから学ぶことであろう。障害児体育（とくに知的な障害を持つ子どもの体育）の優れた実践や教材を数多く創出している大宮とも子（神戸大学発達科学部附属特別支援学校）の実践づくりから体育教師は学ぶ必要があるように思われる。とりわけ知的な障害を持つ子どもたちはこれまで体育の世界では最もマイノリティに追いやられてきた存在であったのではないだろうか。これらの子どもたちに対する体育の授業づくりや教材づくりには体育の原点あるいは本質を見て取ることができ、それは教師による体育カリキュラム開発を考える上で重要な示唆を提供してくれる。

１．体育という教科をどう考えるか

教師が体育授業をデザインし、カリキュラム開発をしようとする場合、その土台となるものは体育という教科をどのように考え、体育で何を教えようと意識しているかである。大宮（2008）は、これまでの障害児体育では体づくりや訓練的な内容が多く、運動文化を学び享受するという視点が薄く、「わかる」ことの軽視が根強いとその問題点を指摘し、その上で障害を持つ子どもたちにとって体育という教科は動く楽しさや、運動文化の面白さを体感し、その楽しさを仲間や教師と一緒に共有する教科であるとする。そして体育の授業では運動文化に触れることで「できる・わかる」喜びを味わいながら自己肯定感、有能感、達成感、充実感を高め、活動の幅を広げて豊かな日常生活を構築し、また他者との関わりを深めながら自己―他者認識を広げることができると、体育固有の教育的価値を指

摘する。さらに体育の授業で大切にしていることを以下のように述べている（大宮，2008）。まず障害を持つ子どもたちにとって体育の授業は、運動・スポーツ文化固有の価値や楽しさを知り共有する時間であると位置づけ、①人格の土台となる身体への肯定観と信頼観を育むために身体を動かす気持ち良さと楽しさをたっぷりと味わわせること、②一人ひとりが主人公となるために「わかってできる」感動を味わわせること、③自閉症や認識発達の低い子ども、集団活動が困難な子どもを取り残さないように新しい仲間関係の中で自分や仲間への新しい見方を豊かにすること、④自分たちでスポーツを創り出していく手がかりを得る場となるよう運動・スポーツ文化に触れたいという要求を育むことを、体育の授業づくりの土台としている。これらは障害児体育のみならず体育一般にも通じる考えである。また大宮は、体育という教科の中心に「文化と人間形成」という視座を置く。つまり大宮の、体育カリキュラム開発の基礎となる体育授業づくりや教材づくりの背景には「運動文化論」をベースにした体育教科観がある。例えば、ドイツでは、スポーツ種目コンセプト（Söll, W./ Hummel, A./ Volkamer,M.）、開かれたスポーツ授業（Hildebrachndt, R. /Laging）、スポーツ教育コンセプト（Kurz, D./ Balz, E./ Ehni, H.W.）、身体経験コンセプト（Funke-Wieneke）、運動教育コンセプト（Kretschmer, J./ Zimmer, R./ Mökling, K.）、運動文化コンセプト（Größing, S）などの多様なスポーツ教授学的コンセプトが存在し、これらのコンセプトに基づいて個性的で多様なスポーツカリキュラムが開発され、授業が展開されている（Größing, S. 2001）。このように日本にも多様な体育教科観（体育教授学的コンセプト）があってよい。優れた体育実践の背景には、その教師なりの明確な体育教科観や子ども観、教育観が存在する。それが授業をデザインする際の土台を築くことになる。いま問われるのは、体育授業のデザインやカリキュラム開発の基礎を成す教師の体育教科観である。教師が体育授業のデザインからカリキュラム開発に向かおうとするならば、まず自らの体育教科観を見つめ直すところから始めなければならない。

2．子どもの把握

次に重要なことは、子どもをどう捉えるかということである。大宮の授業構想は常に目の前の子どもから出発する。まず子どもたちの障害・発達・生活実態から課題を捉えることである。そこで大切なことは、障害を見つめ考慮することであり、その際のポイントは障害を固定的に捉えないこと、障害を持つ子どもの可能性に目を向けることである。発達の可能態として子どもを捉えることである。生瀬（1988）は、大江健三郎の障害者観を紹介する中で、「障害者を差別の壁の中へおいこんで、その精神のエネルギーを死滅させないためには、障害者の中の『無力』の部分だけを一面的に強調するのではなく、障害者が求めようとしている希望へのチャレンジに目を向けること」（p.194）が重要であると述べ、障害者が自分の希望へのチャレンジ空間を守り育てるための前提を大事にする大江の障害者への眼差しを評価する。また藤田（2008）は、障害者スポーツの基本理念を「Adapted Physical Activity」「People First（人間第一主義）」「Inclusion」「個人的成長への注目」「エンパワメント」であるとする。この基本理念は、まさに体育に通じる理念でもある。「People First（人間第一主義）」では、第 1 に障害に注目するのではなく、その人自身に注目すること、第 2 にできないことに注目するのではなく、できることに注目することの重要性を説く。「Adapted Physical Activity」では既存のスポーツを子どもに合わせるのではなく、子どもたちにスポーツを合わせるという教材化の視点を、「Inclusion」では異質な子どもたちが学び合い繋がることを、「個人的成長への注目」では子どもの変化への着目する視点を、「エンパワメント」では子ども自身の権利や自己決定の重要性を教えてくれる。これらは障害者をスポーツの主体とする考えから生まれた理念であるが、それは運動が苦手な子、下手な子、体育授業でつまずいている子どもたちに運動文化の喜びを与えようとする体育授業を構想する上で重要な示唆を提供してくれる。

さらに、大宮は以上のように子どもを発達の可能態として捉えた上で、知的な障害のある子どもたちに対して子どもの内面の育ちや生活の中での育ち（生活実態）を大切に読み取ることを重視し、同時に「わかる世界」（認識発達）や「集団で繋がる世界」を大切にしている。そして体育の授業づくりの際には、子どもの「わかってできる」実態を、身体操作レベルと認識発達レベルから捉えること、周りと「やりとり」し、運動文化の持つ固有なコミュニケーション関係を作り出す力との関係で捉えることを要求する。彼女はこのような子ども把握から体育で教えるべき教科内容を探り、それにふさわしい教材づくりへと向かう。

以上のような大宮や障害者スポーツが教えてくれる子ども把握から教科内容の探究へ、そして教材づくりへと向かうプロセスこそ、体育授業をデザインし、それをカリキュラム開発につなげる道筋になる。

3．教科内容の探究と発達課題の教材化

教師によるカリキュラム開発の前提となる授業をデザインしようとする際には、まず教師自身が自分自身の体育教科観を吟味し、子どもを発達の可能態として捉え直すことから始まる。次に、子どもにどのような教材（運動文化）と出会わせ、子どもの発達を引き出すかを問うことになる。体育授業では子どもたちの発達を引き出すような運動文化と出会う機会を保障しなければならない。運動文化の学びを通して子どもの生活課題や発達課題に迫る、言い換えれば「子どもの必要」と運動文化の学びをつなぐ実践構想が必要になる。それは「本物の文化」を学ぶことを通して、自分たちの行為や思考を対象化する活動を授業の中心に据えることである。大宮実践はまさにこのような考え方に基づいて構想されているように思われる。子どもを発達の可能態として捉え、子どもの生活課題・発達課題を大切にしながら、子どもたちを豊かな運動文化の世界へ誘い、学びを広げ、子どもの発達を引き出す授業を展開している。その際に、運動文化の固有の魅力や価値から子どもたちとって何が面白いかを読み取り、何を学ばせるのかという教科内容を探求すること、そして発達課題の教材化をとりわけ重視している。二宮（2005）によれば、この発達課題の教材化には3つの局面がある。第1は、子どもの実態から発達ニーズ、新たな潜在的可能性を読みとることである。第2は、真理を基準にした科学の世界、民主主義的価値観を基準にした社会観の世界、豊かな共感能力を基準にした主観的情操の世界という3つの世界を教師と生徒が相互に了解・合意していくための教材を準備することである。第3は、子どもの示す反応、育ちぶり、また教師と子どもの「ずれ」から教材の再構成を行い、それを子どもに返していくことである。これらの3局面（サイクル）は螺旋型のコースをたどり発展すると言う。大宮（2005）は、発達課題の教材化に関わって「体育の教材化には、教師自身が運動文化の楽しさの内容をどのように捉えるか、同時に子どもたちが運動文化のおもしろさを味わう力をどの程度蓄えているか、見抜いておく必要がある。つまり運動文化の側からと子どもの側からとの両方を複眼的に捉えて教材化していくことが不可欠である」（p.97）とし、教師が伝えたい運動文化の「面白さ」に着目して、①教材の魅力、②活動の楽しさ、③わかりやすい場の設定、④コミュニケーションの豊かさという視点から教材化を試みている（大宮，2008）。さらに「知的障害の子どもたちが、できるだけ多くの人と運動文化を共有していくことが重要になる。多数の運動文化を接点にして知的障

害の子どもたちの教育をすすめることは、地域における障害児・者の新しい運動文化を生み出す可能性を秘めている」（p.98）と述べ、彼女の教材づくりや授業づくりは常に文化や社会とのつながりが意識されている。つまり、発達課題の教材化では、子ども（発達課題）把握と教科内容（運動文化の世界）の探求の往還の中で具体的な教材づくりが展開されると同時に、運動文化を創り変え、子どもが地域や社会と繋がるという視野を持っているという視点が重要である。

大宮はこのような発達課題の教材化の視点に基づいて数多くの教材を開発している。大宮の体育カリキュラム開発に向かう授業づくりにおいて、最も重視しかつ苦心しているのが教材づくりである。例えば、以下のような教材群が開発されている[注3)]。①走ることに苦手意識のある子どもたちに対して「リズムとスピードコントロールの楽しさを味わえる」教材（ぐるぐる走、直線走、リズム走、８の字走、行き帰り走、いろいろ走）、②動きを模倣することが難しい子どもたちを意識して「縄と自分の身体の位置関係を考えながら、身体の動きをみんなで広げていくことができる」教材（短縄（立位、座位））、③人と関わって楽しみたいが、なかなか人との関わりが持てない子どもたちに対して「相手と息を合わせて動くことを楽しめる」教材（長縄ダンス、蛇跳び、通り抜け）、④運動に苦手意識があり自信を持てない子どもたちには「浮き輪という意外な素材を使った動きのおもしろさから、相手を感じて今ある力を発揮できる」教材（浮き輪を使った動きづくり、浮き輪シュートゲーム、浮き輪取り合いゲーム）、⑤終わりがわからず目的意識が持ちにくい子どもたちには「シュートが楽しくなる、ユニークなゴールが魅力のボールゲーム」教材（トライラグビー、転がしボールゲーム、フープラウンドバスケ、追いかけバスケ（タルケットボール））、⑥動きを広げ、友達と関わる楽しさを味わわせたい子どもたちには「技術を駆使してシュートするおもしろさのあるボールゲーム」教材（多様なサッカーゲーム（ドリブルシュートリレー・的当てリレー・3 方向での対戦ゲーム）、ポンポンホッケー）、⑦集団での活動に苦手意識のある自閉性障害の子どもたちに「ごろごろするだけでない座布団や布団の使い方でみんなが楽しんではまる」教材（いろいろな「座布団ゲーム」、ふとんゲーム（冬のオリンピック））、⑧得意技を見つけて力を発揮しあう対抗ゲームとして「意表をついた道具の使用で、操作する楽しさを味わえる」教材（ボートこぎ競争、宝つりゲーム、雑巾ホッケー、3 方向風船バレー、3 方向チューブ相撲、3 方向の棒（綱）引き、キャッチゲーム）、⑨異年齢子ども集団や少し大きい集団でできる「大きな道具にみんなが集まって楽しむ」教材（とおりゃんせ、ロープウェーブと大縄渡り）などがある。

以上、大宮は教科内容の探究と発達課題から導き出される教材づくりから授業づくりへ、そして体育行事を含む年間計画、体育カリキュラムへとつなげながら体育実践を構想する。大宮（2008）によれば、教師に求められるものは子どもを見つめる目、教材づくり、集団づくり、お互いに育ち合う共感能力、人と手を結ぶ能力、「人間観」の構築、地域や社会に向かう眼差し、豊かなコミュニケーション能力であると言う。これらが大宮の授業デザインやカリキュラム開発の背景にある。今体育教師に問われるのは、授業を効率よくデザインする方法（how to）を知ることではなく、そもそも授業をデザインするとは、カリキュラム開発とはどういうことかという“そもそも論”を自問することである。

優れた教師が授業をデザインする背景には必ずその教師の強烈な「こだわり」がある。「こだわり」が生まれる背景には共通して現状を批判的にそして可変的なダイナミズムとして捉える目、現状を変えたい、変えていけるという思いと決意、そして確かな未来展望、自由な発想の土台となる遊び心、それを共有する教師仲間（同僚）の存在がある。それらに支えられて優れた「こだわり実践」は生まれ、深まり、教師の授業デザイン力やカリキュラム開発能力は高められる。授業デザインからカリキュラム開発に向かおうとする際には、とりわけ教師の「同僚性（collegiality）」を回復し、教師たち自身による自立的な学校内の共同研究を展開することが今必要とされる。大宮をはじめ優れた教師たちは、日々同僚や研究仲間に自分自身の実践を意識的・積極的に“切り刻んでもらって”（集団批評）きた教師であり、同僚や仲間との緊張感のある集団的検討の中でしか実践は深められないことを自覚している教師であるということを忘れてはならない。

第４節

体育のカリキュラムづくりと学校づくり

カリキュラムは「学校教育目標を基盤として、教育内容、指導法、評価、教授・学習組織、学級・学校経営、そして教育行政など、学校教育の主要な側面がそこに集約される焦点である」と天野（2006, p.30）は述べている。また佐藤（2005, p.466）によれば、カリキュラムの創造と実践は学校の機構や組織を基盤として遂行され、それ自体が学校改革の中心的な過程であり、子どもの学びを変革し、教師の研修を促進し、同時に学校の機構や組織の変更を要請するものである。つまり、カリキュラムづくりは学校づくりの中核的な課題として位置づくものであり、当然体育のカリキュラムづくりも学校づくりと連動して展開されることになる。平野（2004）は、学校像の策定、校内規則の検討、総合学習での学びから「学びの主人公」が生徒であることを教師間で共有し、その際に目の前にいる生身の生徒に触れるにつけ、自前のカリキュラム、体育のカリキュラムの必要性を痛感したことが浦和商業高校定時制における優れた学校づくりに向かった一番の動機になったと言う（平野，2004）。この教師の言明こそが自前のカリキュラムづくりが豊かな学校づくりを進めていく上で必要不可欠であることを物語っている。

１．体育のカリキュラムづくりは学校づくりの「起爆剤」

カリキュラムづくりが学校を変える「起爆剤」となるか。この問題設定の背景には、今日学校が閉塞した事態に陥っているという危機意識があり、同時に何とか学校を変えたい、変えなければならないという思いがある。その場合、「起爆剤」は学校の外部にあるのではなく、学校の内側にいる教師の活動こそが「起爆剤」とならなくてはならない。しかし教師一人の力で学校を変えるには限界があり、したがって教師たちの協同活動こそが大きなうねりを創り出し学校を変える「起爆剤」として機能するのではないだろうか。その教師たちの協同活動として重要な鍵＝「起爆剤」となるのがカリキュラムづくりであると考えられる。とりわけ体育という教科のカリキュラムを学校の中で教師自らが創っていくという行為は、体育という教科の学校教育の中での位置づけやその正当性の説明を体育教師に要求する。同時にそれはカリキュラムづくりをめぐって体育に消極的な教師や管理職を含む多くの教師、そして子どもたちをも巻き込んで進めていかなければならない骨の折れる共同作業をも要求する。だからこそ、それは学校を変える大きなエネルギーとなりうる。かつて中村（1990）は、硬直した学習指導要領体制下の学校教育の中で、「単元を3時間増やしたら授業はどう変わるか」と問題提起し、そのことで教材や教科内容、学校の物的条件、他教師との施設等の調整や年間指導計画の調整を再吟味せざるをえなくなり、つまり3時間増という行為はきわめて「教師集団づくり」「学校づくり」と連動したカリキュラムづくりの視点を持つ行為であると指摘した。また、「教育課程は学校づくりの羅針盤」であると植田（2000）が述べているように、教師たち自らの手でカリキュラムを創るという行為は、学校づくりを方向づける核となる活動である。学校の中でカリキュラムをめぐる問題が中心的な問題として取り上げられ、それに対して教師たちが意図的、組織的な協同活動として挑むとき、カリキュラムづくりは学校を変える「起爆剤」となっていく。

2．カリキュラムづくりと学校づくりを繋ぐ条件

カリキュラムづくりが学校を変えていく「起爆剤」となるためには、そのための条件や戦略（手続き）が必要になる。そのいくつかを事例を交えながら以下述べてみたい。

（1）カリキュラムづくりをめぐる合意形成

カリキュラムづくりが「起爆剤」となるためには、まずはカリキュラムづくりをめぐって教師間の合意形成をどのように創り出していくかがとりわけ重要となる。坂本（2002，2004）は、1年～6年までの教科内容を柱にした体育カリキュラムを自ら開発し、そのカリキュラムを学校で実現するために様々な活動を意図的に仕掛けながら教師間の合意形成を図り、体育カリキュラムづくりを核にした学校づくりを展開している。例えば､以下のような活動を意図的に行った。まず､その学校の子どもの実態としての体力・運動能力の低下や僻地が抱える文化的環境の立ち後れの問題を取り上げ、それと絡めて体育科の年間指導計画づくりを職員会議で提案する。当初反対はされないものの積極的支援はなかったが、受動的であれ提案が受け入れられたことで1年後に年間計画を総括する道、体育のカリキュラムや授業のことを学校の中で話題にする道が拓かれたと言う。その後少し

ずつ変化が見られ、学年末には「研究授業―年間計画の反省・検討」が3学期の現職教育の議題として取り上げられて論議することになる。不完全であっても自分の考えや思いを込めた年間計画やカリキュラムを公の場にたたき台として提示し、実践として一歩踏み出すことが重要であることをこの事実は示してくれる。このようなチャレンジが教師間の「動き」を生み出す。またその後に転勤した学校において坂本は、再び新たな年間指導計画について体育部会で議論し、他の同僚の意見を反映させた上で職員会議に提案したり、現職教育として実技指導を積極的に引き受け展開する。さらに、学校の同僚が年間計画通りに授業が進められるようにケアも必要と考え、以下のような活動を積極的、意図的に行ったという（坂本，2004，p.267）。

- 「坂本先生、ハンドボールの資料、ない？」と聞かれたら、できるだけ早めにその資料を渡す。
- 授業づくりについての研修の機会を積極的に設ける。そして、そのための「大義名分」を上手につくる。
- 説明するときや文章表現には、できるだけわかりやすい言葉使いを心がける。
- ニュースやトピックス、体育科と関係のないことでも、体育科の授業や年間計画と結びつけてアピールする。みんながやりたがらない校内研究授業を引き受け、体育の授業をする。
- 「自分の本はみんなのもの」と考える。
- 体育主任として、設備・用具を使いやすく整備する。また、備品購入要求を積極的に行う。時にはみんなを巻き込みながら。
- 子どもの変容は、できるだけ大きな声で職員室での話題にする。

このような一見カリキュラムづくりとは関係がないように見える活動も実は「体育科について問題意識を持たない多くの先生方に、年間計画や授業づくりのことをどうやって理解してもらうか」という問題意識を出発点とした、体育のカリキュラムづくりをめぐる同僚との合意形成づくりを意図した坂本独自の仕掛けだと思われる。そしてこのように体育のカリキュラムを同僚とともに創っていく過程で様々な変化が見られたという。まず子どもたちが変わった。子どもたちが変わる事実を目の当たりにする中で親や教師たちも変わっていった。体育を遊びから学習と捉えはじめ、職員室の中でも体育の授業に関する会話が聞かれるようになり、管理職の体育に対する関心も高まった。そして何よりもこのような活動を積極的に展開してきた自分自身が変わった、得したと述べている。この坂本の実践は、教師たちが自らの手で合意をつくりながらカリキュラムを創っていくことが、子どもを変え、教師を変え、学校を変える「起爆剤」になることを示している。この点に関わって、教師が専門家として育ち合う「同僚性（collegiality）」を校内に築くことが学校を基盤に置くカリキュラム開発の中核的課題であり、学校内での授業の研修とカリキュラムの創造が「同僚性」を築く中心的な方法として再認識されている（佐藤，2005，p.467）。

（2）質の高い体育授業を協同で創る

カリキュラムづくりが学校を変える「起爆剤」になるためには、何よりも授業づくりが核となる。教師たちの手で創るカリキュラムは自分たちの授業実践をベースにしたカリキュラムであることを本質的特徴とする。そこでは授業実践がカリキュラムを変え、カリキュラムが授業実践を変えるというサイクルが生成する。このようなカリキュラムは机上で作られるものではなく、目の前の子どものリアルな姿を捉え、日々の授業づくりと結びつけて創り上げられていくものである。協同した授業づくりを軽視する学校では子どもを変える生きたカリキュラムは創れない。授業づくりとカリキュラムづくりは学校づくりの両輪である。この関係の中でのみ、小学校であれば 6 年間の出口像、あるいは各学年の出口像を見通した質の高い授業づくりが可能となる。質の高い授業とは成瀬（2006）の言葉を借りれば「子どもの現実（いま）に突き刺さる授業」であり、制野（2004）によれば「イケテル授業」を指す。「イケテル授業」とは教材（運動文化）の持つ魅力（独自の面白さ）を真正面に据えた授業であり、教材の魅力（本質）を追求の柱として科学性と集団性を前面に押し出して追求し、借り物でない本物の知恵が要求される授業である。このような質の高い授業を協同で創っていくことがカリキュラムを豊かにしていくことであり、それが学校を変えていく「起爆剤」の条件となる。

（3）重点教材と教科外体育の関連―学校固有の体育カリキュラムの創出―

さらに、カリキュラムづくりが学校づくりと結びつくためには、重点教材を意識した、また体育に関連する学校行事や部活等の教科外体育と授業を結びつける意識を持ったカリキュラムを創っていくことが重要である。何を重点教材として選択しカリキュラムや年間計画を創っていくか、体育授業と教科外体育とをどのようにリンクさせてカリキュラムを構想するかという問題意識は、長期的なスパンを持った見通しの中で、また学校教育活動全体との関係において子どもを変えていくという思考を促す。それはそれぞれの学校の、あるいは教師の味を出すカリキュラムを創るということに繋がる。

例えば、坂井（2002）は年間計画（3年生）において、3年生で教えたいことを育てたい力(目標像)と結びつけて重点教材を以下のように選択設定している。1学期：マット運動（側転）・跳び箱運動（ネックスプリング）→2学期：リレー→3学期：ラグハンド。このように重点教材を選択しこの順序で設定したのには坂井なりの理由がある。1学期の重点教材＝マット運動・跳び箱運動は、技を焦点化しやすく、みんながうまくなることを実感しやすいこと、さらにこの教材研究には自信があるということで選択している。つまり、新学期早々の授業ではこれから1年間行う体育授業やその学習スタイルのイメージ・見通しを持たせるために、教材研究に自信のある、したがって子どもの反応や結果が予想しやすい、そしてまたねらいである「みんながうまくなる」ことを教えやすい教材としてマット運動・跳び箱運動を選んだというわけである。子どもたちが最初に出会う体育授業をどのように構想するかはきわめて重要なポイントである。そして2学期は、「教え合う」ということにねらいの力点を置き、そのためグループ学習の方法が学びやすい、みんなでできる喜びを実感しやすいという理由でリレー教材を選択している。3学期は「スポーツの組織性を学ぶ」ことに力点を置き、集団の質が高まらなければ学習が深まらない、「みんな」を意識しやすい、スポーツの組織性に関わる初歩的な内容が学びやすいという理由でラグハンド教材を選択し設定している。このような重点教材の授業は大単元で多くの時間をかけ、育ちそびれた子どもの学びを保障することも意図している。このように坂井独自の味を醸し出した年間計画が展開されている。

また後述（第4章第5節）するが、小山（2002）は体育授業と生徒会活動や部活動を結びつけた体育カリキュラムを構想し、例えば、重点教材（バレーボール、バスケットボール）の3年間の継続学習や「生涯スポーツに向けて計画・運営を自分たちの手で」という体育テーマと絡めながら、生徒会主催によって子どもたちの手でバレーボール・バスケットボール大会（全員参加）や自由参加型のリレー大会・水球大会・駅伝大会・バスケット選手権等を開催している。このように教科体育の学習と教科外活動（体育行事、部活動等）を視野に入れ構造化しようとする体育カリキュラムづくりは、運動文化の主体者形成を目指す体育においては不可欠であり、同時に学校教育全体の中で体育という教科がどのような役割を持ち位置づけられるのかという問題意識を教師に喚起するものである。このような視点を持つカリキュラムづくりこそが学校づくりの「起爆剤」になっていくものと考えられる。

第5節

教師による体育カリキュラム開発の試行的実践モデル

—石原一則・小山吉明の中学校体育カリキュラム開発—

中学校教師である石原一則（名古屋市中学校）と小山吉明（長野市中学校）は、学校体育研究同志会教育課程自主編成プロジェクトによる『試案』開発に触発されながらも、その『試案』をそのまま適用しようとはせず、その内容や方法を“自分流”に加工して、自分自身の実践現場や子どもの実態を見つめる中で、それぞれがそれぞれの学校で個性的な体育カリキュラムを創り上げている（石原, 2003, 表4-4；小山, 2002, 表4-5）。これまで20年以上にわたって、運動文化論やそれに基づく授業研究の中で自分自身が蓄積してきた授業実践を基盤にして、それぞれが固有の中学校体育カリキュラムを開発した。両者の体育カリキュラム（開発）はまだ完成されたものではないが、現段階における「教師による体育カリキュラム開発」の優れた試行的実践モデルである。ここでは、石原と小山の体育カリキュラム開発の特徴について、両者を比較しながら検討してみたい。

1．出口（目標）像の設定

カリキュラム開発の第一歩は出口（目標）像を描くことである。中学校3年間の出口（目標）像を描くことは中学校で育てたい体育の学力とは何かを問うことであり、石原も小山もこの出口（目標）像を“自分の言葉”で描いている。このことが個性的で借り物でない、“生きた”カリキュラムを創る上で重要になる。

表4-6は、①石原、②小山、③『試案』が描く「中学校体育3年間の出口（目標）」像である。石原の特徴は、まず目標領域を体育に関わるⅠ：「スポーツと生活」、保健に関わるⅡ：「健康と生活」に分け、体育の授業で学んだことを生活に取り入れて活かせることを目指して目標を構想していることであり、体育領域では、3つの具体的な目標領域、1. 技術・戦術が「わかる、できる」、2. グループで「楽しむ、競い合う」、3. 文化的認識に関連する「スポーツと社会のつながりを考える。生活に取り入れる」を設定している。つまり、技術や戦術の系統性やうまくなる方法がわかり・でき、グループで計画的に練習したり、ルールを作り

替えたり、プレイや演技を相互に分析・批評して自ら「楽しみ、競い合い」をすることができ、さらに社会との関わりでスポーツの組織・制度の発展・変遷史やスポーツ権利論、行政・制度論の基礎が身近な問題としてわかることで、スポーツという文化や運動を自分自身の生活に取り入れ活かすことができる子どもを育てることを中学校体育の出口像として描いている。一方小山は、①スポーツの合理的な練習法がわかり、うまくなって楽しむことができること、②仲間と共にできるようになること、③スポーツの技術・ルールの歴史的変遷とルールを自ら作り替えていくことができること、④スポーツの意義や価値がわかり、自分たちでグループ活動を企画・運営できること、という４つの目標内容を設定し、それらの目標を達成するためには実技だけでなく「体育理論」の授業も必要であること、さらに生徒会のスポーツ企画や部活等の教科外活動との関連が重要であると指摘する。

さて、石原と小山、さらに『試案』における具体的な目標の表現の仕方や組み合わせ方には違いが見られるものの、目標を貫く以下のような共通点がみられた。

- 「わかる―できる」＝技術・戦術の分析、うまくなる筋道とその方法がわかる。それに基づいてうまくなった経験がある。
- 「異質協同の学び」＝グループでの計画・企画・運営、教え合い、合意形成。
- スポーツ文化（技術・道具・ルール・組織・制度）の歴史的変化とスポーツは変わる、変えられるという自分たちの要求や実感に基づく認識形成。
- スポーツの社会的意味、価値の認識形成（自分の生活と結びつけて、自分の意見や考えを持つこと）。

目標の表現の仕方や組み合わせ方の違いは、それぞれの教師の個性や学校・生徒の実態に応じた教育的戦略の反映であると考えられるが、一方でその共通点の背景には、「運動文化論をベースにした体育」という共通した教授学的コンセプトがあると思われる。同時にそれは、全国の多くの学校現場や研修会におけるカリキュラム開発の問題が各校の「教材配列」の問題として捉えられているにすぎず、「どういう目標を達成するために、どういう内容を、なぜその教材で学習させるのか、そこで学習したことがどのように発展させられていくのかといった議論がなかなかなされていない」（小山，2004，p.84）という現状に対する批判と問題意識を呼び起こし、教科内容を主軸に据えた、運動文化をトータルに教える体育カリキュラム開発へと両者を向かわせた。その中で、両者がそれぞれの学校や子どもを巡る実践的事実を通して中学校３年間の目標（出口）像を描いていったものと考えられる。

表 4-4　石原による体育カリキュラム（2002）

春 →→→→　　夏 →→→→　　秋 →→→→　　冬 →→→→

1年

テーマ：「科学との出会いと驚き、感動」
テーマ内容：「知る、考える※成長、発達の目、＋創造の目の育ち」感動、崩しつくりへ

陸上（走 1）	陸上（走 2）	水泳	陸上（走 3）	球技（バスケットボール）
「君は時間をつかめるか」 ☆速さと心臓の働き ★ペースランニング （10）	「走を分解しよう」 「速さをつなごう」 ☆走と歩、走技術と身体の仕組み ★ 50 m走 ☆スピードのつなぎ方 ★ 100 m×リレー （8）	「生きる」 ☆生きるために＝息継ぎの仕方 ★ドル平 （15）	「もっと速く、もっときれいに」 ☆道具の開発とフォームの移り変わり ★ 40 mハードル走 ※フォームで表現 （10 ＋ 10） （＋ 10 は運動会関連）	「バスケットを教材に次のことを考えよう」 ①☆君もニュースポーツの考案者 ★いろいろなボールで味わい、考案 ②☆シュートと体の仕組み ★ボードを使わない／使うシュート ③☆ゲームの楽しみ方とルール、運営、審判、記録 ★チームづくり、ゲーム記録とシュート数の感想、判断できるルールづくり、仕事の分担 （30）

体育理論：？？？？
保健：成長と発達―個人差、性差、発達・成熟・老化。心の育ちと発達。体の仕組みとスポーツ・運動

2年

テーマ：「審美眼、戦略・戦術眼、分析眼をつくろう」
テーマ内容：「調べる、創る※創造の目、美の目の育ち」仕組みの理解、創り出す美・「攻め方」

陸上（走）	器械運動（跳馬）	水泳		球技	演出
「時間をつかもう。パート 2」 ☆リズムの変わる走の心臓動き （負担の変化）とペースづくり ★リズムが変わるペースランニング （10）	「美・難に挑戦」 ☆表現する・鑑賞する＝美の基準づくり でき具合の評価 ★台上側転おり、台上側転とび（1年実施の場合あり） （10）	「推進力を創る」 進む力の作り方と腕・足・体の動かし方（下・横・上） ★ 25 mの手伸ばし平泳ぎ、足なしクロール、横泳ぎ、カエル背泳 （15）	運動会関連練習（10）	「攻め方をつくり、使って試合をしよう ☆「攻め方（戦術）」の作り方、使い方（作戦） ☆ルールから見えてくるスポーツの国民性 ★タグラグ、タグフット （30）	「君が演出家」 ☆踊りの構成と舞台演出 ☆ロックソーラン節 （10）

体育理論：？？？？
保健：体・健康・廃棄物と健康。自然との共生。生活条件・労働条件と基準。ケガ／事故の防止、応急／救急処置

3年

テーマ：「体力に見合う感動の深まりつくり。知力の発達に伴う理論的理解の深まりつくり＝時系列の認識を中心に」
テーマ内容：「味わう※生活の目、歴史の目」
スポーツ技術、ルール、道具、施設の移り代わりを通して生活の移り変わりを考えてみよう

陸上（跳）	跳馬	水泳	陸上（投）
「えっ、足から着地？（地球を離れよう）」 ①高跳び ☆道具とフォームの変化と歴史、高さの比較 ★はさみ跳び、ロールオーバー、ベリーロール、フォスベリー	3 年で実施する場合もある。 （10）	「泳法に歴史あり」 ☆生活と泳法。泳法の分かれ方と変化の歴史（美、様々な競技） ★潜水。立ち泳ぎ。手の櫂の使い方。クロール・平泳ぎ泳法の変化 （15）	「君は獲物をとれるか」 ☆道具と生活。投の種類とそれぞれの投の科学 ★やり投げ、円盤投げ、ハンマー投げ、丸太（石）投げ、距離と的当て （30）＋ 10 は運動会関連

	②幅跳び…（今は取り扱わない） ☆トップスピードと角度、飛距離の可能性 ★立ち幅跳び、幅跳び、立ち三段跳び、三段跳び（15）			
	体育理論：スポーツと法・政治・自治体の役割。スポーツ組織。 保健：健康・安全…ケガ・病気の手当てと予防。喫煙・飲酒・薬物。疲労と教養。 性についての学習…生殖の仕組みと避妊。疾病と後遺症の危険。男女交際のTPO。 運動と生活…生活習慣。食物。医療・福祉・スポーツ。			
生徒会				
部活動				

※検討すべき当面の内容と教材
・日本のスポーツ文化財。例えば、柔道、剣道、相撲などの扱いの検討
・選択での「体育理論」
※私の課題
・学習内容としての社会的統治能力＝（ex. 3年のスポーツと法・政治・自治体の役割。スポーツ組織）については高校と研究協議の必要。中学生では行事の企画・運営・総括以上の学習内容は消化不十分となり、理解も抽象的な段階にとどまり、時には教師の洗脳で終わる危険も伴うのでは？
・日本の剣道・柔道・弓道・相撲などの教材化

2．子どもの生活課題・発達課題の把握

さらに自前の体育カリキュラムを創ろうとする際に、まず中学校3年間の体育の具体的な目標（出口）像を描くと同時に、教師がしなければならないことは、目の前の子どもたちの生活課題・発達課題をどう把握するかという問題である。自前のカリキュラムづくりは目の前の子どもの実態から出発しなければならない。それが大原則である。石原、小山の両者ともまずは中学生の一般的な発達特性や生活実態、学習実態について、心理学や教育学を基礎とする発達理論の知見を学び把握することから始めている。しかしその理論だけには決して頼らない。理論的な知見を押さえつつも、例えば石原は「荒れた子ども」に対する生活指導の悪戦苦闘の中で子どもたちのリアルな生活課題や発達課題を見つけていった（石原，2006）。また小山は、中堅教師として体育の改革、自前のカリキュラム開発に向けてエネルギーを燃やしはじめる契機となった子どもの実態（問題状況）をいくつか紹介している（小山，2003，p.56）。例えば、その一つとして、「選択制」の水泳とマットの授業で水泳の嫌いな女子生徒たちが、彼女らにとって水泳よりましなマットを選択し、3年生だというのに前転や後転しかできず座り込んでいる姿があった。また、昼休みの生徒会主催バスケットボール大会で、勝たなければ意味がないと思いこみ、殺気立って審判を罵倒し、試合を楽しむことを知

表 4-5　スポーツ分野の主体者形成に向けた教育課程（小山、2002）

<table>
<tr><th></th><th>4月</th><th>5月</th><th>6月</th><th>7・8月</th><th>9月</th><th>10月</th><th>11月</th><th>12月</th><th>1～3月</th></tr>
<tr><td rowspan="3">1年</td><td colspan="9">テーマ：「スポーツ文化の目覚め。仕組みを調べ、分かればみんなができる」</td></tr>
<tr><td>体力
柔軟性</td><td colspan="2">陸上・リレー・跳躍
仕組みを調べ、原理を理解すればだれもが伸びる。</td><td>水泳
基礎
水泳観の変革1</td><td colspan="2">バレーボール
みんなが楽しみながら上手くなるには</td><td colspan="2">器械運動
仕組みを調べて分かってみんなができる感動</td><td>バスケットボール
コンビネーションプレーの基礎を学び、みんながシュートへ</td></tr>
<tr><td colspan="9">体育理論：スポーツの仕組みを学ぶ（ボール、ゴールの授業）
保健：スポーツとけがの処置。心身の発達（運動とからだ、第二次性徴を含む）</td></tr>
<tr><td rowspan="3">2年</td><td colspan="9">テーマ：「スポーツのあり方を考え、集団の中で生きる」</td></tr>
<tr><td>体力
筋力</td><td colspan="2">集団マット
空間構成を考えた集団演技</td><td>水泳
発展
水泳観の変革2</td><td colspan="2">バレーボール
競争のあり方とチームプレイ</td><td colspan="2">剣道
形から一本の美へ、相手の尊重</td><td>バスケットボール
空間の使い方と戦術、競争のあり方とチームプレイ</td></tr>
<tr><td colspan="9">体育理論：スポーツのあり方を考える（勝敗・競争、五輪の歴史と精神など）
保健：健康と環境、応急処置（出血と止血）</td></tr>
<tr><td rowspan="3">3年</td><td colspan="9">テーマ：「生涯スポーツへ向けて、計画・運営を自分たちの手で」</td></tr>
<tr><td colspan="3">陸上・短距離走
追究の仕方を学ぶ。能力観の変革。スポーツの奥の深さを学ぶ。</td><td>水泳
計画立案と個人追究。個人メドレー中心に。</td><td colspan="2">バレーボール
チームの計画による。全員アタックを目指す</td><td>体力
持久力</td><td>表現
心の解放、踊る楽しさ</td><td>バスケットボール
チームの計画による。全員シュートを目指す</td></tr>
<tr><td colspan="9">体育理論：みんなのスポーツ（スポーツ権・生涯スポーツ、スポーツ行財政など）
保健：運動と健康。疾病の予防、応急処置（心肺蘇生法実習）</td></tr>
<tr><th></th><th>4月</th><th>5月</th><th>6月</th><th>7・8月</th><th>9月</th><th>10月</th><th>11月</th><th>12月</th><th>1～3月</th></tr>
<tr><td rowspan="2">生徒会</td><td colspan="9">自由参加→　リレー大会　水球大会　駅伝大会　バスケット選手権　雪中サッカー大会</td></tr>
<tr><td colspan="9">全員参加→　各種レク行事　体育祭　バレー大会　バスケット大会</td></tr>
<tr><td>部活動</td><td colspan="9">1年生入部　郡夏季大会　北信大会　県大会　2年生引き継ぎ　3年生引き継ぎ　郡新人大会　北信新人大会　冬日課・冬季練習　3年生の運動不足、受験に向けてのストレス</td></tr>
</table>

＊本校ではバレーボールとバスケットボールについては3年間継続して学習し、学年毎のバレーボール、バスケットボール大会を行っている。

＊男女混合、技能差のあるチームの中で、バレーボールではポジションが固定（ローテーションは行うが）された中での自分の役割や動き方を学ぶ。この学習の発展として、今度はバスケットボールで自由にコート内を動き回れる状況で、自分の役割や出方を学び、友との関わりの中でみんなで楽しめる学習を目指している。この中でリーダーとしての活動の仕方、審判の仕方等を学んでいく。とかく仲間との関わりの苦手な現代の生徒たちにとって重要な学習であり、大事に考えていきたい。

＊「ミニスポーツ企画」（生徒会主催）

自由参加：リレー大会（5月放課後）、水泳大会（9月放課後）、駅伝大会（12月土曜日）、バスケットボール大会（1月昼休み）、雪中サッカー大会（2月放課後）全員参加：各種レク行事、体育祭、バレー大会、バスケット大会

表 4-6　中学校体育３年間の出口（目標）像

①〈石原一則〉

Ⅰ　スポーツと生活
　1「わかる、できる」
　　①技術や戦術にはうまくなっていくすじみちと方法があることがわかる。
　　②すじみちと方法を教えあい、技術や戦術がうまくなったことがわかる。

　2「楽しむ、競い合う」
　　①ルールの原則を知り自分たちに合ったルールに作り替えることができる。
　　②よいプレイ、よいゲーム、美しい演技などについて自分の意見を持ち話し合える。
　　③グループで攻め方や目標をつくり練習できる。
　　④ゲームや発表会を審判、記録、運営する。

　3「スポーツと社会とのつながりを考える。生活に運動を取り入れる」
　　①技術・道具・ルール・組織・制度などは社会や環境と、どこかでかかわりを持ちながらそれぞれの時代の人々に受け継がれ、作り替えられてきていることがわかる。
　　②スポーツをする権利はみんなの権利であることを理解し、みんながスポーツを楽しむことができるようになる社会つくりなどについて自分の考えや意見を持つ。
　　（たとえば、スポーツは生活に必要であること。スポーツの施設や整備などの環境を整えるための法令もあり、自治体の仕事であること。スポーツには平和が欠かせないこと。等）

Ⅱ　健康と生活　「わかる、できる」
　「成長と発達。健康と安全。生活と運動（労働と運動）」の知識を生活に生かそうとすることができる。

②〈小山吉明〉

1．スポーツの合理的な練習方法がわかり、努力すれば誰でも上手くなり、スポーツを楽しむことができる。
2．上手くなり楽しんでいくためには仲間の協力が必要であり、自分だけでなくみんなができるようになるとスポーツはもっと楽しくなる。
3．スポーツのルールや技術は歴史的に変化してきており、自分たちにあった文化として作り替えていくことができる。
4．スポーツ活動の意義や価値を理解し、自分たちで練習の計画を立てたり、試合の企画や運営ができる。
＊こうした学習は体育の授業としての実技だけの時間で進められるのではなく、教室で行う体育理論（体育の関する知識）の学習も必要である。また生徒会のスポーツ企画、日々の部活動との関連も大切に考えていきたい。

③『試案』

	ともにうまくなる	ともに楽しみ競い合う	ともに意味を問い直す
第3階梯　中学校	＊仲間と技術を比較、分析し、仮説を立てて実験したりして、うまくなるための原理や方法を発見するとともに、練習や試しのゲームなどを行い総括して原理法則を確かめる。	＊既存のルールについて議論し、みんなの合意を基に、自分たちの願いや要求を織り込むようなルールの作りかえができる。	＊今ある運動文化（技術・道具・ルール・組織・制度など）は、社会や歴史そして環境とどこかで必ず関わりを持ちながらその時代の人々に受け継がれ、常につくりかえられてきていることがわかる。
	＊みんなで見つけた原理や法則に沿ってみんながみんなの協力でうまくなる経験をする。	＊何のために何をどのように練習したり、実験するのかといった学習計画、あるいは競技会や、発表会を視野に入れた一単元の学習計画づくりができる。	＊スポーツをする権利は万人の権利であることを理解し、その立場から運動文化の主人公としてスポーツ本来の発展すべき方向や、自身がおかれている現代のスポーツ文化について自分なりの考えや意見がもてる。

らないバスケットボール部員の姿があった。こうした子どもたちの問題状況を解決するためにも必要不可欠だったのが自前のカリキュラム開発だったのである。石原、小山の両者とも目の前の子どもたちの生活課題・発達課題、問題状況を現実の中から掴み、それがエネルギーとなって具体的なカリキュラム開発の戦略が練られていったと考えられる。

3．各学年テーマの設定

石原も小山もともに、まず目指す中学校体育の目標（出口）像を措定し、その後で各学年のテーマを設定し、そして年間計画（単元構成）へとカリキュラムを具現化していく手続きを取っている。両者の設定した各学年のテーマは、表 4-7 に示された通りである。

まず石原は、1 年の段階で「知る、考える」（科学）体育の世界へ子どもを誘うことをねらう。これまで小学校の 6 年間でつくられてきた子どもたちの固定的な体育観を崩し再構築するきっかけを中学校の入り口で試みようとしている。そして、「知る、考える（成長、発達の目＋創造の目の育ち）」体育（1 年）→「調べる、創る（創造の目、美の目の育ち）」体育（2 年）→「味わう（生活の目、歴史の目の育ち）」体育（3 年）というように各学年のテーマ内容の重点とその発展・深まり（連続）を考えている。一方小山は、1 年のテーマを「スポーツ文化の目覚め」とし、技術の仕組みをみんなで調べてわかってできる経験を重視

表 4-7　石原、小山カリキュラムにおける学年テーマ（2006, 丸山作成）

	石原カリキュラムの学年テーマ	小山カリキュラムの学年テーマ
1年	「科学との出会いと驚き、感動」 ＊テーマ内容：「知る、考える※成長・発達の目＋創造の目の育ち」感動、崩し、つくりへ	「スポーツ文化の目覚め。仕組みを調べ、わかればみんなができる」
2年	「審美眼、戦略・戦術眼、分析眼をつくろう」 体力に見合う感動の深まりつくり。 ＊テーマ内容：「調べる、創る※創造の目、美の目の育ち」仕組みの理解、創り出す美、「攻め方」	「スポーツのあり方を考え、集団の中で生きる」
3年	「知力の発達に伴う理論的理解の深まりつくり＝時系列の認識を中心に」 ＊テーマ内容：「味わう※生活の目、歴史の目の育ち」スポーツ技術、ルール、道具、施設の移り変わりを考えてみよう	「生涯スポーツへ向けて、計画・運営を自分たちの手で」

する。これは、入学してくる 1 年生の実態や “偏った” 体育観を分析し（小山, 2003）、卒業までに育てたい力のイメージを構想する中で、1 年生に設定すべきテーマとして出した答えである。これまでの「体育観崩し」という意味で、石原と同じ意図を持ったテーマ設定である。そして 2 年では、スポーツのあり方（スポーツ観の崩しと問い直し）、集団で学ぶ意味を重視し、3 年では、生涯スポーツを視野に入れてスポーツ活動の自主的な計画・運営を重点としてテーマを設定している。石原と小山のカリキュラムにおいては、中学校 3 年間で目指すべき出口（目標）像はほぼ同じであるが、各学年において設定されたテーマには類似したものもあれば力点の置き方や内容が違うものもある。同じ目標像を目指した場合でも、そこに向かうアプローチの方法は、それぞれ教師によって、また子どもの実態や学校・施設条件等によって異なるということである。だからこそ、多様で個性的なカリキュラムが創られるのである。

4．重点教材、重点内容の設定と体育授業との出会わせ方

さらに、石原、小山ともに 3 年間のスパンで授業を位置づける思考を取る。その結果、両者に共通する点は、大単元授業でカリキュラムを構成するということである。一つの単元は少なくとも 10 時間、時に 30 時間に及ぶ単元を組む。でなければ、彼らは目指す目標（中学校体育で育てる運動文化の主体者）を達成することができないと考えている。3 年間を大単元で組むことによって “ガラクタ教材” や細切れ単元を排除することができ、ゆったりと授業ができて育ちそびれの回復が可能となる。これが自前のカリキュラム開発の利点の一つである。大単元でカリキュラムを構想するということは、各教師が重点教材や重点内容を考えることであり、それが自前のカリキュラムの個性を出すことになる。

例えば石原は、陸上運動教材を一つの重点教材と位置づけている。1 年では走運動教材を中心に、ペースランニング（10 時間）、50 m走＆ 100 m×リレー（8 時間）、40 mハードル走（10 時間）、計 28 時間を組み、2 年では「リズムが変わるペースランニング：(10 時間)、3 年では跳躍運動（高跳び、15 時間）、投てき運動（やり投げ・円盤投げ・ハンマー投げ・丸太（石）投げ、30 時間）を組んで 3 年間で陸上運動教材を展開している。とりわけ 1 年では「科学との出会い・驚き」「知る・考える」、2 年では「分析眼をつくる」「調べる」「仕組みの理解」、3 年では「味わう」「歴史の眼」「スポーツ技術・ルール・道具等の変遷史」について学ぶというテーマ内容にふさわしい教材であること、そして 3 年間を通して

連続して発展的させていく授業が構成できる教材であることが陸上運動を重点教材として設定した理由であると思われる。また、各学年で運動会関連の授業（10時間）を陸上運動の授業の中に意図的、計画的に位置づけ、陸上運動教材の学習と関連づけて展開していることも石原の特徴である。他、水泳、器械運動（跳馬）、球技（バスケットボール、フラッグフットボール）が重点教材として位置づけられ、1年〜3年の連続する授業として組み立てられている。特に、中学校では軽視されがちな器械運動、とりわけ跳び箱教材を重点教材としているのも石原の特徴である。石原の体育の特徴の一つは「美を求める体育」であり、その中で美の目の育ち、審美眼をつくる、「演出」に相応しい教材が器械運動（跳び箱）教材であると石原は判断し、中学2年—3年に跳び箱の授業を位置づけている。このような重点教材の設定に教師の個性が表れるし、それがカリキュラムの個性になる。

一方、小山の場合、バレーボールとバスケットボールをこの中学校の重点教材とし、男女混合、異質共同のグループ学習で3年間継続学習を展開している。そしてその学習を学年毎の生徒主催によるバレーボール大会、バスケットボール大会の実施と結びつけている。小山の特徴として注目すべき点の一つは、体育授業と生徒会活動や部活動とを結びつけた体育カリキュラムを構想し、重点教材（バレーボール、バスケットボール）の3年間の継続学習や「生涯スポーツに向けて計画・運営を自分たちの手で」という体育テーマと絡めながら、生徒会主催によって子どもたちの手でバレーボール・バスケットボール大会（全員参加）や自由参加型のリレー大会・水球大会・駅伝大会・バスケット選手権等を開催している点である。体育のカリキュラム開発は教科体育だけでは完結しない。出原（1996）は、カリキュラム作成の土台として「現在の教科外でのスポーツ活動（各種スポーツ行事、クラブ・部活、課外スポーツ活動等）を「子どもの自主的、自治的活動」の視点から授業で学んだことを生かし発展させる場として再生、強化することが不可欠である」と指摘する。同様な立場に立って、『試案』（2003）では「教育課程における教科外体育の位置づけ」という章を設け、教科体育と教科外体育の関係について、とりわけ教科外体育（部活、体育行事等）をスポーツの組織の自主的な企画・運営・管理を学び発展させる場として論じている。子どもを運動文化の主体者に育てるためには、教科の学習と教科外活動での学習が両輪となって機能しなければ達成されず、体育のカリキュラム開発はこの両者を視野に入れて構想されなければならない。カリキュラム開発という視点を持つことは、この両者の関係、構造に注目することを要求する。

さらに、重点教材に関わって、石原、小山の両者に共通していることは、新1

年生の初めての授業や4月の最初の授業に子どもたちをどのように出会わすかという問題意識であり、4月に子どもたちが最初に出会う体育授業をきわめて重視している点である。石原も小山も、中学校に入学した新1年生が初めて出会う体育授業として陸上運動の授業を位置づけている。石原は、ペースランニング・50m走・リレー走の授業を行い、「君は時間をつかめるか（速さと心臓の働き）」「走を分解しよう」「速さをつなごう」というテーマ課題を新1年生に投げかけ、科学との出会い・驚きをねらいとしている。一方小山は、リレーと跳躍の授業を行い、そこでは仕組みを調べ、原理を理解すれば誰でも伸びることを学ばせ、新1年生の4月の授業を「スポーツ文化への目覚め」と位置づけている。また、小学校時代につくられてきた体育授業観＝「楽しい時間」「遊び感覚の時間」「得意な子だけの時間」「へたな子がイヤな思いをする時間」など「たかが体育」と思っている子どもたちを奥深いスポーツの世界へと誘っていくことをねらいとしている（小山，2003）。また、優れた実践を数多く生みだしている中学校教師の制野（2003）は、4月の授業を何でスタートさせるかという問いに対して、まずは年間計画の中で（あるいは3年間を見通して）何をこそ教えることがその後の学習の発展あるいは生徒のモチベーションの高まりを保障していくのかという点、もう一つは学級づくりという視点で「1年では短距離走、2年ではハードル走または走り幅跳び、3年ではリレーというように陸上の発展的指導の系列の重視、科学的探求法の模索による学習方法の定着、集団思考による協同を重視して設定している」（p.3）と述べている。以上のように考えると、年間あるいは3年間を見通したカリキュラムの中で設定される、4月の「つかみの授業」は子どもたちを初めてスポーツ文化・科学の世界へ誘うためのきわめて重要な授業時間になるということを彼らのカリキュラムづくりは指摘している。

5．「体育理論」の授業の位置づけ

石原、小山ともに「体育理論」（「教室でする体育」）を重視している点も共通点である。両者ともに中学校体育においては、理論と実技は子どもたちをスポーツ文化の世界に導く「車の両輪」であり、どちらが欠けても運動文化の主体者を求める体育は成立しないと考えている。ただ、具体的な「体育理論」の内容や授業へのアプローチの仕方には相違が見られる。小山は「体育理論」を固有の領域として位置づけ、1年から3年まで継続して「体育理論」の授業を独立して行いながら、それを実技授業と関連づけてカリキュラムの中に組み入れている。1年

「スポーツの仕組みを学ぶ（ボール、ゴールの授業など）」→2年「スポーツのあり方を考える（勝敗・競争、五輪の歴史と精神など）」→3年「みんなのスポーツ（スポーツ権・生涯スポーツ、スポーツ行財政など）というねらいを設定して「体育理論」の授業を構想する。そして小山は、子どもも教師もスポーツ情報に内在するスポーツ文化関連の内容に興味を持っており、「体育理論」ではこうした子どもの興味や素朴な疑問から出発して、スポーツ文化に関わる教科内容としての重要な概念や基礎的知見に少しずつ迫ることで、スポーツ技能の習熟だけでは学ぶことができない豊富な材料を学ぶことができると述べ、実際に（1）体力科学を学ぶ：①筋力・瞬発力の学習、②持久力の学習、③運動のエネルギー・栄養・ダイエット、（2）スポーツの仕組みを学ぶ：①ボールの学習、②ゴールの学習、③ルールの学習、（3）スポーツのあり方を考える：①オリンピックの歴史と精神、②スポーツと国の問題（国家主義）、③スポーツとお金（商業主義）、④競争・勝敗・ルール、（4）みんなのスポーツについて考える（生涯スポーツに向けて）：①スポーツを楽しむために必要なこと（条件）、②スポーツライフを考える（法令関係）というようなテーマの「体育理論」の授業実践を展開し、カリキュラムづくりに活かしている（小山，2000）。

一方石原の場合、「体育理論」は必ず実技とセットで位置づけられている。「体育理論」を独立した授業として行うのは3年になってからである。そこでは、スポーツと法・政治・自治体の役割、スポーツ組織というようなスポーツに関わる社会科学的認識の学習をテーマとしている。1年・2年においては実技授業の中で「体育理論」を扱う。特に実技授業の中身と関連させて「体育理論」を実技の中に組み込ませるのが石原のカリキュラムの特徴である。実技授業では必ず「わかる」内容のレジュメや資料が配付され、単元終了時にはかならず「わかる」内容に関するレポート提出が求められる。この「わかる」ということが「できる」と並んで体育における重要な評価対象の柱になることを生徒にも親にも説明すると言う。

以上、中学校の体育カリキュラムづくりにおいて「体育理論」の授業は重要な構成要素であると理解されるが、「体育理論」としてどのような内容を構築し、それをどのようにカリキュラムとして組み入れていくのか、「体育理論」のカリキュラム開発については、今後さらに多くの実践を積み上げ検証していかなければならない。

６．体育授業における「できること（技能習熟）」の位置づけと評価問題

とりわけ、石原の体育カリキュラム開発には今日の体育科教育学に投げかける重要な視点（問題提起）がある。それは、体育における「できること（技能習熟）」の位置づけと評価問題である。石原は、“速く走った”“遠くへ跳んだ”“何m泳げた”などという単に「できた」結果を評価対象にするのではなく、学習（わかる）によって獲得できた結果としての「できる」を具体的に到達度として示している。例えば、1年から3年までの主な教材・教科内容と評価（基準）の対応を示せば以下の表4-8の通りである。

まず教えるべき中身（教科内容）が設定され、それに対して何をどのような基準で評価するのかが子どもたちに具体的に示される。石原の授業では単に「できた」結果のみで評価しないこと、授業で学習したことを評価することを子どもたちや保護者に説明している。単に何m泳げた、何秒で走ったなどという結果は、授業で学習した結果ではなく、既に子どもたちが持っている能力を示した結果にすぎず、このような「できた」は評価しない。「できた（技能習熟）」という場合においても、例えば1年生でドル平の授業をした場合、25 mを泳いだ結果を評価するのではなく、「手かき10回―けのび4回（2種類移動）」でAというように、どのようなドル平で泳いだかが評価される。この授業では泳ぎの質（リラックスしてゆったりと泳ぐ）が学習課題であり、その到達目標が「手かき10回―けのび4回（2種類移動）」という形で示され、そのような「できる」を評価しようとするのである。つまり教科内容と結びつく「できる（技能習熟）」の中身、質を評価しようとしている点が注目される。またこれだけの評価にとどまらず、到達目標を達成するために必要な学習課題＝息継ぎの仕方、浮き方、移動の仕方についてどの程度わかったかをレポートでも評価する。どの授業についても設定した教科内容に対して「できる（技能習熟）」と「わかる」を統一した評価基準を設けているのである。この点について出原（2006）は、「石原の実践群は、体育における技能習熟（できる）の意味と位置を実に明確に示してくれた。今日の例会は、同志会研究史／実践史から見て実に重要！その日に立ち会えたことは何とも嬉しい。『ペースランニングで誤差1秒以下ならA』『40 mハードルで、50 m走タイム以下ならA』『水泳で足なしクロールの回数○回A』などなど、技能習熟の到達度が明確に示されている。子どもの能力ではなく、学習によって獲得で

表 4-8 「できること（技能習熟）」の位置づけと評価（基準）

教材（教科内容）	評価（基準）
〈1 年〉	
*リズム一定ペースランニング（速さと心臓の働き）	タイム誤差レースで 1 周＝ 1 秒以下 A。練習及び測定会の記録について意見レポート提出で B。
*けのび、ドル平で泳ごう（息つぎの仕方、浮き型、移動の仕方）	25 m ドル平：手かき 10 回—けのび 4 回（2 種類移動）A。 息つぎの仕方、浮き方、移動の仕方のレポート提出で B。
〈2 年〉	
*リズムが変わるペースランニング	タイム誤差レースで 1 周＝ 0.5 秒以下 A。 練習及び測定会の記録についての意見レポート提出で B。
*台上前転（表現・鑑賞＝美の基準作り、出来具合の評価）	美の基準作り、全員審判員制で出来具合を評価：　点で A、　点で B。 美の基準についてレポート提出で B。
* 25 m の手伸ばし平泳ぎ、足なしクロール、横泳ぎ、カエル背泳（進む力の作り方と腕、足、体の動かし方）	手伸ばし平泳ぎでの蹴り数：　回で A、　回で B。 足なしでクロールのかき数：　回で A、　回で B。 進む力の作り方と腕、足、体の動かし方の調査レポート提出で B。
*タグラグビー・タグフット（「攻め方（戦術）」の作り方・使い方（作戦）、ルールから見えてくる国民性）	戦術紹介テスト。ラン F 、パス F でチーム全員が同じ紹介ができると A。 リーグ戦＝全員投票での予想順位をクリアで A。
*ロックソーラン節（踊りの構成と舞台を演出する）	演出図の提出で A。
〈3 年〉 *はさみ跳び、ロールオーバー、ベリーロール、フォスベリー（道具とフォームの変化と歴史。高さの比較	フォームで表現＝全員審判員で 3 つの時代のフォームの出来具合のテスト。 道具とフォームの変化と歴史のレポート提出で B。 高さ＝モノグラムで到達すれば A。
*潜水、立ち泳ぎ、手の櫓の使い方、クロール・平泳ぎ泳法の変化（生活と泳法。泳法の分かれ方と変化の歴史）	各泳法体験感想レポート提出で B。 潜水＝ 15 m。立ち泳ぎ両手で＝ 20 秒。 手の櫓の使い方＝前後移動 10 m。泳法の変化表現＝平泳ぎからバタフライへ、クロールへ全部可で A。

きた結果としての『できる』が具体的に示されている。この達成のためには『わかる』（原理・しくみ）の学習が不可欠で、授業はこれで構造化されていく。球技群のこの『できる』は未だ不十分だが、十分な手がかりを与えてくれる」と石原カリキュラムが提起する「できる（技能習熟）」の意味と位置づけを積極的に評価している。一方、木原（2005）が「評価の基準をすり合わせることを通して授業の目標を教師と子どもが確認するポートフォリオ評価法は、教師の教えと子どもの学びを結びつける効果がある。…中略…授業で生み出される具体的な作品と遠いところで評価基準一覧を作成して終わるのではなく、これらの映像や学習カードという作品の善し悪しを授業の中で子どもと対話することから設定した評価基準を問い直すアプローチの方が教師と子どもを励ます評価法ではないだろうか」（p.26）と指摘しているように、今後石原カリキュラムで提起された評価基準もさらに授業実践の中で教師と子どもたちがすり合わせて検討し、より信頼度が高く、教師と子どもたちが励まされる評価基準を構築していくことが必要となろう。このように教師の手によるカリキュラム開発は、何を教え、どのように学んだかという評価の問題を教師に突きつけることになる。それは今後の重要な研究課題になろう。

第6節

「運動文化の学習と人間発達」のモデルの提起

『試案』では「すべての子どもが運動文化の主人公になること」＝「運動文化の継承・発展・変革・創造の主体者形成」を目指す学校体育の中で、幼年から高校までを貫く共通の実践課題を追求するモデルとして「3ともモデル」が提起された（第3章第2節参照）。その後、この「3ともモデル」は、3つの実践課題領域の関係や構造が問い直され、新「3ともモデル」（図4-3）として提起されることになる。『試案』ではこのような理論モデルも実践や理論をくぐり抜けながら常に改良されていった。

1．3つの実践課題領域の関係

体育実践においてこれら3つの実践課題領域は、個々バラバラに存在するのではなく、複合的に統一され不可分な関係にある。まず実際の実践場面では「ともにうまくなる」（技術的内容）と「ともに楽しみ競い合う」（組織的内容）が学習

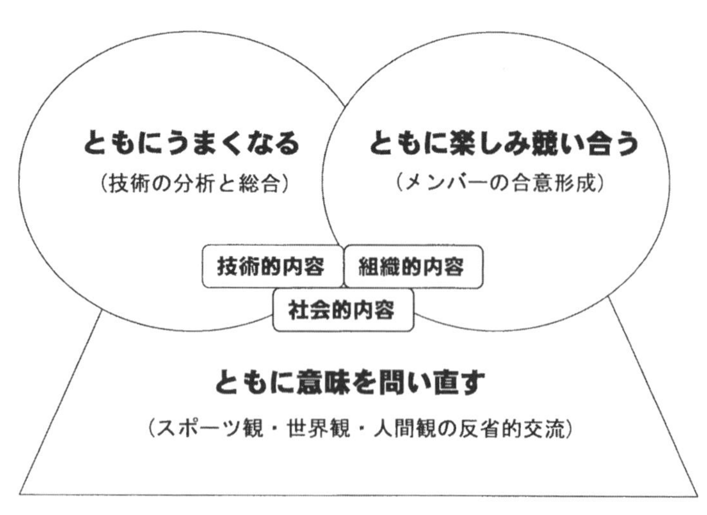

図4-3　新「3ともモデル」

の中心課題となって授業は展開する場合が多いと思われる。さらに発達段階が進むにつれて社会的・歴史的・文化的認識の獲得に向かう社会的内容が加わることになる。つまり、体育の授業では「ともにうまくなる」（第1領域）に関わる技術的内容と「ともに楽しみ競い合う」（第2領域）に関わる組織的内容（例えば、ルールづくり、組織の企画・管理・運営）の学びが、技術の分析―総合と子ども同士の合意形成を主軸とする異質協同のグループ学習活動として展開される。こうした学習活動のプロセスでは、子どもたちも教師も授業の中で生起する活動や事象の意味を常に問い直しているはずである。言い換えれば、主として第1領域と第2領域の課題追究をする学習活動の中で、「ともに意味を問い直す」という価値形成に関わる実践課題が浮き彫りになってくる。教師はこの課題を的確に捉え、意図的に組織して第1領域と第2領域の課題追究に組み込んでいく必要がある。「ともに意味を問い直す」という価値形成に深く関わる課題は、第1・第2領域の実践課題を支え方向づける実践課題として位置づけられよう。同時に、教科内容との関係で言えば、「ともに意味を問い直す」実践課題は、あらゆる発達段階において3つの内容領域（技術的内容、組織的内容、社会的内容）のすべてに組み込まれながら子どもの価値形成や確信、習慣、行動様式等の発達に関与することになる。さらに、体育授業の中ではこれら3つの実践課題は単独で追究されることはなく、常に相互に関わりながら総合的な学びが展開されるわけであるが、発達階梯あるいは教師のねらいによっては授業の中でそれぞれの実践課題の濃淡（位置づけ）は変わると考えられる。

２．教授学的原則からみた新「３ともモデル」

佐藤（1999）は学びの活動を意味と人間の編み直し（retexturing relations）と捉える。そして「学びの実践は、学習者と対象との関係、学習者と彼／彼女自身（自己）との関係、学習者と他者との関係という3つの関係を編み直す実践として再定義することができるだろう。学ぶ活動は、対象世界の意味を構成する活動であり、自己の輪郭を探索しかたちづくる活動であり、他者との関係を紡ぎあげる活動である。ここで、3つの次元の『関係の編み直し』が、『意味の編み直し』を通して達成されるところに、学びの実践の認識論的基礎を求めることができるだろう。…学びという実践は、対象と自己と他者に関する『語り』を通して『意味』を構成し『関係』を築き直す実践なのである」（pp.59-60）と指摘し、「対話的学びの三位一体論」を主張する。まさに「3ともモデル」は、体育における対象（運動文化）と自己と他者の3つの次元の「関係の編み直し」と「意味の編み直し」を通して達成される対話的学びのモデルであると言えよう。そのように考えると、「ともに意味を問い直す」という課題は、対象―自己―他者の関係の意味を問い直すことであり、そこでの学びは自己と他者の関係の中で対象世界（運動文化）に対して「意味の編み直しと構成」をする活動になるのではないだろうか。

また吉本（1977）は、授業の本質を「子どもの発達に働きかけ、子どもの人格の中に『内部矛盾』『内的運動』を呼び起こし、そのことによって知識、能力、確信などをたえずつくり変え、ひっくり返していくことのできるようなもの」（p.47）とし、授業を「陶冶と訓育の統一過程」とみなす。陶冶とは簡潔に言えば、人間の知識、認識、技能を形成する教育過程の側面で、訓育とは子どもの価値観や価値基準や構えの形成、確信や性格特性や行動様式の発達を目的としている教育過程の側面を指し、この2つの側面の教育が統一的に達成されたとき、はじめて人間の全面的発達の教育になるとされている（吉本，1974）。この教授学的原則に基づけば、体育の授業もまた子どもの人格の中に内的矛盾や内的運動を呼び起こし、子どもの技能や認識、価値観を絶えずつくり変えるような「陶冶と訓育の統一過程」とみなすべきである。「3ともモデル」における「ともに意味を問い直す」という課題は訓育的性質を強く持つものであるが、それは単独では機能せず、陶冶と相互に作用し合って教育的効果を生むものと考える必要がある。この点に関わって、奥平（1996）は、授業において訓育が陶冶に対して持つ意味、そして授業において生じる陶冶と訓育の相互規定的でダイナミックな関係、さらに陶冶の訓育性を意識化し重視する必要が今日の教育実践の中では求められると述べている。陶冶の訓育性とは、一つは陶冶が結果として間接的にもたらす訓育効果であり、もう一つは陶冶によって習得した思考方法や探究方法がもたらす訓育的効果である。前者は、できることやわかること（知識を持つこと）が子どもたちが事態を価値的に判断する上で重要な役割を果たす（また果たさなければならない）という効果であり、後者は価値判断を必要とするその場面に関わる諸事実を正確に分析し、すぐれた価値判断・選択主体になるという効果である（pp.6-15）。この陶冶と訓育の相互関係の原則に則せば、「3ともモデル」の3つの実践課題領域の相互規定的なダイナミックな関係の中で「ともにうまくなる」「ともに楽しみ競い合う」に関わる陶冶がどのような訓育効果を生み出すのか、また訓育的性質を強く持つ「ともに意味を問い直す」が前者の陶冶内容に対してどのような意味を持つのかを明らかにすることは重要な研究課題となる。

以上、「新3ともモデル」はこのような教授学的原則を含意したモデル、つまり子ども同士の対等でヒューマンな関係づくりの上に、技能と知識と価値を結びつけて育てる体育の実践課題追求モデルであると言えよう。

３．「運動文化の学習と人間発達」のモデル

岩崎（1988）は、文化の基礎理論の中で文化を活動として捉え、文化における活動と過程の弁証法について以下のように述べている。「われわれの前には、所与の文化があり、われわれはこれに関わり、これに働きかける。ここに活動としての文化がなりたつ。このことがなければ創造ということはないし、文化の発展ということもない。活動をとおしてのみ発展があるからである。そのさい、所与としての文化は、活動としての文化の前提である。ところでわれわれは、活動によって一定の成果を生む。ここに成果としての文化がなりたつ。これは、その意味で措定されたものである。したがって、ここでの連関の環は、前提（所与）としての文化→活動としての文化→被措定（所産）としての文化ということになる。このように、活動を媒介として、所与から所産にいたる、この過程自身がまた文化にほかならない」（pp.25-26）。この文化の定義に学べば、体育における運動文化とその学びは、図 4-4 のように示すことができよう。

「運動文化の学習と子どもの人間発達」は、学習対象としての運動文化をめぐって「ともにうまくなる」「ともに楽しみ競い合う」という文化の「獲得過程」と、「ともに意味を問い直す」という課題を伴って文化に働きかけつくり変えていくプロセス（「対象化過程」）として捉えることができる（図 4-4)。「3 ともモデル」の課題追究プロセスの中で「ともに意味を問い直す」実践課題が自覚され学びが展開されるとき、運動文化の学習は自分と他者を見つめ直したり、価値、確信、習慣、行動様式等の形成を含む人間発達に向かうことになる。同時に「ともに意味を問いなす」実践課題の追究は、学びの対象としての運動文化を創り変える活動としても機能していく。学校体育では、このような運動文化の総合的な学習活動を計画的に積み上げて重層的に発展させていくことで、運動文化の主体者形成と運動文化の継承・発展・変革・創造が目指されるわけである。体育実践ではまず学びの対象（教材）としての運動文化をめぐって、「ともにうまくなる」「ともに楽しみ競い合う」活動が展開される。そこに生活を背負った子どもたちの価値観と運動文化の間に衝突や矛盾が生まれる。この衝突や矛盾の中にこそ「ともに意味を問い直す」課題学習の契機が存在する。例えば「ともにうまくなる」（技術的内容）に関わって言えば、うまくなる方法やうまくなる意味への問い直し、「ともに楽

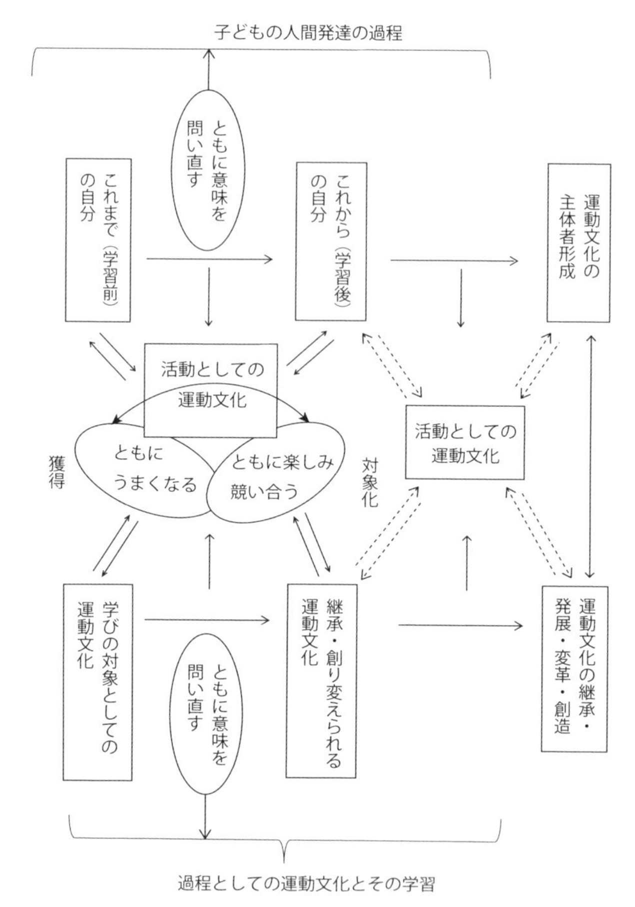

図 4-4　運動文化の学習と子どもの人間発達モデル（2011）

しみ競い合う」（組織的内容）ではルールや子ども同士の関係、組織への問い直し、さらに自分自身の価値観への問い直し等が衝突や矛盾の中で抜き差しならない課題となって引き出されることになる。ここで重要なことは、「ともに意味を問い直す」課題がそのとき学習対象となっている運動文化に働きかけつくり変えていくような学び（新しい技術や認識の獲得、ルールづくり、組織づくりなど）に結びつくことである。同時にそのような学びに進むための条件として、子どもたちに「子どもに必要な文化」に出会わせ、子どもたちの価値観をゆさぶり“内的運動”を起こさせることが重要であると思われる。それなしには子どもたちは衝突や矛盾の中で右往左往するばかりで学びの質は高まらない。石田（2007）は、「本物の学び」には「抜き差しならない状況」での学びの側面と「本物の内容」という二側面が重なっていると指摘する。また、活動理論から授業を異種的思考（複雑的・差異的思考）の対話的相互交渉による新しい意味の生成と捉える山住（1998）も、子どもの異種的思考の対話的相互交渉では、科学的・理論的思考に向けた教師の問いによって、子どもたちの思考が対象や出来事に対するパーソナルな関係から科学的概念のパースペクティブへと切りかえが起こると述べている。子どもと文化の衝突・矛盾の中で、子どもたちに「本物の文化」に出会わせたとき、子どもたちの中にどのような“内的運動”が生まれ、どのように学習が進んでいくかについて実践の中でしっかりと分析していく必要があろう。

【注】

１）体育同志会においては、球技における教科内容研究，球技教材の様相発達研究を反映させた実験的授業が積み上げられ、とりわけ技術・戦略・戦術を教える球技のカリキュラム開発の実践研究が積極的に進められた。例えば、そこでは小学校球技（ボール運動）カリキュラム中間試案（松村衛人, 2002, 2004）や小学校におけるサッカー教材のカリキュラム試案と「じゃまじゃまサッカー」（船冨公二，2005, a, b, c）という典型教材などが開発された。また、水泳分科会においては2001年に小学校から中学校までの「水泳学習教育課程案」（平田信也, 2001）が作成され検討された。この「水泳学習教育課程案」づくりは、従来からある「ドル平」の系統的指導過程を「ドル平」も含み込んだ「水泳の教育課程」に作り替えることが目的であったとされる。その翌年、この「水泳学習教育課程案」をたたき台にして、体育同志会大阪水泳プロジェクトから「水泳の教育課程（小学校）」が提起される（大阪水泳プロジェクト, 2002)。上記の「水泳学習教育課程案」が「水泳の教育課程（小学校）」づくりの引き金にはなっているものの、小学校の低・中・高学年毎のより具体的な目標、学習内容、教材、時数、学習活動、教える中身、観察する視点を網羅した「水泳の教育課程（小学校）」づくりを可能にしたのは、25年以上継続して積み上げてきた大阪水泳プロジェクトの実践研究の成果であると考えられる。

2）英国においてナショナルカリキュラムづくりを具体化する方法として「ホール・カリキュラム（whole curriculum)」構想が示され、その中でクロスカリキュラムは「幅広く調和のとれたカリキュラム」のための一要素として位置づけられた。クロスカリキュラムとは、社会から遊離し孤立した知のみを扱っている伝統的な教科主義への批判から生まれた、教科の枠組みを越えて横断的かつ柔軟性を持って行う教授・学習活動であり、学習領域やテーマという視点をカリキュラム構成の基礎にして展開されるカリキュラムとして理解される。このクロスカリキュラムにおいて重要な特徴は、このカリキュラムがディメンション、スキル（コンピテンス)、テーマという要素で構成されている点である。ディメンションは、すべての教師と学校が多種多様な文化や社会背景を持つ子どもたちを個性ある個人として扱い、教育の機会均等を保障することを示している。スキルについては、あらゆる場面で転移可能で、発達させることが可能とされる６つのスキル（コミニケーションスキル、数量的思考、研究スキル、問題解決、個人的社会的スキル、情報工学）が提案されている。つまり、各教科を越えて通底し、共通に獲得すべきスキルや能力がイメージされている。テーマについては、ナショナルカリキュラム委員会では、①経済的産業的理解、②職業教育とガイダンス、③健康教育、④市民教育、⑤環境教育を例示として挙げている（野上智行，1996，pp.108-109）。

3） 大宮は神戸大学附属特別支援学校で30余年にわたり、同僚および体育同志会のメンバーとともに体育実践研究を展開してきた。その中で、子どもたちとの豊かなコミュニケーションを育みながら、子どもたちの「内面・自己表現・集団」をキーワードに、「みんながわかる―できる」を重視した教科内容と発達課題の探究から、どの子にも「人と関わりたい、一緒に楽しみたい」という人間的要求を実現する教材を数多く開発し成果を上げている。これらの教材は、大宮とも子（2009）『特別支援に役立つハンドブックVOL.1 体育遊びゲーム　体を動かす楽しさを伝える教材BEST30』（いかだ社）に詳しくかつわかりやすく記されている。参照されたい。

終章

第１節

本研究のまとめ

―実践を基盤にした教師による体育カリキュラム開発方法の原則―

学習指導要領（2002）の総則をみると、①法令及び学習指導要領の示すところに従うこと、②児童・生徒の人間としての調和のとれた育成を目指すこと、③地域や学校の実態を十分考慮すること、④児童・生徒の心身の発達段階と特性を十分考慮することが教育課程を編成する際の一般原則であるとされる。また柴田（2000）は、教育課程編成の原理を示すにあたって、その原理をまず第１に子どもに「何を」教え学ばせ、その教育内容の必要性を誰がどのようにして、何を規準にして決めるのかという教育内容選択の原理に求めている。このような教育課程編成の一般的な原理・原則は、カリキュラム開発で踏まえるべき前提としては十分に理解できるが、教師が各教科において実践的かつ具体的にカリキュラム開発を進めていく際には、この原理・原則だけでは不十分である。そこで本研究は、今日の体育における教師のカリキュラム開発意識・主体性の低下とカリキュラム研究の停滞という状況の中で、制度レベル―教科論レベル―学校レベルのカリキュラム開発とその相互連関という観点から、実践を基盤にした教師による体育カリキュラム開発の方法に関わる原則を明らかにすることを目的とし、以下のような課題を設けて研究を進めた。第１に、「学校に基礎をおくカリキュラム開発」(School-Based Curriculum Development, 以下 SBCD と略す）の方法においては、学校内外に存在するカリキュラムの資源、とりわけ実践を規制する国や地域のカリキュラムの分析・検討がまず必要とされるが、その方法論に依拠し、国や地域レベルのカリキュラムと学校レベルのカリキュラムや授業実践との相互作用という視点から、現場の実践を規制するナショナル・カリキュラム（学習指導要領）を体育教授学的に検討した。特に教材及び教科内容の視点から学習指導要領（体育）の内実をより具体的実践的に考察した。第２に、制度的な弾力性・柔軟性・開放性・民主性を備えたカリキュラム改革を推進しているドイツのスポーツ指導要領の開発プロセスの特徴を探る中から、スポーツ指導要領開発の内実と国及び地域レベルのカリキュラム開発のあり方やその開発に現場の教師たちがどのようにコミットしていくことができるのか、その手続きのあり方について考察した。第３に、カリキュラムの自己創出性という観点から、現実の体育実践に基づく教師による体育カリキュラム開発の実現過程を考察し、「体育の授業計画―単元計画―年間計画―学校体育カリキュラム－学習指導要領」というカリキュラムの階層構造の中で、国や地域レベルで作られるカリキュラムに対峙する教師による体育カリキュラムモデルの創出プロセスとそれが学校レベルでの体育カリキュラムづくりを含む体育実践にいかなる影響を与え得るのかについて考察した。

以上のような本研究の目的と方法論に立脚した考察からは、実践を基盤にした教師による体育カリキュラム開発方法は、図終 -1 のようなモデルとして描くことができる。そしてカリキュラム開発の方法に関わっては、第 1 にカリキュラム開発に向かう教師の姿勢や方針、第 2 にカリキュラムの内容編成、第 3 にカリキュラム開発の手続き、第 4 に教師によるカリキュラム開発効果とその適用という 4 つの原則領域から以下のような 6 つの原則が導き出された。それは、(1)カリキュ

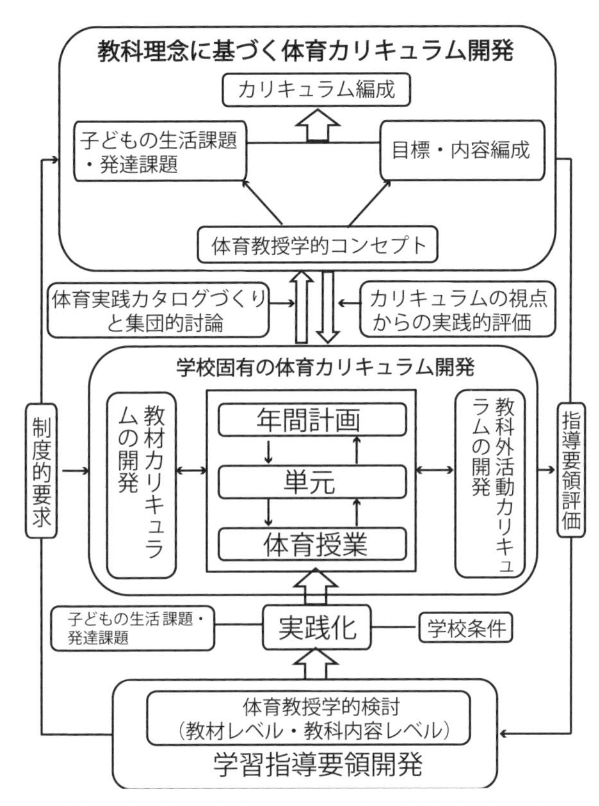

図終 -1　教師による体育カリキュラム開発方法のモデル

ラム開発方針の共有の原則、(2) 学習指導要領の体育教授学的検討と実践化の原則、(3) 固有の体育教授学的コンセプトに立脚した目標・内容編成の原則、(4) 3つのレベルのカリキュラム評価とそのフィードバックの原則、(5) カリキュラムの正当化に向けての合意形成（相互批評・議論―情報公開―共同決定）の原則、(6) 教師による体育カリキュラム開発の波及効果の原則である。

【A】〈カリキュラム開発に向かう教師の姿勢や方針に関わる原則〉

（1）カリキュラム開発方針の共有の原則

これは、とりわけ本研究の第3章で明らかにされた原則であるが、教師たちの手でカリキュラム開発に向かおうとするとき、何のために、どのようなカリキュラムを、どのように創っていくのかという姿勢や方針を教師たちは共通確認して開発作業に取り組む必要があるということである。本研究（第3章）では、29名の教師たちがプロジェクトを組んで行った体育のカリキュラム（『試案』）開発に際して、その教師たちは学習指導要領を数多くあるカリキュラムの中の "one of them" として相対化し、学習指導要領のオルタナティブとしての大綱的試案を幼稚園（保育園）から高校までの15年間にわたる「学力と人格形成のプログラム」として体育実践の中から具体的に描き出そうとした。そして、カリキュラム（『試案』）を「実践を通じて絶えず教師の手によって創り変えられ再構成されていく力動的過程」として、つまり絶えず子どもたちと共に探求的な実践によって検証され、より豊かな実践創造へとフィードバックされていく過程であるとして捉えた。このようなカリキュラムの性格規定を教師たちが共有し、そしてその中で第3章の表3-1に示されるようなカリキュラム開発の方針を開発に関わる教師たち自らが立て共通確認するところからカリキュラム開発の共同作業は出発した。教師たちが自らの手でカリキュラム開発に向かう際に、そのカリキュラム開発の方針（原則）を確認し合い共有することなしに教師による協同的カリキュラム開発は実を結ばない。これが本研究で明らかにされた教師によるカリキュラム開発方法の重要な原則の一つとなる。

【B】〈体育カリキュラムの内容編成に関わる原則〉

体育カリキュラムの内容編成に関わっては、「学習指導要領の体育教授学的検討と実践化の原則」、「固有の体育教授学的コンセプトに立脚した目標・内容編成の原則」が本研究から引き出された。

（2）学習指導要領の体育教授学的検討と実践化の原則

日本の学校における教育実践は、学習指導要領に強く規制され影響を受けている。であるならば、そのような状況の中で教師がカリキュラム開発に着手しようとする際には SBCD 論が指摘するように、まず現場の実践を規定する学習指導要領を検討することから出発しなければならない。その際、学習指導要領の目標や内容をただ理念の問題として捉えるのではなくて、その目標や内容を日常の授業や実践と結びつけて検討していく作業が必要となる。言い換えれば、それは授業実践と関連する具体的な教材レベル、教科内容レベルにおいて学習指導要領の内実を検討するということである。このレベルでの検討によってこそ、学習指導要領と実践の関係を問うことができるし、現場の教育実践における学習指導要領の意味や課題も見えてくる。これこそが、教師がカリキュラム開発に向かう際に必要となる学習指導要領の体育教授学的検討になる。例えば第 1 章では、まず「跳び箱」教材を対象として取り上げて、学習指導要領の目標・内容について教材レベルで検討した。そこでは、学習指導要領の変遷の中で「跳び箱」教材における「高さ」の思想＝「段」の持つ意味が「跳び箱」教材にとって重要な位置を占めてきたこと、より高い“障害物”を跳び越し克服することを是とする「克服スポーツ」としての「跳び箱」教材観が今日までの「跳び箱」教材の価値として継承されてきたこと、これまでの学習指導要領の中では近代スポーツ＝運動文化としての「跳び箱」という視点から教材を捉えるという発想が欠如していたことが明らかとなり、そこから「鑑賞・表現」という教科内容を教える「跳び箱」教材観が新たに引き出された。そしてこの教材観に基づいて、保育園、小学校、中学校における「跳び箱」の実験的実践が展開され、「鑑賞・表現」を教える「跳び箱」教材の今日的価値が具体的に検証された。さらに、教科内容レベルの検討においては「ルール」という教科内容を取り上げて、学習指導要領の中で扱われてきた体育のルール学習について考察した。そこでは、戦後学習指導要領においてはルール学習に対して倫理的・道徳的側面が強調され、公正・協力・責任などの社会生活に必要な態度（社会的態度）の育成に関わって「きまり」「規則」を“守る”態度の学習が中心に位置づけられてきたこと、学習指導要領の影響下でこれまでの体育授業におけるルール学習の多くは社会的態度の育成をねらいとするルール学習とルールづくり学習がセットとして行われてきたこと、学習指導要領ではルールに関する知識面での学習がほとんど位置づけられてこなかったが、90 年代に入り体育における教科内容研究が進展する中でルールの社会科学的認識の獲得を目指したルール学習が構想され実践されるようになったことが明らかになった。そしてこの考察結果に基づき、バレーボールのルールの変遷史を教材にした「歴史追体験学習」の授業実践の中からルールの社会科学的認識の獲得を目指したルール学習の成果と課題が明らかにされた。

以上のように、教育現場の実践を規定する学習指導要領の内実を教材レベル、教科内容レベルで具体的に授業に引きつけて検討し、さらにその検討結果に基づく授業実践の試みによって、授業実践の中での学習指導要領の問題や課題が浮き彫りにされる。このような学習指導要領の検討や実践化が教師による自前の協同的カリキュラム開発の重要な拠り所となり、またその継続的蓄積が自前のカリキュラムの内容編成の土台を創っていくことになる。同時に実践の側から学習指導要領改革にコミットしていく契機を創ることになる。このように学習指導要領の体育教授学的検討と実践化の絶え間ないプロセスを日常の体育実践の中で構築していくことが、実践を基盤にしたカリキュラム開発方法の重要な原則の一つになる。

（3）固有の体育教授学的コンセプトに立脚した目標・内容編成の原則

学習指導要領や地域カリキュラムという制度レベルのカリキュラムに対峙する体育カリキュラムを教師たちが開発しようとする際には、自分たちで創り上げる体育カリキュラムのバックボーンとなる体育教授学的コンセプトが必要となること、そしてその体育教授学的コンセプトに立脚して目標や内容を編成するという手続きの中で、固有のカリキュラムの内実を構築していくことがカリキュラム開発方法の原則の一つとなる。例えば、ドイツでは、スポーツ種目コンセプト（Söll, W./ Hummel, A./ Volkamer, M.）、開かれたスポーツ授業（Frankfurt 学派グループ :Hildebrachndt, R./ Laging）、スポーツ教育コンセプト（Kurz, D./ Balz, E./ Ehni, H.W.）、身体経験コンセプト（Funke-Wieneke.）、運動教育コンセプト（Kretschmer, J./ Zimmer, R./ Moekling, K.）、運動文化コンセプト（Größing, S.）などの多様なスポーツ教授学的コンセプト（Größing, S.2001, ss.11-52）が存在し、これらのコンセプトに基づいて個性的で多様なスポーツカリキュラムが開発されている。特にドイツのノルトライン・ヴェストファーレン州（NRW 州）のスポーツ指導要領においては、体育教授学的コンセプトの一つであるスポーツ教育コンセプトに基づく「スポーツの中の行為能力」（Kurz, D.）という主導理念に方向づけられて、これまでの「スポーツの中の教育」という目標観の上に新たな「スポーツを通しての教育」という考えが補足された。そこでは教育学的視点が強調され、内容（領域）編成がスポーツ種目主義から脱スポーツ種目主義に移行したこと、その結果内容選択と関わって、学校スポーツの指導理念―生徒―事実―社会―学校という内容選択決定根拠の“ネットワーク化”という原理を通して教科スポーツの必修・選択基準が作られていることが第2章では明らかにされた。さらに第3章で取り上げた、教師たちの手による『試案』の開発において、このような実践を基盤にした教師による体育カリキュラム開発の実現を可能にしたのはまず第1に体育同志会における「運動文化論」という体育教授学的コンセプト（体育教科観）とそれに基づく体育実践の存在であった。「運動文化論」の深化・発展によって体育カリキュラムのフレームワークが理論的に構築され、さらにその過程で試みられた実験的実践によってその理論に実践的根拠が与えられ、このような理論と実践の往還の中で「運動文化論」という体育教授学的コンセプトをベースにした体育カリキュラム開発が可能となったのである。さらに、そのような「運動文化論」という体育教授学的コンセプトに基づいて、『試案』におけるカリキュラム開発では学校体育の目的を「すべての子どもが運動文化の主人公になること」＝「運動文化の継承・発展・創造の主体者形成」と考えた。そしてすべての子どもを運動文化の主人公にすることを目指す学校体育を貫く実践課題、言い換えれば運動文化が持つ技術性、組織性、社会性に関わるすべての領域の獲得対象の広がりと「できる・わかる・生きる」という獲得の質的発展を包み込む3つの領域から成る実践課題追求モデル（「3ともモデル」）が導き出された。この実践課題追求モデルでは、「ともにうまくなる」という実践課題領域においては「技術の分析・総合」、「ともに楽しみ競い合う」という領域においては「メンバーの合意形成」、「ともに意味を問い直す」という領域においては「自由・平等・平和」という鍵的方法・原理が設定された。このカリキュラム開発における内容編成に際しては、運動文化の総合性（全体構造）に対応した内容、先の3つの実践課題領域の課題追求に相応した内容領域、実践化への見通しがもてる内容の編成を構想するに至った。その際、教科内容を、カリキュラム全体の年間計画における領域配分を判断するレベル（「領域構成のレベル」）、教材単元の枠を越えた共通の教科内容のレベル（「基本的内容事項レベル」）、各教材単元の授業づくりにおいて教材特性と関わって具体化され単元計画に盛り込まれて構成される内容のレベル（「基本的内容事項を構成する具体的な内容事項」）という3つのレベルから成る階層的システムとして捉えた。その階層システムに基づいて、実際の体育現場では子どもたちの発達課題や実践条件を考慮し、各学校において体育カリキュラム、年間計画、単元計画、授業計画のそれぞれのレベルで内容が特徴づけられ体系づけられて編成することが可能となる。

以上のように、固有の体育教授学的コンセプトに基づいて、学校体育の目的や実践課題を引き出し、そこから授業実践につながる3段階レベルの教科内容を編成していくことが実践を基盤にした教師による体育カリキュラム開発方法においては重要な原則となる。日本の現状を鑑みれば、それぞれ固有の体育教授学的コンセプトに基づく多様な体育カリキュラム開発の試行が求められ、多様な体育カリキュラム論の相互批評・批判が正当に繰り広げられる論争を展開する中でこそユニークな体育カリキュラムや質の高い体育実践が生み出されていくものと思われる。

【C】〈教師による体育カリキュラム開発の手続きに関わる原則〉

カリキュラム開発といった場合、カリキュラムの目標や内容的側面のみならず、手続き的側面が重要かつ不可欠な問題となる。教師による体育カリキュラム開発の手続きに関わっては、「3つのレベルのカリキュラム評価とそのフィードバックの原則」、「カリキュラムの正当化に向けての合意形成（相互批評・議論―情報公開―共同決定）の原則」が本研究の考察からは引き出された。

（4）3つのレベルのカリキュラム評価とそのフィードバックの原則

カリキュラム開発は常にカリキュラム評価を伴う。天野（2004）によれば、カリキュラム研究においてカリキュラム評価の問題は未開拓な現状にあるが、カリキュラム評価は教師の主体的実践を支えるための基本となる要であり、原点であり、教師によるカリキュラム開発においては実践主体である教師の評価行為の自覚化が重要かつ不可欠である。教師によるカリキュラム開発においてはその教師自身によるカリキュラム評価がカリキュラム開発のダイナミズムに影響を与える重要な原則的行為となる。その場合、カリキュラム評価には3つのレベルのカリキュラム評価が存在すると考えられる。1つは国・地域レベルのカリキュラム（ex. 学習指導要領）の評価、2つ目は国・地域レベルのカリキュラムに対峙する教科論レベルで開発されるカリキュラムの評価、3つ目は各学校レベルで創られるカリキュラムの評価である。本研究では、とりわけ第1レベルの教師による学習指導要領の体育教授学的評価の重要性や方法が明らかにされた。学習指導要領は学校現場の実践を規定するカリキュラムであり、したがって教師による学習指導要領の評価は、国・地域レベルのカリキュラムに対峙する体育カリキュラム開発（第2レベルのカリキュラムの開発）や各学校レベルの実践を基盤にした体育カリキュラム開発の前提になる。日本ではこの研究が立ち後れており、したがって教師による学習指導要領の体育教授学的評価はきわめて重要な課題になる。例えば、本研究の第2章では、まず第1にドイツの教師によるスポーツ指導要領評価研究において、「指導要領の実践化を自由に決定するのはとりわけ教師である。教師の意見表明のない指導要領についての議論は成功しない」(Balz, E., 1993, s.8)や「指導要領の有効性は受け入れ側(教師)に依存している」(Fischer, P. ,1996, s.27)と指摘されているように、教師が自分自身の学校条件や実践との関係でスポーツ指導要領をどのように評価しその評価をスポーツ指導要領開発にどう活かしていくのかという立場に立った指導要領評価の必要性が示唆された。また、スポーツ指導要領開発作業のプロセスで、指導要領の作成・執行側が教師の声を調査し多様な批判的意見を取り上げ、教師の声（評価）を生かすシステムを構築しようとしている点が明らかにされた。さらに、教師によるスポーツ指導要領評価の方法・内容に関わって把握すべき内容は、1）教師及び学校の属性、2）スポーツ指導要領の情報把握、3）学校の条件・状況と学校内の合意形成、4）教師の継続研修に関するもの、5）スポーツ指導要領の一般的評価、6）理念・目標・テーマに関するもの、7）スポーツ種目・学習内容（領域）に関するもの、8）スポーツ指導要領の実践への反映に関わるものという8つの領域から構成されていることが明らかにされた。その中で、スポーツ指導要領の実践化に影響を与える教師の属性、学校の条件、教師・生徒・親との合意形成が指導要領評価において重要な視点となること、さらに教師の継続研修がスポーツ指導要領の評価と開発をつなぐ重要な役割となること、また指導要領における理念・目標や教育学的パースペクティブ、そして学習内容（領域）の意味づけに対する批判的生産的評価が重要であること、とりわけ指導要領の実践への導入・反映に関わる具体的評価がスポーツ指導要領評価の重要な課題であることが明らかになった。ドイツにおける教師によるスポーツ指導要領評価の研究からは、日本において教師による学習指導要領の評価とその評価を学習指導要領の作成・執行側がフィードバックするシステムを構築する必要性が示唆され、それは学習指導要領を実践と結びつけて改革する手続きとして重要な課題になる。

また、(2)の原則（学習指導要領の体育教授学的検討と実践化の原則）で指摘した学習指導要領の体育教授学的検討もカリキュラムの目標・内容編成に向かう学習指導要領評価方法の一つになっている。さらに、国・地域レベルで開発されるカリキュラム（ex. 学習指導要領、第1レベル）に対峙する、教科論レベルの体育カリキュラム（第2レベル）の評価や各学校レベルで創られる体育カリキュラム（第3レベル）の評価では、カリキュラムという視点から、子どもの生活課題・

発達課題の評価、授業や単元における目標・内容・方法の評価、年間計画の評価、教科外活動や教材の評価などが具体的に展開され、それぞれの体育カリキュラム開発にフィードバックされていかなくてはならない。教師による体育カリキュラム開発を進めようとするとき、これら3つのレベルのカリキュラム評価を合わせて行う必要があるが、本研究では、第2・第3のレベルの体育カリキュラム評価の内実についてはまだ十分に検討されていない。今後の重要な研究課題である。

（5）カリキュラムの正当化に向けての合意形成（相互批評・議論—情報公開—共同決定）の原則

教師による体育カリキュラム開発の手続きに関わって、もう一つ重要な原則は、カリキュラムの正当化に向けての合意形成（相互批評・議論—情報公開—共同決定）の原則である。第2章では、ドイツにおけるスポーツ指導要領開発の場合、学校スポーツの「正当化問題」を中心に据えながら開発の論議と作業が展開されたことを論じた。そこでは、「正当化（Legitimation）」とは目標の「適切さ」を示す「正当性（Rechtfertigung）」と手段の「合目的性」の証明を示す「根拠づけ（Begründung）」を合わせ持つ概念であるとされ、それは正しい目標設定と合目的的な手段選択を承認することを示すものである（Künzli, R., 1975, p.14）。つまり、カリキュラム開発においては目標や内容を中心とするカリキュラムの内実に関わる「正当性」と、同時にどのような手続きや手段でもってカリキュラムを開発していくのかという手続きに関わる「根拠づけ（Begründung）」がカリキュラムの「正当化」問題として問われることになる。カリキュラムの開発方法にとってカリキュラム開発の手続きに関わる「正当化」問題はきわめて重要な課題であるが、日本ではそれに対する意識や論議が不十分であると言わざるを得ない。本研究の特徴の一つはそこにスポットを当てた点である。その点で、カリキュラム開発の手続きに関わる問題として重要なことは、誰に向かって正当化を主張し、どのような人たちと学校体育の正当化に関わる論議を展開し、カリキュラム開発をしていくのかという問題である。例えばドイツでは、スポーツ指導要領開発の際に重要なことは、スポーツ教師・科学者・スポーツ教師連盟代表・教科助言コーディネーターが中心となって、親・生徒・スポーツ科学生・他教科の代表・教育科学者・スポーツ科学者・医者・カリキュラム専門家・スポーツ連盟関係者・市民運動家・学校監督庁関係者・学校種別代表者を巻き込んで、様々なレベルの正当化問題の論議を展開し、すべての参加者と積極的な合意形成を作りながらカリキュラム開発を進めていくことであるとされる（Müller, C. 1995）。そのことによって重要な意見や経験が集められ、学校スポーツの正当化問題が議論の中で承認されていくプロセスを経て、共同決定という形でカリキュラム開発が実現されていく。また、NRW 州のスポーツ指導要領開発にあたっては、スポーツ指導要領の理念づくりのために、主張する理念（体育教授学的コンセプト）の異なる 2 人の研究者（Becker, E. と Kurz, D.）に「公開シンポジウム」で理念に関わる問題提起をさせて論争を仕組み、さらに政策決定に直接関わる州議会各政党のスポーツ担当者やスポーツ連盟代表者の意見表明とその聴取が展開される。そして、各学校種・階梯における学校スポーツに関わる 8 つの課題・テーマが設定され、研究者・行政官・スポーツ教師・校長等で構成される作業グループによる報告がシンポジウムでなされ、多様な議論が展開される。同時にこうしたシンポジウムや各作業グループによる報告書もその都度刊行されてその議論のプロセスが公開され、インターネット上では州立教育研究所のホームページにスポーツ指導要領開発に関わる情報が公開され、常時教師や親の批判や意見を拾い上げている。以上、ドイツのスポーツ指導要領開発に関わる手続きとして、学校スポーツの正当化問題を中心にしながら、その開発プロセスの中に多様な議論があること、その議論の中で批判・批評が正当に評価されること、議論のプロセスが常に公開されること、多くの関係者からの情報がフィードバックされて議論に活かされていることが明らかにされた。

さらに、第 3 章において論じられたことであるが、教師たちの手による体育カリキュラム開発（『試案』）の特徴的な方法として挙げられるのは、第 1 に「体育実践カタログ」づくりから体育カリキュラム開発への展開、第 2 に開発プロセスにおける教師たちの「集団討議—情報公開—批評」サイクルの展開であった。まず「体育実践カタログ」は、①「タイトル」（単元名）、②「教材名」、③「実践者」、④「学年」、「学習者数」、⑤「授業の目標」（「教えたい内容」「育てたい力」「目標の実現状況（学んだ内容・育った力）」）、⑥「教材解釈・教材づくりの特徴」、⑦「授業展開・指導過程の特徴」、⑧「実践のモチーフ（実践者の願い・力点）」、⑨「実践者の総括」、⑩「実践の批評」、⑪「どんな子どもたちか（生活と学びの実態または発達課題）」、⑫「教育課程づくりへの示唆」という 12 の記述カテゴリーを用いて、一つの実践報告を 1 枚の表にまとめたものである。「体育実践カタログ」を作成し、そのカテゴリー毎の記述内容を分析すれば、それぞれの授業の特徴や問題点・課題が浮き彫りにされる。「体育実践カタログ」は教師たちが自分たちの授業実践を相互に分析・批評するための重要な“ツール（武器）”となる。この体育カリキュラム開発では、近年の典型的な体育実践から「体育実践カタログ」が作られ集積された。それらの「体育実践カタログ」を教師集団で相互に分析・

批評する中から、階梯毎の子どもの生活課題や発達特性、実践の特徴（ex. 目標、教科内容、方法、教材解釈・教材づくり、単元構成、学習活動の組織等）が抽出され、そこから各階梯の具体的な特徴やカリキュラムづくりへの示唆が引き出された。「体育実践カタログ」づくりから教師の手による自前の体育カリキュラム開発への展開は、実践を相互に省察して、その実践の中からカリキュラム開発の課題をつかみ出すという実践研究をベースにした方法が教師によるカリキュラム開発を進める上で重要な方法の一つになることが本研究からは明らかにされた。

同時に、教師たちの手による体育カリキュラム（『試案』）開発方法の特徴として挙げられるのは、開発プロセスにおける教師たちの「集団討議—情報公開—批評」サイクルの展開であった。この開発プロセスでは教師たちが開発作業の課題を遂行するとともに、カリキュラム開発の理論的基礎を作るために自らの学習報告や研究報告、体育研究者・教育学者を招いての学習会を積極的に組み入れ、学習を含んだ集団討議を継続的に展開した。そこではメンバーが理論を学び、カリキュラム開発の理論的根拠を確認し合い、さらに、集団討議結果の情報公開を進め、プロジェクト内外からの批評を積極的に受け止めながらカリキュラムに修正を加えていった。このカリキュラム開発では、多方面からの批評のフィードバック—集団討議—修正作業のサイクルを 5 年間継続して貫いた。このようなプロセスの中で教師たちが合意を形成しながら、運動文化論に立脚した、教師による体育カリキュラム開発を実現していったのである。『試案』開発プロセスはまさに「正当化」論議に基づく教師によるカリキュラム開発が日本においても可能であることを示す重要なモデルになったと言える。

以上、どのレベルの体育カリキュラム開発においても、カリキュラムの正当化に向けて教師たちが合意を形成（相互批評・議論—情報公開—共同決定）していくという原則を貫くことが重要であり、それが教師による体育カリキュラム開発の手続きに関わる重要な原則の一つとなることが明らかにされた。

【D】〈教師による体育カリキュラム開発効果とその適用に関わる原則〉

（6）教師による体育カリキュラム開発の波及効果の原則

この原則は、実践を基盤にした教師による体育カリキュラム開発（教科論レベルのカリキュラム開発）が体育実践に対して波及効果を生み出すという原則である。第 3 章では、実践を基盤にした教師たち（学校体育研究同志会教育課程自主編成プロジェクト）の手による体育カリキュラム開発の実現過程を考察した。日本教職員組合中央教育課程検討委員会による『教育課程改革試案』（1976）の提起以降手をつけられていなかった、国や地域のカリキュラムレベルに対峙する体育カリキュラムを教師たちの手で運動文化論とそれに基づく実践を基盤に開発して創り上げたという事実は、教育学者の梅原（2004）が日本の教育研究運動上積極的な意味を持つと評価したように、それ自体が価値あるものであったと考えられる。そしてそのような教師による体育カリキュラムの開発が、各学校レベルの体育カリキュラムづくりや体育実践に対して以下のような波及効果を生み出すことが明らかにされた。

第1に、各学校レベルでの体育カリキュラム開発や体育実践づくりに対して、まず最初に教師たちの視座が子どもたちのリアルな生活課題・発達課題に向かうようになるということである。つまり教師たちが体育カリキュラム開発や体育実践づくりに向かおうとする時、目の前の子どもたちがどのような生活課題や「可能態」としての発達課題を持っているのかについて教師集団で把握し共有しなければならないとする意識が生まれるということである。例えば『試案』の開発では、子どもの生活課題と運動文化を学ぶことを結んでいく過程をリアルに描き出すことが重要なポイントとされた。そしてその結果、①生活課題・発達課題と育てたい力（育てたい子ども像）をつなぐ→②育てたい力と教えたい内容をつなぐ→③「重点化」教材の選択・教材づくりという連携の中で具体的な単元計画や年間計画を構想し、学校固有の体育カリキュラムの内実が創り上げられていく戦略が練られるようになる。これが波及効果の一つである。

第2に、「出口（目標）」像の構造化と教科内容を柱にした年間計画づくりの意識化の促進がその波及効果として挙げられる。子どもの生活課題・発達課題を把握すると同時に、学校固有の体育カリキュラムの内実を創り上げようとする際にしなければならないことは、目指すべき出口（目標）像を具体的に描いて構造化することである。つまり、小学校であれば6年間、中学校であれば3年間の出口（目標）像を描き、その上で各学年、単元毎の出口（目標）像を関連づけて描く必要がある。教師たちがカリキュラム開発を実践する中で、そのような意識を教師が必然的に持つようになった点が波及効果として引き出された。第3章で学校固有の体育カリキュラム開発の試行的実践モデルとして取り上げた石原一則や小山吉明の体育カリキュラム開発において、石原・小山ともに、まず目指す中学校体育の目標（出口）像を措定し、その後で各学年のテーマを設定し、そして教科内容を柱とした年間計画（単元構成）へとカリキュラムを具現化していく手続きを取っている。しかも、『試案』をたたき台にしながらも『試案』をそのまま鵜呑みにせず、自分たちの学校状況に応じて咀嚼し、“自分たちの表現”で各学年の出口像やテーマを設定し構造化している。また、石原と小山のカリキュラムにおいては、中学校3年間で目指すべき出口像はほぼ同じであるが、各学年に設定したテーマには類似したものもあれば力点の置き方や内容が違うものもある。同じ目標像を目指した場合でも、そこに向かうアプローチの方法はそれぞれ教師によって、また子どもの実態や学校・施設条件等によって異なるということである。だからこそ、それぞれの学校で個性的なカリキュラムを創ることができるし、その学校で"生きた"カリキュラムとして実践が展開されるのである。このように各学年の出口像—単元の出口像を明確にして構造化する中で、学年間の関係や年間計画における単元間の関係に教師は注目するようになり、それぞれの単元の位置づけを明確に説明できるようになる。その結果、長期的な展望の中で子どもの育ちそびれ、ねらい、内容や教材選択、指導の失敗成功等がみえてくる。言い換えれば、それは授業や教材の位置づけが変わるということで、学校教育全体の中で授業や教材を捉える視点が意識され、長期的な視野に立って授業づくりができるようになるということである。

第3に、教材や内容の重点化が意識されるようになるということである。教師による体育カリキュラム開発の波及効果として、教師がカリキュラムという視点を持つことで、各階梯あるいは学年の「出口(目標)」像や各階梯・学年・単元間の接続を意識し、ロングスパンの中で個々の授業実践を位置づけ、その内容を吟味するという意識が高まる。また、それは同時に必然的に各階梯・学年で教えたい中身や育てたい力の"濃淡"を明確にし、それを具体的な単元や授業の目標・課題に反映させて構造化する必要意識を強める結果となる。例えば、先の石原・小山ともに3年間(中学校)のスパンで授業を位置づける思考を取っている。その結果、両者に共通する点は大単元授業でカリキュラムを構成するということである。一つの単元は少なくとも10時間、時には30時間に及ぶ。でなければ、彼らは目指す目標(中学校体育で育てる運動文化の主体者)を達成することができないと考えている。3年間を大単元で組むことによって"ガラクタ教材"や細切れ単元を排除することができ、ゆったりと授業ができて、育ちそびれの回復が可能となる。これが自前の体育カリキュラム開発の利点の一つである。大単元でカリキュラムを構想するということは、各教師が重点教材や重点内容を考えることであり、それが自前のカリキュラムの個性を出すことになる。また重点教材に関わって、石原・小山の両者に共通している点は、新1年生の初めての授業や4月最初の授業に子どもたちをどのように出会わせるのかという問題意識であり、4月に子どもたちが最初に出会う体育授業をきわめて重視している点である。年間あるいは3年間を見通したカリキュラムの中で設定される4月のはじめての授業単元が、子どもたちを「新しい体育」の世界やスポーツ文化・科学の世界へ誘うためのきわめて重要な授業時間になるということを彼らのカリキュラム開発は指摘している。これもカリキュラム開発から引き出された重要な視点である。

第4に、教師による体育カリキュラム開発の波及効果として、教材カリキュラム開発と典型教材の開発の促進が挙げられる。教師による体育カリキュラム開発を各学校レベルの体育カリキュラムづくりや体育実践に具現化して体育授業を展開しようとするとき問題になるのが、子どもたちに具体的な形で提示しなければならない教材内容や学習内容の問題である。授業—単元—年間計画—学校全体の体育計画の中で個々の教材を具体的にどのように系統的・発展的に学ばせていくことが可能であるかは教師にとって切実な実践的問題である。その意味で体育のカリキュラム開発は、必然的に各教材のカリキュラム研究や典型教材づくりを促すことになる。でなければ、教師による体育カリキュラムは“絵に描いた餅”となり、現実の授業では効果的に実現され得ない。第3章で取り上げた『試案』の波及効果として、例えば、器械運動において子どもの育ちそびれを発見し、器械運動に共通する基礎的感覚づくりを養うための「ねこちゃん体操」という典型教材や跳び箱運動・鉄棒運動・マット運動を総合的に系統的に指導していく「器械運動のクロスカリキュラム」が山内（2003）によって開発された。また、小学校のボール運動教材カリキュラム（松村ら，2002, 2004など）や水泳カリキュラム（平田，2001／大阪水泳プロジェクト，2002など）が開発され、実験的実践として実際に展開され確かめられている。

さらに、『試案』づくりに関わった大宮は、『試案』をたたき台にしながら、障害児の体育カリキュラム開発に向かう授業づくりの中で教材づくりを最も重視する。大宮は、常に教科内容の探究と発達課題から導き出される教材づくりから授業づくりへ、そして体育行事を含む年間計画、体育カリキュラムへとつなげながら体育実践を創造している。このように教師による体育カリキュラム開発と教材カリキュラム開発・典型教材の開発は体育実践においては“車の両輪”であり、両者のカリキュラム開発が相互に機能し合ってこそ体育実践は具体的な形で実現され得るのである。

第5に、教師による体育カリキュラム開発は、学校づくりと密接にリンクし、学校を変える「起爆剤」になりうるという点である。ドイツにおいても学校スポーツカリキュラム開発としてのBewegte Schuleは、学校生活全体に運動を取り入れる学校プログラム開発や学校づくり、さらに地域の活動とリンクさせて構想している点に特徴がある。Bewegte Schuleが学校において教師間の共同的な関心事になり、運動や学校スポーツの存在価値が共感的に評価されるようになったと言われる。教師による体育カリキュラム開発は、まず学校教育全体の中で体育という教科がどのように位置づくのかという問題意識を体育教師に喚起させることになる。同時に学校や施設の条件、年間計画、行事内容等について他教師と調整したり、教材や教科内容、子どもをめぐって対話する必要を生む。ここに学校生活全体を巻き込む合意形成の契機が生み出されることになる。したがって各学校で体育カリキュラム開発を支える教師集団が必要となる。カリキュラム開発を進める教師集団は、共同して思考し、チームを組んで行為する教師たちの協働的専門性に支えられる。そのような集団の中では教員同士の自由な議論、情報公開、合意形成、共同決定という原則が貫かれなければならない。このように教師による協働的な体育カリキュラム開発は、教師が専門家として育ち合う「同僚性（collegiality）」を校内に築き、すべての子どもの体育の学力保障に向けた各学校独自の「学校体育風土」を開発することにつながっていくものと考えられる。

以上が今回教師による体育カリキュラム開発（『試案』づくり）の波及効果として引き出された原則である。この波及効果の具体的な内実を吟味し、それを実際の体育カリキュラムづくりや体育実践においてどのように適用していくことができるのかについては検討すべき課題として残されている。

第2節

今後の研究課題

本研究では、今日の体育における教師のカリキュラム開発意識・主体性の低下とカリキュラム研究の停滞という状況の中で、制度レベル―教科論レベル―学校レベル―のカリキュラム開発とその相互連関という観点から、実践を基盤にした教師による体育カリキュラム開発の方法に関わる原則について明らかにしてきた。本研究では、国や地域レベルで作られるカリキュラム（ex. 学習指導要領、第1レベルのカリキュラム）やそれに対峙する教科論レベルで開発されるカリキュラム（第2レベルのカリキュラム）が主たる研究対象であった。実際の体育実践現場では、各学校レベルで展開される体育カリキュラム（第3レベルのカリキュラム）の開発が教師にとっては最も現実的で切実な問題となる。このレベルのカリキュラム開発の方法論については本研究では十分に検討することができなかった。今日の日本のカリキュラム開発の現状を考えれば、各学校レベルで展開される体育カリキュラム開発の方法論を理論的かつ実践的に明らかにしていく必要がある。まず第1にこれが今後早急に取り組んでいかなければならない研究課題である。そして同時に、それぞれの学校で展開される教師たちの自律的な体育カリキュラム開発実践研究の蓄積とその交流が重要な課題になる。こうした研究交流と相互批評・検討を各学校、各地域、各研究サークル、学会等の多様な場で組織的に展開することによって、カリキュラム開発は活性化され、日本においても多様で個性的な体育カリキュラムモデルが創出されるものと思われる。

第2に、カリキュラム開発において避けて通ることができないのがカリキュラム評価の問題である。前述（終章第1節）したように、カリキュラム評価には3つのレベルの評価が存在するが、本研究ではとりわけ学校レベルのカリキュラム評価について十分に検討することができなかった。SBCD論にしたがえばカリキュラム評価（Curriculum Evaluation）とは、「カリキュラムを計画し、デザインし、遂行・実施するプロセスを含むカリキュラムに関する証拠を集め、それについての判断をなすこと」（有本，2007，p.15）であり、カリキュラムに関する「現状把握→課題の発見→原因解明→改善提案→結果追跡」という一連の調査による評価（田中，2009，p.9）が必要であるとされるが、とりわけ教師による体育カリキュラム開発においては、カリキュラムを構成する「単元―年間計画」の観察・Assessment（カリキュラムに関するデータや証拠の収集）からカリキュラム評価へと展開し、カリキュラムのリアルな世界に迫ることができる具体的な評価内容や評価方法論を明らかにしていく必要がある。

第 3 に、各学校レベルで教師たちによる自律的な体育カリキュラム開発を進めようとする際には、当然体育教師のカリキュラム開発に関する専門的力量が問われることになる。体育教師が学校でカリキュラム開発をする際に必要不可欠な専門的力量（カリキュラム開発能力）とは何か、またその構造を理論的・実践的に解明すると同時に、体育教師のカリキュラム開発能力の形成プロセス、さらにカリキュラム開発能力形成に必要な方法・条件を解明する必要がある。

第 4 に、学校レベルの体育カリキュラムは教師一人の手では創れず、同時にカリキュラム開発に関わる教師の専門的力量も一人では育たない。各学校で体育カリキュラムを開発しようとするとき、カリキュラムの内容づくりの側面とカリキュラム開発を支える組織論が必要となる。カリキュラム開発を進める組織は、共同して思考し、チームを組んで行為する教師たちの協働的専門性に支えられる。組織戦略を持った「同僚性（collegiality）」の構築が今日の学校状況の中で体育カリキュラム開発を進めていく上では重要な課題になる。協働的専門性に支えられるカリキュラム開発の組織論を解明していくことも今後の重要な研究課題である。

【文献一覧】

■序章

安彦忠彦（1999）:「カリキュラム研究の歴史的研究」, 安彦忠彦編;『新版カリキュラム研究入門』勁草書房, pp.1-27.

天野正輝（1993）:『教育課程の理論と実践』樹村書房.

天野正輝（2004）:『カリキュラムと教育評価の探求』文化書房博文社.

天野正輝（2006）:『評価を生かしたカリキュラム開発と授業改善』晃洋書房.

有本昌弘（2007）:『スクール・ベースト・アプローチによるカリキュラム評価の研究』学文社.

中央教育審議会（1998）:『中間報告』（1998.3.27）, 文部省.

学校体育研究同志会教育課程自主編成プロジェクト編（2003）:『教師と子どもが創る体育・健康教育の教育課程試案』創文企画.

Größing, S.(2001): Einführung in die Sportdidaktik, Limpert Verlag, 8. Auflage.

出原泰明（2002）:「運動文化論発展のための理論的課題」, 運動文化研究, Vol.20, 学校体育研究同志会.

出原泰明（2006）:「体育科教育学の研究対象としての教育課程の創造」, 東海保健体育科学, 第28巻, 東海体育学会, pp.1-10.

Jackson, P.(1992): Conceptions of Curriculum and Curriculum Specialists.

Jackson, P.(ed.1991): Handbook of Research on Curriculum, Macmillan, pp.3-40.

神奈川県中郡大田小学校（1952）:「農村の小学校体育―その一例―」, カリキュラム, 第43号, 日本生活教育連盟.

川合章（1976）:「教育課程研究の課題―今日の教育課程問題―」, 川合章・城丸章夫編『日本の教育5　教育課程』新日本出版社, p.3-23.

Klafki,W.(1991): Neue Stdien zur Bildungstheorie und Didaktik–Zeitgemäße Allgemeinbildung und kritisch-konstruktive Didaktik, Beltz Verlag, 8. Auflage.

小林一久（1999）:「一般教授学と教科教育学」, 恒吉宏典・深沢広明編『授業研究重要用語300の基礎知識』明治図書.

高津勝（2004）:「生活体育論から運動文化論へ」, 学校体育研究同志会編『体育実践とヒューマニズム』創文企画.

前川峰雄・丹下保夫（1949）:『体育のカリキュラム（上巻・下巻）』教育科学社.

丸山真司（1999）:「体育嫌いの対処法　カリキュラムづくりを中心に」体育科教育, 第47巻第13号, 大修館書店, pp.19-22.

水内宏（1976）:「教育課程の基礎理論」, 川合章・城丸章夫編『日本の教育5　教育課程』新日本出版社, pp.27-80.

文部省（1998）:『小学校学習指導要領』.

森敏生他（2007）:「体育科教育におけるカリキュラムマネジメントに関する研究―授業実践におけるカリキュラムの自己創出性を観点として―」, 平成15年度～平成17年度科学研究補助金（基盤研究（B））研究成果報告書.

長尾彰夫（1990）:『教育課程編成を学校づくりの核に』明治図書.

日本カリキュラム学会編（2005）:『現代カリキュラム事典』ぎょうせい.

日本教職員組合中央教育課程検討委員会編（1976）:『教育課程改革試案』一ツ橋書房.

日本スポーツ教育学会（2000）:「日本スポーツ教育学会第20回記念国際大会プログラム抄録集」, pp.56-60.

岡出美則（2001）:「総括―学校体育カリキュラム改革の動向―」, 高橋健夫編『日本および諸外国の学校体育カリキュラムの実状と課題』, 平成11年度～平成12年度科学研究費補助金（基盤研究

A（1））研究成果報告書，pp.237-238.
佐藤学（1999）：「カリキュラム研究と教師研究」，安彦忠彦編；『新版カリキュラム研究入門』勁草書房，pp.157-179.
柴田義松（2000）：『教育課程　カリキュラム入門』有斐閣.
Skilbeck, M.(1984): School-Based Curriculum Development, London: Harper & Low Publishers.
竹之下休蔵（1947）：『體育のカリキュラム』誠文堂新光社.
田中耕治（1999）：「日本教育学会第 57 回大会報告」，教育学研究 , 第 66 巻第 1 号，日本教育学会，p.64.
丹下保夫・浅海公平（1960）：『浦和の体育』（報告書）.
丹下保夫（1963）：『体育技術と運動文化』明治図書（1985，復刻版，大修館書店）.
Tayler, P.(2000): Improving forestry education through participatory curriculum development, A case study from Vietnam. Journal of Agricultural Extwnsion and Education, 7(2): pp.93-104 .
鄭栄根（1999）：「カリキュラム開発における教師の役割とその遂行過程に関する研究」（筑波大学博士学位請求論文）.
鄭栄根（2005）：「SBCD によるカリキュラム開発の方法―日・韓学校教育の状況を踏まえて―」，山口満編『第二版　現代カリキュラム研究』学文社，pp.58-70.
山口満(2001)：「カリキュラム開発の今日的課題と方法」, 山口満編著『第二版　現代カリキュラム研究』学文社，pp.2-20.
山住勝広(1998)：『教科学習の社会文化的構成―発達的教育研究のヴィゴツキー的アプローチ』勁草書房.
八代勉（2001）：「我が国におけるカリキュラム改革の動向―新学習指導要領実施に向けて試行されているカリキュラム―」，高橋健夫編『日本および諸外国の学校体育カリキュラムの実状と課題』，平成 11 年度～平成 12 年度科学研究費補助金（基盤研究 A（1））研究成果報告書，pp.41-46.
吉本均（1981）：「一般教授学」，吉本均編『教授学　重要用語 300 の基礎知識』明治図書.

■第 1 章

藤沢法典（1986）：『ドイツ人の歴史意識―教科書にみる戦争責任論』亜紀書房.
学校体育研究同志会編（1989）；『国民運動文化の創造』大修館書店.
本多公栄（1987）：『ちからを伸ばす日本史の授業』日本書籍，pp.224-229.
池田久造（1985）：『バレーボール RULE―ルールの変遷とその背景』日本文化出版
池田延行・戸田芳雄編（1999）：『新しい教育課程と学習活動の実際　体育』東洋館出版.
石原一則（1996）：「『スポーツのルールの役割（原則）』を教える授業」，体育科教育，第 44 巻第 13 号，大修館書店，pp.68-72.
石谷俊彦（1982）：「技術発展史学習の実践から」，『教育実践事典』労働旬報社，pp.430-432.
出原泰明（1996）：「連載，子どもにスポーツ文化を教える，連載にあたって」，体育科教育，第 44 巻第 4 号，大修館書店，pp.60-63.
出原泰明（2004）：『異質協同の学び　体育からの発信』創文企画.
稲垣正浩編（1991）：『「先生なぜですか」―０のことをなぜラブと呼ぶの？（ネット型球技編）』大修館書店，pp.150-119.
稲垣正浩編（1991）：『「先生なぜですか」とび箱ってだれが考えたの ?』大修館書店，p.89.
井上一男（1970）：『学校体育制度史　増補版』大修館書店.
石谷俊彦（1982）：「今後の課題―「技術発展史」の実践から」，『教育実践事典 2 巻』労働旬報社.
川口貢（1987）：「スポーツと規範」，中村敏雄 / 高橋健夫編：『体育原理講義』大修館書店，pp.98-109.
川口利夫（1949）：「リード・アップ・ゲームス」学校体育，第 2 巻第 4 号，日本体育社.
川口利夫（1962）：「体育の学習指導とスポーツルールの改正」学校体育，第 15 巻第 1 号，日本体育社.
菊幸一（1997）：「学習内容の構造化」，中村敏雄編『戦後体育実践論第 2 巻』創文企画.

草深直臣（1988）:「体育・スポーツの戦後改革」，伊藤高弘・出原泰明編『スポーツの現代と自由』青木書店，p.465.
草深直臣（1997）:「ルールは誰がつくり，変えるのか？」体育科教育，第45巻第12号，大修館書店，pp.17-19.
小林一久（1995）:『体育授業の理論と方法』大修館書店，pp.135-142.
駒林邦男（1987）:「子どもは授業で何を学んでいるか」，『岩波講座，教育の方法3，子どもと授業』岩波書店.
LaPorte, Wm. R(1951): The Physical Education Curriculum(A National Program), ed.5, University of Southern California Press.
丸山真司（1994）:「体育における『歴史追体験学習』の試み―バレーボールのルール変遷史を教材にして―」運動文化研究，Vol.12，学校体育研究同志会，pp.43-53.
松田岩男（1962）:「スポーツのルール改正と学校体育」学校体育，第15巻第1号，日本体育社.
三浦進（1990）:「いま，私たちの歴史教育は何をめざすか―8月号本多論文への反批判―」歴史地理教育，1990年2月号，歴史教育者協議会，p.84.
水内宏（1985）:『戦後教育改革と教育内容』新日本出版.
文部省（1913）:『学校體操教授要目』.
文部省（1947）:『学校体育指導要綱　昭和22年版』.
文部省（1949）:『学習指導要領小学校体育科編（試案)』.
文部省（1953）:『学習指導要領小学校体育科編　昭和28年改訂版』.
文部省（1958，1968，1977，1989，1998）:『小学校学習指導要領』.
文部省（1951）:『中学校・高等学校学習指導要領　保健体育科体育編（試案)』.
文部省（1958，1969，1978，1989）:『学校学習指導要領』.
文部省（1956，1960，1970，1978，1989）:『高等学校学習指導要領』.
文部省（1989）:『小学校指導書　体育編』.
文部省（1989）:『中学校指導書　保健体育編』.
守能信次（1984）;『スポーツとルールの社会学』名古屋大学出版会.
永井道明（1913,a）:『学校體操要義』，p.6.
永井道明（1913,b）:『體育講演集』東京健康堂，pp.92-93.
永嶋惇正（1991）:「全体研における「楽しい体育」について―竹之下休蔵の思索を手がかりに―」体育科教育，第39巻第4号，pp.24-27.
中村敏雄（1971）:「学校体育は何を教える教材であるか―高校の体育指導を考える」体育科教育，第19巻第8号，大修館書店，pp.53-56.
中村敏雄（1986）:「なぜ『水泳の歴史』なのか―《教材の歴史》を教えることの意味」たのしい体育・スポーツ，第5巻第2号，ベースボール・マガジン社，p.49.
中村敏雄（1994）:『メンバーチェンジの思想』平凡社.
中内敏夫（1990）:『新版　教材と教具の理論　教育原論Ⅱ』あゆみ出版，p.12.
日本体育協会監修（1987）;『最新スポーツ大事典』大修館書店.
西山常夫（1971）:「体育の学習内容としてのルール」体育科教育，第19巻第5号，大修館書店.
丹羽圭二（1979）:「スポーツのルール・マナーの指導―学校体育で反省すべき点―」学校体育，第32巻第13号，日本体育社.
小浜明（1997）:「ルールを歴史的に追体験し，ルールを創出するバスケットボールの授業」体育科教育，第45巻第12号，大修館書店，pp.53-56.
岡出美則（1995）:「楽しい体育と体育授業」，宇土正彦編『学校体育授業事典』大修館書店.
岡出美則（1997）:「日本における運動特性の考え方」，竹田清彦・高橋健夫・岡出美則編『体育科教育学の探究』大修館書店，pp.42-56.
大貫耕一（1995）:「『スポーツの授業』づくり」体育科教育，第43巻第2号，大修館書店，pp.52-

56.
佐伯聰夫（1980）：「楽しい体育の授業づくりの考え方と方法～学習指導計画の作り方を中心に～」，つみかさね，第23号，全国体育学習研究会，pp.8-18.
佐伯聰夫（1995）：「7. 体育授業の学習内容」，宇土正彦編『学校体育授業事典』大修館書店，pp.120-123.
佐藤不二夫(1997)：「スポーツの決着の付け方(中学校2年)」，体育科教育，第45巻第1号，大修館書店，pp.61-64.
澤豊治（1994）：「『どついたろか』のサッカーから『おら，ようきばったの』のサッカーへ」，たのしい体育・スポーツ，第13巻第9号，学校体育研究同志会，pp.17-21.
制野俊弘（1997）：「体育でつける力を考える」，たのしい体育・スポーツ，第16巻第4号，学校体育研究同志会，pp.34-37.
岨和正（1996）：「ルールが変わればスポーツは変わる―ラグビーとアメリカンフットボールの比較から―」，体育科教育，第44巻第12号，大修館書店，pp.62-66.
菅原禮編（1980）：『スポーツ規範の社会学』不昧堂書店.
杉本厚夫（1997）：「プレイ論の主張」，中村敏雄編『戦後体育実践論第2巻』創文企画，pp.179-192.
杉山重利・梅本二郎編（1989）：『改訂　小学校指導要領の展開』明治図書，p.167.
竹之下休蔵・松田岩男他編（1968）：『体育の学習指導研究の手引き』光文書院.
丹下保夫・川口智久（1960）：「子どもの喜びを高める技術の系統とは何か」生活教育臨時増刊－生活教育の前進第10集，日本生活教育連盟.
土谷正規（1960）：「器械運動と球技について」学校体育，第13巻第7号，日本体育社.
塚田実（1958）：「ルールを育てる子ら」体育科教育，第6巻第3号，大修館書店，pp.58-59.
宇土正彦（1962）：「アチーブの問題とルール改正」学校体育，第15巻第1号，日本体育社.
渡辺洋三（1989）：『法というものの考え方』日本評論社.
山本典人（1985）：「通史学習から独立単元へ」教育，第35巻第12号，国土社，pp.26-38.
山下高行（1986）：「『プレイ＝スポーツ論』の特徴と問題点」，伊藤高弘他編『スポーツの現代と自由上』青木書店，pp.87-104.

■第2章

天野正治（1998）：『ドイツの教育』東信堂，pp.173-175.
天野正輝（2004）：『カリキュラムと教育評価の探求』文化書房博文社，pp.9-97.
天野正輝（2006）：『評価を生かしたカリキュラム開発と授業改善』晃洋書房，pp.35-38.
Aschebrock, H./ Hüber, H.(1989): Die Curriculumforschung ist tot–es lebe die Curriculumforschung!, In: Scherler, K.(Red.1989), Sportpädagogik- wohin?, Referate zur 1.Tagung der dvs-Sektion Sportpädagogik vom 9.-11. Juni 1988 im Büttnerhaus, Rheinhausen, ss.87-119.
Achebrock, H. (Red.1995): Schulsport in Bewegung. Verlag für Schule und Weiterbildung: Bönnen.
Aschebrock, H.(1996): Tägliche Bewegungszeiten im Unterricht im Kontext eines bewegungsfreudigen Schuleprofils. Kindheit und Sport–gestern und heute. Schriftenreihe der dvs. Bd.76, ss.131-138.
Aschebrock,H.(1997): Bewegung in Schulentwicklung! Schulentwicklung ohne Bewegung? Sportpädagogik, 21(4), ss.9-12.
Aschebrock, H.(Red.1997): Curriculumrevision im Schulsport-Vorschläge zur Curriculumrevision im Schulsport in Nordrhein-Westfalen Landesnstitut für Schule und Weiterbildung. Soest.
Achebrock, H.(Red.1997): Vorschläge zur Curriculumrevision im Schulsport in Nordrhein-Westfalen, In: Werkstattbericht3, Curriculumrevision im Schulsport.Verlag für Schule und Weiterbildung.
Aschebrock, H. & Stibbe, G.(2004): Tendenzen der Lehrplanforschung und Lehrplan-entwicklung. In:
Altenberger, H.(1974): Sportlehrerurteil und Curriculumentwicklung. Eine empirishe Untersuchung zur Planung und Durchführung des Sportunterrichts.Verlag Czwalina Ahrensberg.

Balz, E./ Bennig, A./ Neumann, A./ Trenner, B.(1993): Wie Lehrer/innen die Richtlinien Sport einschäten, Bielefelder Beiträge zur Sportwissenschaft, Nr.16.

Balz, E.(1995): Inhaltsauswahl im Schulsport, In; F.Borkenhagen/ K.Scherler(Hrsg.): Inhalt und Themen des Schulsports: Jahrestangung der svs-Sektion Sportpädagogik vom 12.-14.5.1994 im Hamburg, Academia Verlag. s.39.

Balz, E.(1996): Analyse bundesdeutscher Lehrpläne, Institut für Sportwissenschaft, Regensburg.

Balz, E.(2000): Drei Argumente für den Schulsport, Sportpädagogik, 24(6), s.39.

Balz, E.(Hrsg.2004): Schulsport verstehen und gestalten, Meyer & Meyer Verlag, s.92.

Bayerisches Staatministerum für Unterricht, Kultus, Wissenschaft und Kunst(Hrsg. 1993): Lehrplan für die bayerische Realschule, München.

Behörde für Schule, Jugend und Berufsbildung(Hrsg.1994): Lehrplan für Haupt- und Realschulen, Gesamtschulen und Gymnasien, Sekundarstufe Ⅰ, Sport, Hamburg.

Bräutgam, M.(1986): Unterrichtsplanung und Lehrplanrezeption von Sortlehrern. Verlag Czwalina Ahrensberg,

Brehm, W.(1985): Praxisbezogene Lehrplanentwicklung. Ein pragmatischer Rahmen Vorschlag und zwei Studien zur Unterstützung von Lehrplanentscheidungen. In: sportunterricht, 34/11, s.410.

Der Kuluturminister des Landes NordrheinWestfalen(Hrsg.1980): Richtlinien und Lehrpläne für den Sport in Nordrhein-Westfalen, Band Ⅰ, Allgemeiner Teil.

DSLV(1993): Gegen Kürzung beim Schulsport, Sportunterricht. 43(12), ss.537-538.

Engler, H.-J. Hecker, G. & Holier, G.(1981): Evaluation eines Sportcurriculums für die Primarstufe. In: sportwissenschaft 11/4, ss.420-439.

Fischer, P.(1996): Neue Lehrpläne-Wer baraucht sie, Wer will sie, wem nützen sie?, Czwalina Verlag, ss.1-281.

学校体育研究同志会教育課程自主編成プロジェクト編（2003）:『教師と子どもが創る体育・健康教育の教育課程試案』創文企画.

Garreis, G.u. Willfahrt, A.(1998): Wolf Lehrplanung Sport 8/2 Sportstunden mit Pfiff. Wolf Verlag, Regensburg.

GEW.(2001): Situation des Schulsports aus der Sicht der GEW-Sportkomission.

Gehnen,W.Pache,D.& Kuntze,H.(1983): Einstellungen von Grundschul-lehrern zu Lehrplänen im Fach Sport. In: sportunterricht 32 /7, ss.245-250.

Habermas,J.(1979):『晩期資本主義社会における正統化の諸問題』岩波書店.

Helmke, C.(2000): Die Zahl der Sportstunden hat sich drastisch reduziert-Der DSLV belegt eine unerfreuliche Entwicklung, In: sportunterricht, 49(8).

Hessisches Kultusminsterium(Hrsg.1990): Lehrplan Sport, Frankfurt/Main.

Ihde, A.(1988): Einstellung von Lehrern zu Richtlinien im Fach Sport. In: sportunterricht 37/1, ss.27-31.

出原泰明（1994）:「選択制授業を問い直す」体育科教育，第 42 巻第 4 号，大修館書店，pp.21-24.

出原泰明（2006）:「体育科教育学の研究対象としての教育課程の創造」東海保健体育科学，第 28 巻，東海体育学会，pp.1-10.

Klafki, W.(1976): Zum Verhältnis von Didaktik und Methodik. Zeitschrift für Pädagogik, 22, ss.77-94.

Kuckart, L.(1993): Neue Wege für einen besseren Sport an den Schulen. Olympische Jugend, 38(7), ss.10-12.

Kuhlmann,D. & Scherler, K.(2004): Schulsportinitiativen-Prokmationen oder Legitimationen? -. In:Balz, E.: Schulsport verstehen und gestalten, Meter&Meyer Verlag.

Kultusministerium Thüringen(Hrsg.1991): Vorläufige Lehrplanhinweise für Regelschule und Gymnasium Sport, Erfurt.

Kultusministerium des Landes Sachsen-Anhalt(Hrsg.1993): Rahmenrichtlinien Sekundarschule Sport, Magdeburg

Kurz,D.(1977): Elemente des Schulsports, Schorndorf.

Kurz,D.(1979): Elemente des Schulsports, Grundlagen einer pragmatischen Fachdidaktik. Schorndorf.

Kurz,D.(1997): Zur pädagogischen Grundlegung des Schulsports in NRW, In: Werkstattbericht3,

Curriculumrevision im Schul sport. Verlag für Schule und Weiterbildung.
Kurz,D.(1999): Die pädagogische Neuorientierung des Schulsports und der Auftrag des gymnasialen Oberstufe, KMK-Kommission Sport, Rheinhardswaldschule Bielefeld.
Kurz, D.(2000): Pädagogisvhe Perspektiven für den Schulsport, Körpererziehung, 50.(2), ss.72-78.
Künzli,R.(1975): Curriculumentwicklung -Begründung und Revision-. Juventa.
Lenzen, D.(1999): Orientierung Erziehungs-Wissenschaft.Was sie kann, was sie will. Reinbeck: Rowohlt.
Landesinstitut für Schule und Weiterbilgung, NRW(1997): Curriculumrevision im Schulsport-Vorschläge zur Curriculumrevision im Schulsport in Nordrhein-Westfahfalen, Werkstattberichte 3.
Landesinstitut für Schule und Weiterbildung in NRW(2000): Umsetzung und Akzeptanz der Richtlinien und Lehrpläne Sport für die Sekundarstufe II Gymnasium/Gesamtschule in Nordrhein-Westfalen-Auswertung der Befragung von Sportlehrerinnen und Sportlehrernan Gymnasien und Gesamtschulen im Regierungsbezirk Arnsberg im Februar 2000.
丸山真司（2005）：「学校スポーツの『正当化』問題とスポーツ指導要領の開発プロセス―特にノルトライン・ヴェストファーレン州のスポーツ指導要領開発に注目して―」日本スポーツ教育学会第25回記念国際大会論集，日本スポーツ教育学会，pp.147-153.
丸山真司（2009）：「ドイツにおける学校スポーツカリキュラム開発と Bewegte Schule」日本教科教育学会大35回全国大会論文集，pp.51-52.
的場正美（1999）：「教科のカリキュラム開発理論」，安彦忠彦編『新版カリキュラム研究入門』頸草書房，p.99.
Meyer, H.(1997): Skizze des Legitimations-Problems von Lernzielen und Lerninhalten In:Frey, K u.a.(Hrsg), Curriculumhandbuch. Bd.2, ss.426-438, Juventa.
Ministerium für Kulutus und Sport, Baden-Württemberg(Hrsg.1994): Bildungsplan für die Realschule, Villingen-Schwenningen.
Ministerium für Bildung, Wissenschaft, Forschung, und Kultur des Landes Scheswig-Holstein (Hrsg.1997): Lehrplan für die Sekundarstufe Ⅰ der weiterführenden allgemeinbildend Schulen. Hauptschule, Realschule, Gymnasium, Gesamtschule, Sport, Kiel.
Ministerium für Schule und Weiterbildung, Wissenschaft und Forschung des Landes Nordrhein-Westfalen(1999): Richtlinien und Lehrpläne für die Sekundarstufe Ⅱ - Gymnasium/Gesamtschule in Nordrhein-Westfalen Sport, Ritterbach Verlag.
Ministerium für Scule, Wissenschaft, und Forschung des Landes Nordrhein-Westfalen(1999): Ramenvorgaben für den Schulsport NRW, Richtlineie und Lehrpläne-Sport.
Ministerium für Stadtbau und Wohnen, Kultur und Sport des Landes Nordrhein-Westfalen(2004): Landesauszeichnung “ Bewegungsfreudige Schule NRW 2004” – Dokumentation.
文部省（1992）：『高等学校保健体育指導資料』.
文部省（1997）：「教育課程実施状況に関する総合的調査研究　調査報告書―小学校―」.
Müller, I. M.(1992): Das Gymnasium und seine Lehrplane. München(= Staatsinstitut für Schulpädagogik und Bildungsforschung: Arbeitsbericht Nr. 203, Bde. l und 2).
Müller, C.(1995): Lehrplanarbeiten –mit oder ohne Wissenschaftler ?. In: Zeuner/ Senf/ Hofmann(Hrsg.), Sport unterrichten -Anspruch und Wirklichkeit-Kongress-bericht. Academia Verlag, ss.293-297.
Müller, C. Petzold, R.(2002): bewegte Grundschule – Ergebnisse einer vierjährigen Erprobung eines pädagogischen Konzeptes zur bewegten Grundschule, Academia Verlag.
日本教職員組合中央教育課程検討委員会編（1976）：『教育課程改革試案』一ツ橋書房.
岡出美則（1997）：「ドイツにおける『スポーツの中の行為能力』論形成過程にみるスポーツの意味をめぐる論議」体育学研究，第42巻第1号，日本体育学会，pp.1-18.
岡出美則（2000）：「ドイツを例にした学校5日制に向けての教科体育カリキュラム研究」平成10年-11年度文部省科学研究費補助金（基盤研究C）研究報告書，p.84

Regensburger Projektgruppe(2001): Bewegte Schule- Anspruch und Wirklichkeit, Verlag Hofmann Schorndorf.
Sächsisches Staatminsterium für Kultus(Hrsg.)(1992): Lerhplan Mittelschule, Sport, Klassen 5-10, Dresden.
Scherler, K.(1994): Legitimationsprobleme des Schulsports. Sportpädagogik, 18(1), ss.5-9.
Stegeman, H.(1986): Sportlehrer und ihreUnterrichtsvorarbeitung. In: sportunterricht. 35/2, ss.48-53.
Senatsverwaltung für Schule, Berufsbildung und Sport(Hrsg.1993): Vorläufiger Rahmenlehrplan für Unterricht und Erziehung in der Berliner Schule, Berlin.
Stratemyer, F. B.(1947): Developing Curriculum for Modern Living, Teacher College Press.
高橋健夫（1994）:「選択制授業，今何が問題か」体育科教育，第 43 巻第 10 号，大修館書店，p.12
Thiel, A. Teubert, H. Christa, Cachay. C.K(2006): Die “Bewegte Schule” auf dem Weg in die Praxis, Schneider Verlag Hohengehren.
海野勇三（1998）:「事実の中から問題を，そして解決へ―今こそ総力をあげて体育科における学力実態調査を―」たのしい体育・スポーツ，第 17 巻第 5 号，学校体育研究同志会，pp.6-7.
Vorleuter, H.(1998): Vom Curricularen Lehrplan zum Fachlehrplan-Die Lehrplanentwicklung im Fach Sport von 1974 bis 1996.In: Liedtkee, M. Hrsg.; Sport und Schule Geschichte und Gegenwart. Juliuss Klinkhardt, Bad Heilbrunn/OBB.
Vorleuter, H.(1999): Evaluierung einer neuen Lehrplankonzeption, Czwalina Verlag, ss.1-277.
Wuppertale Arbeitsgruppe(2008): Bewegung, Spiel und Sport im Schulprogramm und im Schulleben-Qualitaet bewegungsfreudiger Schulentwicklung, Differenzen zwischen Anspruch und Wirklichkeit, Meyer & Meyer Verlag, ss.161-166.
山口満（2001）:「カリキュラム開発の今日的課題と方法」，山口満編『現代カリキュラム研究』学文社，pp.2-20.

■第３章

天野正輝（1993）:『教育課程の理論と実践』樹村房，p.15.
学校体育研究同志会教育課程自主編成プロジェクト編（2000）:『私たちの教育課程試案―すべての子どもにスポーツの感動と生きる力を―』（中間報告）.
学校体育研究同志会教育課程自主編成プロジェクト編（2003，2004）:『教師と子どもが創る体育・健康教育の教育課程試案』1 巻，2 巻，創文企画.
Größing, S.(2001): Einführung in die Sportdidaktik, Limpert Verlag, 8. Auflage.
長谷川裕（1987）:「教育課程分科会の歩みと課題」第 94 回学校体育研究同志会全国研究大会提案集，学校体育研究同志会，pp.240-246.
出原泰明（1993）:「『教科内容研究』と授業改革」，学校体育研究同志会編；『体育実践に新しい風を』大修館書店，pp.2-17.
出原泰明（1996）:「子どもにスポーツ文化を教える―連載にあたって」体育科教育，第 44 巻第 4 号，大修館書店，pp.60-63.
出原泰明（1997）:「『スポーツヒューマニズムを刻み込む』子どもを求めて」体育科教育，第 45 巻第 3 号，大修館書店，pp.60-63.
出原泰明（2002）:「運動文化論発展のための理論的課題」運動文化研究，Vol.20，学校体育研究同志会.
伊藤高弘（1973）:「体育実践の民主化・科学化をめざして」体育グループ，第 42 号，学校体育研究同志会.
唐木国彦（1987）:「運動文化とは何か」，中村敏雄・高橋健夫編『体育原理講義』大修館書店，pp.66-74.
久保健（1986）:「教育課程分科会の歩みと課題」第 92 回学校体育研究同志会全国研究大会提案集，学校体育研究同志会，pp.82-86.
草深直臣（1973）:「『運動文化の科学化・民主化』問題」体育グループ，第 43 号，学校体育研究同志会.
草深直臣（1983）:「運動文化論研究の生成と展開」，立命館大学人文科学研究所編『保健・体育研究』（立命館大学人文科学研究所紀要別冊）第２号，pp.1-72.

草深直臣（2000）:「運動文化論研究の十年と今後の方向」たのしい体育・スポーツ，第19巻第10号，学校体育研究同志会，pp.24-28.
高津勝（2004）:「生活体育論から運動文化論へ」,学校体育研究同志会編『体育実践とヒューマニズム』創文企画，pp.45-70.
子安潤（2001）:「教育課程自主編成プロジェクト」会議報告資料.
丸山真司（2005）:「学校スポーツの『正当化』問題とスポーツ指導要領の開発プロセス—特にノルトライン・ヴェストファーレン州のスポーツ指導要領開発に注目して—」日本スポーツ教育学会第25回記念国際大会論集，日本スポーツ教育学会，pp.147-153.
文部科学省（2002）:「確かな学力向上のための2002アピール：学びのすすめ」.
森敏生（2000）:「『私たちの教育課程試案』（中間報告）教科内容の領域はいかに構成されたか」第121回学校体育研究同志会全国大会提案集，pp.2-8.
森敏生（2001）:「教科内容の領域はいかに構成されたか」運動文化研究，Vol.19，学校体育研究同志会，p.165.
中垣清人（2001）:「『私たちの教育課程試案』（第一階梯）を読んで」たのしい体育・スポーツ，第20巻第12号，学校体育研究同志会，pp.32-35.
中村敏雄（1971）:「学校体育は何を教える教科であるか—高校の体育指導を考える」体育科教育，第19巻第8号，大修館書店，pp.53-56.
中村敏雄他（1973）:「走り幅とびの実践—小学校六年生」体育科教育，第22巻第12号，大修館書店，pp.30-41.
日本教職員組合編（1976）:『教育課程改革試案』一ッ橋書房.
則元志郎（1994）:「実験的実践の蓄積こそが教科内容研究の推進力」第108回学校体育研究同志会全国研究大会提案集，学校体育研究同志会，pp.161-164.
岡出美則（2001）:「『私たちの教育課程試案（中間報告）』を読んで」たのしい体育・スポーツ，第20巻第3号，学校体育研究同志会，pp.28-31.
柴田義松（2000）:『教育課程—カリキュラム入門』有斐閣，pp.5-6.
塩貝光生（1990）:「中学3年間のカリキュラム作りに向けて」第100回学校体育研究同志会全国研究大会提案集，学校体育研究同志会，pp.178-180.
岨和正（1989）:「教育課程づくりを授業実践レベルで」第98回学校体育研究同志会全国研究大会提案集，学校体育研究同志会，pp.219-223.
丹下保夫（1960）:「教科としての『体育』の本質は何か」生活教育，第12巻第10号，日本生活教育連盟.
丹下保夫（1963）:『体育技術と運動文化』明治図書（1985，復刻版，大修館書店，参照）.
梅原利夫（2001）:「勇気づけられる『私たちの教育課程試案』」たのしい体育・スポーツ，第20巻第4号，学校体育研究同志会，pp.32-35.
梅原利夫（2004a）:「『試案』を裏づける実践の宝庫」たのしい体育・スポーツ，第23巻第10号，学校体育研究同志会.
梅原利夫（2004b）:「体育分野からの刺激的な提案」，民主教育研究所「教育課程」研究委員会編；『人間性の全面的な育成を保障する教育課程づくり』，pp.166-167.
内海和雄（2001）:「運動文化論の課題—教育課程の編成を関わらせて—」たのしい体育・スポーツ，第20巻第1号，学校体育研究同志会，pp.34-37.

■第4章

天野正輝（2006）:『評価を生かしたカリキュラム開発と授業改善』晃洋書房.
藤田紀昭（2008）:『障害者（アダプテッド）スポーツの世界』角川学芸出版.
船冨公二（2005，a）:「低学年のサッカー—「じゃまじゃまサッカー」パートⅠⅡ」たのしい体育・スポーツ，第24巻第8号，学校体育研究同志会，pp.16-19.
船冨公二（2005, b）:「中学年のサッカー—「じゃまじゃまサッカー」基礎バージョン」たのしい体育・

スポーツ，第 24 巻第 8 号，学校体育研究同志会，pp.29-31.
船冨公二（2005，c）:「高学年のサッカー―「じゃまじゃまサッカー」パートⅠⅢⅣ」たのしい体育・スポーツ，第 24 巻第 8 号，学校体育研究同志会，pp.40-43.
学校体育研究同志会愛知支部編（1995）:『とび箱物語―とび箱の教科内容を求めて』.
学校体育同志会教育課程自主編成プロジェクト編（2003）:『教師と子どもが創る体育・健康教育の教育課程試案』創文企画.
学校体育研究同志会編（2007）:『みんなが輝く体育⑦　障害児体育の授業』創文企画.
学校体育研究同志会愛知支部 30 周年記念講演資料（2007）.
Größing, S.(2001): Einführung in die Sportdidaktik, Limpert Verlag, 8. Auflage, ss.11-52.
平野和弘（2004）:「『学びの主人公』の学校づくり」，学校体育研究同志会教育課程自主編成プロジェクト編；『体育・健康教育の教育課程試案』（2 巻）創文企画.
平田和孝（2011）:「『体育における技術指導研究の課題』～『技術指導研究』とは何か、その成果と今日的課題を探る～」第 143 回学校体育研究同志会全国研究大会提案集，学校体育研究同志会，pp.5-22.
平田信也（2001）:「水泳学習の教育課程をつくろう！」第 122 回学校体育研究同志会全国研究大会提案集，学校体育研究同志会，pp.178-181.
石田智巳（2007）:「子どもの観を変える運動文化の学習」たのしい体育・スポーツ，第 26 巻第 6 号，学校体育研究同志会，pp.26-31.
石原一則（2006）:「年間計画を考える（目標・内容・方法・評価）」学校体育研究同志会全国大会（宮城大会）中学校分科会発表資料.
岩崎允胤（1988）:「文化の基礎理論」，岩崎允胤編『文化の現在』三省堂.
出原泰明（1996）:「子どもにスポーツ文化を教える―連載にあたって―」体育科教育，第 43 巻第 4 号，大修館書店，pp.60-63.
出原泰明（2000）:「『体育理論』の必要性とカリキュラム案」，出原泰明編『教室でする体育―中学校編―』創文企画，pp.9-16.
出原泰明（2006）: 学校体育研究同志会愛知支部ニュース「たのスポあいち」2006 年 4 月号.
出原泰明編（2000）;『教室でする体育（小学校編および中学校編）』創文企画.
川崎慶子（2001）:「中学校の体育で学ばせたい中身を問うマットの授業」第 123 回全国大会提案集，学校体育研究同志会，pp.5-25.
木原成一郎（2005）:「特徴ある評価方法を活用して―ポートフォリオ評価法の実践―」体育科教育，第 53 巻第 7 号，大修館書店，pp.22-26.
小山吉明（2000）:「スポーツ文化研究と『体育理論』の授業づくり」，出原泰明編『教室でする体育―中学校編―』創文企画，pp.127-135.
小山吉明（2002）: 長野県飯綱中学校校内資料.
小山吉明(2003):「中学校の体育に 8 年間かけて取り組んできたこと―運動文化のトータルな実践―」，運動文化研究 ,Vol.21，学校体育研究同志会，pp.55-69.
松村衛人（2002）:「こんな視点で授業をつくってみませんか―発達の特徴からみた学習課題と教材づくり―」第 124 回学校体育研究同志会全国研究大会提案集，学校体育研究同志会，pp.238-241.
松村衛人（2004）:「シュートボール・フラッグフットボールを中心とした小学校ボール運動カリキュラムづくりへの挑戦」運動文化研究 ,Vol.22，学校体育研究同志会，pp.41-54.
中村敏雄（1990）:「『生きる』力を育てる授業―三時間増やしたら授業はどう変わる―」たのしい体育・スポーツ，第 9 巻第 2 号，学校体育研究同志会，pp.14-19.
生瀬克己（1988）:『障害者だから不幸なのか』三一書房.
成瀬徹（2006）:「高校生の現実に突き刺さる授業をしたい」体育科教育，第 54 巻第 4 号，大修館書店，pp.52-54.
二宮厚美（2005）:「人として豊かに育ちあう学校づくりのために」，二宮厚美・神戸大学附属養護学校編『コミュニケーション的関係がひらく障害児教育』青木書店，pp.309-334.
野上智行編（1996）：『「クロスカリキュラム」理論と方法』明治図書.
奥平康照（1996）：「授業の中の知と道徳―授業における子どもの主体的価値的選択を励ます―」教育，第46巻第4号，pp.6-15.
大宮とも子（2003）：「障害児体育」，学校体育研究同志会教育課程自主編成編『教師と子どもが創る体育・健康教育の教育課程試案』創文企画，pp.132-154.
大宮とも子（2005）：「体を動かし仲間と競いあうなかで新しい自分をつくる―体育の授業の可能性」，二宮厚美・神戸大学附属養護学校編(2005)：『コミュニケーション的関係がひらく障害児教育』青木書店，pp.96-125.
大宮とも子（2008）：「魅力的な教材で子どもの生活実態、発達課題に正面から切り込む―障害児体育の実践を通して―」学校体育研究同志会愛知支部30周年記念講演資料.
大宮とも子（2009）：『特別支援に役立つハンドブック Vol.1　体育遊びゲーム　体を動かす楽しさを伝える教材 BEST30』いかだ社.
大阪水泳プロジェクト（2002）：「水泳の教育課程」第124回学校体育研究同志会全国研究大会提案集，学校体育研究同志会，pp.182-185.
坂井ひづる（2002）：「実践プラン『私の体育年間計画づくり（小学校3年生)』」学校体育研究同志会研究会資料.
榊原義夫（1995）：「『子ども・生活から文化研究』に一言」運動文化研究，Vol.13，学校体育研究同志会，pp.77-79.
坂本桂（2002）：「小学校における教育課程づくり」運動文化研究，Vol.20，学校体育研究同志会.
坂本桂（2004）：「現場からの教育課程づくり『わかる』と『できる』―体当たり的年間計画の取り組みから見えてきたもの―」，学校体育研究同志会教育課程自主編成プロジェクト編『教師と子どもが創る体育・健康教育の教育課程試案　第2巻』創文企画，pp.263-268.
佐藤学（2005）：「学校改革とカリキュラム」，日本カリキュラム学会編『現代カリキュラム事典』ぎょうせい.
佐藤学（2006）：『学びの快楽―ダイアローグへ』世織書房.
澤豊治（2001）：「『川崎実践』の教育課程試案への位置づけと今後の課題」第123回全国大会提案集，学校体育研究同志会，p.27.
制野俊弘（2003）：「4月の“つかみ”はOK！？」，学校体育研究同志会愛知支部ニュース「たのスポあいち」，No.324.
制野俊弘（2004）：「変える授業！変わる中学生！―男女共修のリレーの授業―」体育科教育，第52巻第2号，大修館書店，pp.154-156.
植田健男（2000）：「21世紀の『教育改革』と私たちの『教育課程づくり』―学校づくりの羅針盤としての『教育課程』―」，『愛知の高校教育』（愛知県高等学校教職員組合編），Vol.28，pp.34-69.
海野勇三・中島憲子（2007）：「体育の学力と評価研究への一視角―『学びの履歴』調査結果から―」たのしい体育・スポーツ，第28巻第1号，学校体育研究同志会，pp.40-41.
Whitty, G. et.al.(1994): Subjects and themes in secondary-school curriculum, Research Papers in Education Policy and Practice, 9(2).
山内基広（1993）：「器械運動（跳び箱）の系統を考える」第106回学校体育研究同志会全国研究大会提案集，学校体育研究同志会，pp.71-74.
山内基広（1998）：「器械運動は何を教えるための教科か」たのしい体育・スポーツ，第17巻第12号，学校体育研究同志会，pp.8-11.
山内基広（1999）：「器械運動の教科内容の厳選（総合化）とクロスカリキュラム」運動文化研究，Vol.17，学校体育研究同志会，pp.13-16.
山内基広（2003）：「ねこちゃん体操をやってみよう！―私の重点教材・重点内容―」たのしい体育・スポーツ，第22巻第10号，学校体育研究同志会，pp.14-19.

山内基広（2005）：「私が器械運動授業で大切にしていること」体育科教育，第53巻第12号，大修館書店，pp.17-19.
山内基広（2007a）：『ねこちゃん体操からはじめる器械運動のトータル学習プラン』創文企画.
山内基広（2007b）：「学びあい，語りあい。明日への確かな一歩を」たのしい体育・スポーツ，第26巻第7号，学校体育研究同志会，p.46.
山住勝広（1998）：『教科学習の社会文化的構成―発達的教育研究のヴィゴツキー的アプローチ』勁草書房.
吉本均（1974）：『訓育的教授の理論』明治図書.
吉本均（1977）：『発問と集団思考の理論』明治図書.

■終章

Achebrock, H.(Red.1995): Schulsport in Bewegung. Verlag für Schule und Weiterbildung: Bönnen.
天野正輝（2004）：『カリキュラムと教育評価の探求』文化書房博文社，pp.9-97.
有本昌弘（2007）：『スクール・ベースト・アプローチによるカリキュラム評価の研究』学文社.
Balz, E/ Bennig, A/ Neumann, A/ Trenner, B(1993): Wie Lehrer/innen die Richtlinien Sport einschäten, Bielefelder Beiträge zur Sportwissenschaft, Nr.16.
Fischer, P.(1996): Neue Lehrpläne-Wer baraucht sie, Wer will sie,wem nützen sie?, Czwalina Verlag.
学校体育研究同志会教育課程自主編成プロジェクト編（2003）：『教師と子どもが創る体育・健康教育の教育課程試案』創文企画.
Größing, S.(2001): Einführung in die Sportdidaktik, Limpert Verlag, 8. Auflage, ss.11-52.
平田信也（2001）：「水泳学習の教育課程をつくろう！」第122回学校体育研究同志会全国研究大会提案集，学校体育研究同志会，pp.178-181.
石原一則（2006）：「年間計画を考える（目標・内容・方法・評価）」，学校体育研究同志会全国大会（宮城大会）中学校分科会発表資料.
小山吉明（2002）：長野県飯綱中学校校内資料.
小山吉明（2003）：「中学校の体育に8年間かけて取り組んできたこと―運動文化のトータルな実践―」運動文化研究，Vol.21，学校体育研究同志会，pp.55-69.
Künzli, R.(1975): Curriculumentwicklung-Begründung und Revision-Juventa.
Kurz, D.(1997): Zur pädagogischen Grundlegung des Schulsports in NRW, In: Werkstattbericht3, Curriculumrevision im Schul-sport.Verlag für Schule und Weiterbildung.
松村衛人（2002）：「こんな視点で授業をつくってみませんか―発達の特徴からみた学習課題と教材づくり―」第124回学校体育研究同志会全国研究大会提案集，学校体育研究同志会，pp.238-241.
松村衛人（2004）：「シュートボール・フラッグフットボールを中心とした小学校ボール運動カリキュラムづくりへの挑戦」運動文化研究，Vol.22，学校体育研究同志会，pp.41-54.
Müller, C.(1995): Lehrplanarbeiten–mit oder ohne Wissenschaftler ?. In:Zeuner/ Senf/ Hofmann(Hrsg.), Sport unterrichten -Anspruch und Wirklichkeit-Kongress-bericht. Academia Verlag, ss.293-297.
日本教職員組合中央教育課程検討委員会（1976）：『教育課程改革試案』一ツ橋書房.
大阪水泳プロジェクト（2002）：「水泳の教育課程」第124回学校体育研究同志会全国研究大会提案集，学校体育研究同志会，pp.182-185.
柴田義松（2000）：『教育課程―カリキュラム入門』有斐閣，pp.120-137.
田中統治・根津朋実編（2009）：『カリキュラム評価入門』勁草書房.
梅原利夫（2004）：「体育分野からの刺激的な提案」，民主教育研究所「教育課程」研究委員会編『人間性の全面的な育成を保障する教育課程づくり』，pp.166-167.
山内基広（2007）：『ねこちゃん体操からはじめる器械運動のトータル学習プラン』創文企画.

【初出一覧】

■第 1 章

丸山真司（1996）：小学校学習指導要領（体育）にみられる「跳び箱」教材観の変遷史，愛知県立大学児童教育学科論集，第 29 号，pp.107-117.

丸山真司（1994）：体育における「歴史追体験学習」の試み―バレーボールのルール変遷史を教材にして―，運動文化研究，Vol.12，学校体育研究同志会，pp.43-53.

丸山真司（1998）：体育におけるルール学習（1）―戦後学習指導要領における「ルール」の位置づけとルール学習の特徴及びその背景の考察を中心に―，日本教科教育学会誌，第 21 巻第 3 号，日本教科教育学会，pp.1-13.

■第 2 章

丸山真司（2001）：ドイツの教科スポーツカリキュラムにみられる必修及び選択制授業についての考察，日本スポーツ教育学会第 20 回記念国際大会論集，日本スポーツ教育学会，pp.311-316.

丸山真司他（2005）：学校スポーツの「正当化」問題とスポーツ指導要領の開発プロセス―特にノルトライン・ヴェストファーレン州のスポーツ指導要領開発に注目して―，日本スポーツ教育学会第 25 回記念国際大会論集，日本スポーツ教育学会，pp.147-153.

丸山真司（2008）：ドイツにおける教師によるスポーツ指導要領の評価，日本教科教育学会誌，第 30 巻第 4 号，日本教科教育学会，pp.89-98.

丸山真司（2013）：ドイツのノルトライン・ヴェストファーレン州における Bewegte Schule の構想と実践 , 愛知県立大学教育福祉学部論集（第 61 号），pp.135-144

■第 3 章

丸山真司（2006）：教師たちの手による体育の教育課程試案づくり―学校体育研究同志会教育課程自主編成プロジェクトの試みからの発信―，体育科教育学研究，第 22 巻第 1 号，日本体育科教育学会，pp.55-61 を大幅に加筆修正.

■第 4 章

丸山真司（2003）：教師たちの手による体育教育課程づくりによって教師の問題意識の何が変わるか !? ，体育科教育，第 51 巻第 3 号，大修館書店，pp.38-42 を大幅に加筆修正.

丸山真司（2006）：学校を変える『起爆剤』としての体育のカリキュラムづくり，体育科教育，第 54 巻第 5 号，大修館書店，pp.20-23.

丸山真司（2008）：いま問われる教師の授業デザイン力―大宮とも子の障害児体育実践に学ぶ―，体育科教育，第 56 巻第 13 号，大修館書店，pp.19-23.

丸山真司（2009）：器械運動クロスカリキュラムの可能性と課題，第 139 回学校体育研究同志会全国大会提案集，pp.50-56.

丸山真司（2009）：教師による体育カリキュラム開発モデルの検討―石原一則と小山吉明の体育カリキュラム開発，愛知県立大学児童教育学科論集，第 43 号，pp.67-78.

丸山真司, 伊藤嘉人（2011）：教師による体育カリキュラムづくりに向けて, たのしい体育・スポーツ，第 30 巻第 6 号，学校体育研究同志会，pp.8-13 の一部.

丸山真司（2012）：運動文化論を基盤にした体育，学校体育研究同志会編，『新学校体育叢書　水泳の授業』，創文企画，pp.207-222 の一部.

あとがき

本書は学位論文をベースとしてまとめた、私が初めて世に問う単著である。学位論文の執筆もさることながら著書を刊行することは自分自身と向き合う厳しい作業であった。脱稿した今、背負っていた荷物を降ろしホッとした気持ちと、同時に大きなプレッシャーも感じている。今の心情は、「ものをかくことへの抵抗は、自分を曝け出さなければならないところからくる。ものをかくことの苦しさは、自分をごまかすことのできないところからくる。ものをかくことの辛さは、自分の思考をまとめることの未熟さを思い知らされるところからくる。…(中略)…ものをかくことは、人間変革の原点を探り確かめるためのものだ」という深澤義旻氏の「鉄筆のうた」(『教師たちの詩―この子らをみつめて』, 日本評論社, 1989) とまさに重なる。

研究の原点は大学院時代にある。そこで体育科教育学研究とは何なのか、実践を理論化することの意味や研究姿勢を学んだ。その後、自分なりの問題意識を持って右往左往しながらも研究活動を進めていく中で、実践研究の深さ、厳しさ、おもしろさを教えてくれたのが学校体育研究同志会の体育教師たちであった。その中で、実践を基盤にしたカリキュラム開発は体育実践の絶えざる変革過程であり、かつ教師の変革過程でもあることをあらためて事実として確認することができた。

30 余年の研究活動の中で、多くの人たちとの出会い、交流、そして支えがあって、本書は出来上がったと深く感謝している。本書は単著ではあるが、私の研究活動に関わった人たちとの共同作品であると思っている。「まえがき」でもふれたが、私の研究の原点でもある広島大学大学院時代に体育科教育学研究の“いろは”を教えてくれたのが故佐藤裕先生であった。佐藤先生は「院生も研究者であり、研究者という立場では教師も院生も対等平等である。院生とともに教師も学ぶ姿勢を持ち、徹底的に討論し、型にはまった教育はしない。研究と学問の進歩は院生が師を乗り越えることであり、教師はその土台の役目をすること」という信念を持ち、研究者を目指す院生の教育にそれを貫かれた。研究室に入るといつも佐藤先生は一人黙々とたばこをふかしながら背を丸めて原稿に向かっていた。当時院生たちはそれを「後ろ姿の訓育」と呼んでいた。佐藤先生の教育研究信念と研究姿勢から私たち院生は多くを学んだ。それが今日までの私の研究活動の基盤を支えてくれたように思う。深く感謝の意を捧げたい。また、学位論文提出の準備段階で迷い躊躇していた私に、実践を基盤にした教科教育の論文で勝負しろと背中を押してくれ、提出後も幾度も助言をして下さった指導教官の松岡重信先生（元広島大学大学院教育学研究科教授）にも厚くお礼を申し上げたい。

若い頃から今日まで、私の研究活動に常に刺激を与え続けてくれたのが出原泰明氏（元名古屋大学教授）である。出原氏は実践を鋭く深く分析し、実践の中から体育科教育学に新たな課題を突きつける、同時に実践現場の教師たちを励ます研究ができる数少ない研究者のひとりだと思っている。私がつい気弱になったり、楽な方にぐらつく時、いつもそれを見透かしたように鋭い指摘や励ましをしてくれた。学位論文提出後にも、これを著書として刊行し世に問えと言い続け後押しをしてくれた。深く感謝している。また、長年身近で付き合ってきた研究仲間であり、こだわりを持った優れた体育実践を数多く創出してきた成瀬徹氏（「体育とスポーツの図書館」館長，元高校教諭）、堤吉郎氏（日本福祉大学教授，元小学校教諭）、坂井ひづる氏（小学校教諭）からは実践研究の厳しさと醍醐味、そして何よりも教師たちとともに研究することの面白さを学んだ。さらに、1998年から５年間にわたって『教師と子どもが創る体育・健康教育の教育課程試案』（2004，以下『試案』）づくりに共に携わってきた学校体育研究同志会の教育課程自主編成プロジェクトのメンバーにも心より感謝したい。長きにわたる継続したプロジェクト活動には全国から多くのメンバーが手弁当で集まり、教師も研究者も対等平等の関係で議論を重ねた。悪戦苦闘し困難な作業ではあったが、教師たちが自らの手で創った教科論レベルの体育カリキュラムとして、日本のカリキュラム研究に一石を投じたと自負している。『試案』づくりに向けた彼らとの協同的研究活動がなければ学位論文も本書も完成し得なかったであろう。そしてこのプロジェクトのメンバーであり、大学院時代からの友人かつ研究仲間でもある海野勇三氏（山口大学教授）、森敏生氏（武蔵野美術大学教授）、田中新治郎氏（武庫川女子大学教授）、中瀬古哲氏（県立広島大学教授）、中西匠氏（武庫川女子大学教授）からはいつも忌憚のない意見や刺激をもらい、それが研究活動のエネルギーにもなっていた。感謝したい。

本書の第２章はドイツの、とりわけノルトライン・ヴェストファーレン州におけるスポーツ指導要領の開発過程を考察対象にしている。2004年から2005年にかけての10ヶ月間、ドイツのBielefeld大学のKurz, D. 教授とCachay, C. K. 教授の下で研究に従事することができた。滞在中には小学校やギムナジウム、州の実験校に入り込み、授業観察や多くのスポーツ教師と交流することができた。とりわけKurz, D. 教授はノルトライン・ヴェストファーレン州のスポーツ指導要領の理論的支柱であり、彼からは多くの示唆や貴重な情報をいただいた。Kurz, D. 教授との関係がなければ第2章は完成しなかったであろう。Kurz, D. 教授をはじめBielefeld大学のスタッフ、授業の観察を快く受け入れてくれたスポーツ教師たちにも感謝したい。

そして、本書の校正を何度も丁寧にしてくれた愛知県立大学大学院人間発達学研究科博士後期課程院生の玉腰和典君、加納裕久君、久我アレキサンデル君にも感謝したい。

以上のように、本書は多くの研究仲間、教師、研究者との出会いと研究交流によって創り上げることができたものである。今後も、新たな実践研究にチャレンジする教師たちとともに豊かな体育実践を創造する体育科教育学研究を深めていきたいと思っている。

専門書の出版が厳しい状況の折、本書出版の意義を理解して下さり、長きにわたって出版の相談から編集に至るまで並々ならぬお世話をいただいた創文企画の鴨門義夫氏と鴨門裕明氏には心より感謝の意を表したい。

最後に私事で恐縮ではあるが、私は4才の時に父を亡くした。その後、静岡の田舎で小さな書店を営みながら女手ひとつで3人の子どもを育て上げてくれた母、丸山きみにありがとうと感謝したい。

本書は、直接出版費の一部として「愛知県立大学出版助成」を受けて刊行したものである。

2015年2月

丸山真司

【著者プロフィール】
丸山　真司（まるやま　しんじ）
1958 年　静岡県生まれ
1982 年　広島大学大学院教育学研究科教科教育学専攻（保健体育）修了
現在　愛知県立大学教育福祉学部教授　博士（教育学）
専攻　体育科教育学，スポーツ教育学
主著　『情報系体育科教育研究の系譜―佐藤裕教授退官記念論文集―』，共著，新体育社，1994 年.
『戦後体育実践論　第 2 巻―独自性の追求―』，共著，創文企画，1997 年.
『子どもの文化を学ぶ人のために』，共著，世界思想社，2002 年.
『中村敏雄著作集 3　体育の教材論』，共著，創文企画，2008 年.
『体育科教育学の現在』，共著，創文企画，2011 年.
『新学校体育叢書　水泳の授業』，創文企画，共著，2012 年.

体育のカリキュラム開発方法論

2015 年 3 月 10 日　第 1 刷発行
著　者　　丸山真司
発行者　　鴨門裕明
発行所　　㈲創文企画
〒101-0061　東京都千代田区三崎町 3－10－16　田島ビル 2F
TEL：03－6261－2855　FAX：03－6261－2856
http://www.soubun-kikaku.co.jp
装　丁　　髙橋美緒（Two Three）
印刷・製本　壮光舎印刷㈱

ISBN978-4-86413-061-5　Printed in Japan